코인 좀 아는 사람

앞으로 10년 암호화폐의 미래가 여기 있다

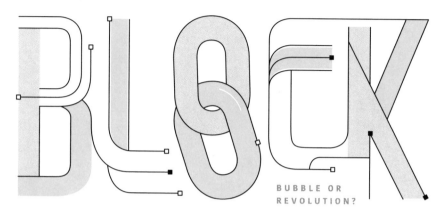

BUBBLE OR
REVOLUTION?

코인 좀 아는 사람

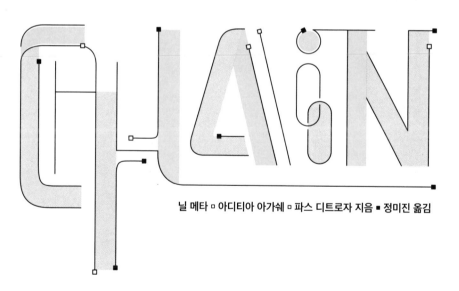

닐 메타 ▫ 아디티아 아가쉐 ▫ 파스 디트로자 지음 ▪ 정미진 옮김

윌북

내 꿈이 얼마나 무모하든
늘 든든한 버팀목이 되어주는
가족과 친구들에게
닐

□——□

일에 대한 나의 열정을 응원하고
창업의 두려움을 극복할 힘이 되어주는
고마운 가족과 친구들에게
아디

□——□

터무니없어 보이는 시도에도
언제나 변함없이 나를 지지해주는
가족과 친구들에게
파스

일러두기

1. 저자 주는 두 가지 종류다. 참고문헌과 자료 형식의 주는 일련번호를 매겨서 웹사이트 'www.bubbleorrevolution.com/notes/2.2.0' 또는 오른쪽 QR코드를 통해 그 내용을 확인할 수 있도록 했으며, 본문의 주석 순서는 원서를 따랐다. 그 외 본문 내용을 설명하는 주석은 ●기호로 표시하고 하단에 내용을 적어두었다.

2. 암호화폐의 가격, 기술 동향, 각국의 관련 정책 등은 이 책의 저본이 쓰인 시점을 기준으로 했다.

3. 용어 해설은 영어 알파벳 순으로 정리했다.

들어가며

---◆---

비트코인은 일확천금을 노리는 사기 같아 보이지만, 독재자와 소수
지배층으로부터 인류를 해방해줄 수단이다.

나발 라비칸트Naval Ravikant, 엔젤리스트AngelList[1]의 창업자

비트코인은 마치 쥐약을 제곱한 것과 같다.

워런 버핏Warren Buffett, 버크셔해서웨이Berkshire Hathaway[2]의 CEO

2017년 유엔UN은 한 가지 고민에 빠졌다. 당시는 시리아의 유혈 내
전으로 시리아 난민 1만 명이 인근 요르단[3]에 있는 난민촌으로 피신
한 상황이었다. 유엔 세계식량계획World Food Programme, WFP은 캠프
에 난민들이 올리브유와 렌틸콩 같은 물품들을 살 수 있는 슈퍼마켓
을 마련했고, 이들에게 이러한 물품을 살 수 있는 약간의 돈도 지원
해줘야 했다.[4]

문제는 난민들에게 단순히 선불카드를 제공하는 것이 별로 좋은
방법은 아니라는 사실이었다. 과거에 이러한 방법을 썼을 때 WFP는
거래 수수료와 현지 은행과의 파트너십 구축 문제로 수백만 달러(수

백만 끼로 이어질 수 있었던 돈[5])를 써야 했다. 난민들에게 물건을 살수 있는 ID카드를 주는 것 또한 효과를 기대하기 어려웠다. 이 방법 또한 과거에 쓴 적이 있었지만, 당시 현지의 부족 지도자들이 난민들의 카드를 빼앗아 화폐로 거래했다.[6]

WFP는 디지털 화폐 비트코인을 만든 블록체인이라는 신생 기술로 눈을 돌렸다. 그리고 이 기술을 통해 각 난민의 '계좌'로 얼마간의 현금을 제공했다. 난민이 상점에 가서 홍채 인식으로 신원을 입증하면 이 입증된 신원으로 지갑 한 번 열지 않고 먹거리와 물품들을 살 수 있었다.[7] 그리고 상점들은 수집한 쿠폰을 유엔에 다시 팔 수 있었다.[8]

'빌딩블록스Building Blocks'로 불리는 이 프로젝트는 엄청난 성공을 거두었다. 덕분에 송금 수수료의 98%가 절감되었고[9] 사기 또한 줄었으며, WFP와 난민 양쪽이 거치는 지원 절차가 근본적으로 간소화되었다.[10] 유엔은 난민 10만 명[11]을 지원할 수 있을 만큼 프로그램을 빠르게 성장시켰고, 궁극적으로는 요르단에 머무는 난민 전체를 지원할 계획을 수립했다.[12]

유엔은 원조 그 이상을 목표로 했다. 유엔은 언젠가는 블록체인을 이용해 난민들의 신원과 생활사를 추적함으로써 여권이나 교육 기록이 훼손되었을 때 난민들이 새로운 나라에서 일자리를 찾고 대출을 받도록 도울 수 있으리라고 발표했다.[13]

전 세계적으로 사람들은 블록체인과 그 자매기술인 암호화폐에 놀라울 정도로 큰 관심을 보여왔다. 《하버드 비즈니스 리뷰》는 블록체인이 기존의 고루한 금융 산업을 뒤집을 수 있을지 궁금해했고,[14]

유명 벤처 투자가인 마크 앤드리슨Marc Andreessen은 블록체인을 '인터넷 이후의 가장 중요한 발명'이라고 말했으며,[15] 전 세계의 분석가들은 암호화폐가 우리가 알고 있는 돈과 기술에 대변혁을 일으킬 것으로 생각한다.[16]

한편 이 신비롭고도 새로운 기술은 부정적 명성을 떨치기도 했다. 마약 왕들은 비트코인을 이용해 온라인에서 익명으로 마약을 유통하고,[17] 암호화폐는 지구 온난화에 일조한다는 비난을 받고 있으며,[18] 해커들은 법 집행기관의 추적을 피하려고 비트코인으로 돈을 요구한다.[19] 또 이러한 기술들을 긍정적으로 조명하는 광고 중에는 정도를 좀 지나친 경우가 많아 보인다. 예를 들어 아이스티 회사인 롱아일랜드아이스티Long Island Iced Tea는 회사명[20]에 '블록체인'이란 말을 넣은 후 주가가 거의 네 배나 뛰었다.[21]

그렇다면 진실은 무엇일까? 블록체인과 암호화폐는 합법적 사용 사례가 없는 기술, 즉 과하게 부풀려진 거품일까? 아니면 정부, 기업, 경제, 사회를 재구성할 획기적 발명일까? 다시 말해 거품일까 혁명일까?

이 책의 목표

앞서 이야기한 바와 같이, 블록체인과 암호화폐(이 둘은 통틀어 암호화 기술crypto로 알려져 있다)는 우리 시대의 가장 중요한 기술이기도 하지만 가장 규명되지 않은 기술이기도 하다. 현재 암호화 기술에 대한 대중적인 논의는 암호화 기술이 은행과 정부를 무너뜨릴 것이라고 말하는 열렬한 지지자들과 암호화 기술이 사기일 뿐이라고 말하는 전문가들 사이에 이루어지는 것이 대부분이다. 이러한 기술들이 정확히 어떻게 작동하고 실제로 어떤 잠재력이 있는지 말해주는 사람은 많지 않다.

이 책을 통해 우리는 이런 시선을 바꿔보고자 한다. 우리는 실제 사례와 쉬운 설명, 치우치지 않은 분석을 통해 암호화 기술이 어떻게 작동하는지, 암호화 기술이 어떤 면에서 유용하고 어떤 면에서 그렇지 않은지를 설명할 것이다. 또 거품인가 혁명인가에 관한 우리의 생각을 이야기하겠지만, 여러분이 이를 스스로 판단하는 데 필요한 수단 또한 제공할 것이다.

이 책의 구성

이 책에서 여러분은 블록체인과 암호화폐의 구성 요소를 배우고, 실제 사례를 통해 이들 기술의 장단점을 살펴볼 것이다. 또한 이들이 사회적, 정치적, 경제적, 기술적으로 어떠한 영향력을 행사하는지 자세히 들여다볼 것이며, 수십 명의 업계 리더들과 독점으로 진행한 인터뷰를 통해 미래에 대한 통찰을 얻게 될 것이다.

다음은 이 책에서 소개하는 주요 내용을 간추린 것이다.

- 비트코인 채굴의 경제학
- 유명 암호화폐 해킹 사례와 결함
- 엑스박스Xbox의 비디오 게임용 블록체인
- 증권거래위원회SEC의 암호화 기술 스타트업 규제
- 통화의 토큰화와 화폐의 미래

우리 세 사람은 비즈니스 부문 베스트셀러인 『IT 좀 아는 사람』을 처음으로 같이 썼다. 이 책을 통해 우리는 구글 검색 알고리즘의 본질부터 페이스북의 고차원적 비즈니스 전략까지 기술 산업에 관해 알아야 할 모든 것을 독자들에게 설명하고자 했다.

『IT 좀 아는 사람』의 각 장은 독자들이 궁금해할 만한 실제 사례들로 구성되어 있다. 스포티파이Spotify가 노래를 어떻게 추천하는지, 자율주행차가 어떻게 작동하는지, 아마존이 손해를 보면서도 왜 무료배송을 하는지와 같은 식이다. 이 책에서 우리는 보안부터 클라우드 컴퓨팅, 기계 학습에 이르기까지 광범위한 기술을 다루었다.

그러나 『IT 좀 아는 사람』을 쓴 이후, 다른 기술에서는 거의 찾아볼 수 없을 정도로 암호화폐와 블록체인이 대중의 폭발적인 관심을 얻게 되었다. 기술자, 기업가, 업계 리더, 심지어 그냥 관찰자의 입장이라 해도 이러한 기술에 대한 이해는 필수적이다(그래서 우리는 이 책을 쓰기로 했다).

이 책은 기술의 한 핵심축을 자세히 설명한다. 기술 환경, 기술 사업 전략을 이해하기 위한 밑바탕, 그리고 신기술 평가를 위한 지적 도구에 대해 좀 더 폭넓은 이해가 필요하다면 『IT 좀 아는 사람』도 읽어보길 바란다.

이 책을 선택한 여러분에게 진심으로 감사하다는 말씀을 전하고 싶다. 이 책이 여러분에게 유용하고 흥미롭기를, 재미까지 줄 수 있다면 더할 나위 없이 좋겠다. 부디 즐겁게 읽으시길.

닐 메타, 아디티야 아가쉐, 파스 티트로자

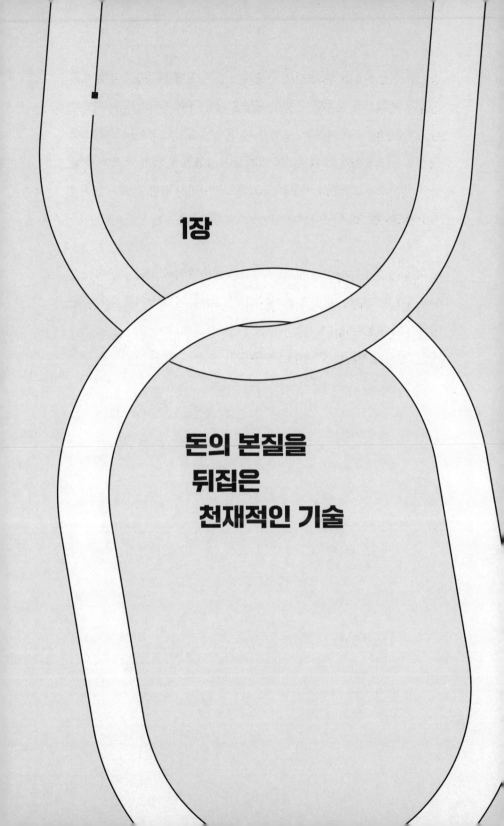

1장

돈의 본질을
뒤집은
천재적인 기술

비트코인은 최초로, 한 인터넷 사용자가 다른 인터넷 사용자에게 고유의 디지털 자산을 전송할 수 있는 방법을 제공한다. 자산의 전송은 확실하고 안전하게 이루어진다. 모두가 이 전송이 실제로 이루어졌다는 것을 알며 누구도 전송의 적법성에 이의를 제기하지 못한다. 이 획기적 발견이 얼마나 중요한지는 아무리 강조해도 지나치지 않다.

마크 앤드리슨, 앤드리슨 호로위츠Andreessen Horowitz 공동 창립자[1]

제3신뢰기관은 보안상의 허점이다. 블록체인 업계에 있는 사람이라면 누구에게라도 나는 이 사실을 주지시키고 싶다. 이것이 기본적으로 전체 설계의 핵심이다.

닉 자보Nick Szabo, 비트골드(비트코인의 기원) 창시자[2]

2008년 할로윈데이,[3] 자칭 사토시 나카모토Satoshi Nakamoto라는 한 컴퓨터 과학자가 비트코인을 소개하는 백서를 발행했다. 그가 소개한 비트코인은 사람들이 은행, 신용카드 처리기관, 또는 다른 금융기관을 거치지 않고도 금전을 주고받을 수 있게 하는 디지털 화폐였다.[4] 사토시가 누구인지는 아무도 몰랐지만, 그의 논문을 메일로 받은 모두가 그의 발표에 주목했다.

단 한 통의 이메일로 사토시는 이제 누구나 알 만한 기술이 된 블록체인과 암호화폐를 세상에 선보였다. 그 기술들을 이해하기 위해서는, 이 신비한 과학자가 발명한 게 뭔지부터 알아야겠다.

돈에 얽힌 문제

대부분의 인류 역사에서 자산을 보유하는 방법은 두 가지가 있었다. 하나는 물리적 형태의 재화(현금, 금화, 소, 소금 등)를 소유하는 것이고, 나머지 하나는 은행이나 조합과 같은 신뢰기관trusted institution에 자신이 보유한 돈을 맡기는 것이다.

그런데 이 두 가지 형태의 방법에는 모두 문제가 있다.

현금이나 소와 같은 물리적, 즉 유형의 자산이 가진 단점은 아주 분명하다. 이들은 훔치기 쉽고, 온라인이나 장거리 거래(외국에 사는 사람에게서 현금으로 물건을 구매하는 등)에서 쓰일 수 없으며, 위조될 수 있고, 보관과 운반이 어렵다.

중개인이 개입하는 돈

이러한 문제들을 해결하기 위해 인간은 은행이나 지역 조합과 같은 신뢰기관이 개입하는 돈을 개발했다. 오늘날 우리가 이용하는 은행 계좌, 은행 대출, 신용카드, 수표, 기타 금융 수단 등 다양한 형태의 돈과 지불 수단이 이 범주에 속한다. 중앙기관이나 중개인middle man을 신뢰한다면 다음과 같이 유형 자산이 지닌 문제 대부분을 해결할 수 있다.

- 돈을 집에 보관하는 것보다 은행에 보관하는 것이 더 안전하다고 믿을 수 있게 된다(은행 계좌를 매트리스 밑에 현금을 채워 넣는 것과 비교해보라).
- 빠르게 온라인 및 디지털 결제를 할 수 있다. 은행이 사용자의 계좌 잔액을 업데이트하는 것만큼이나 결제가 쉬워지기 때문이다(은행은 데이터베이스 어딘가에 있는 숫자들을 업데이트할 뿐이다).
- 신뢰기관이 모든 사람이 얼마나 많은 돈을 갖고 있는지 정확

히 기록하면 가짜 돈을 만드는 것은 더욱 어려워진다(모든 사람이 가진 현금에 대한 중앙 기록은 없으므로 위조범을 가려낼 유일한 방법은 스스로 가짜 돈과 진짜 돈을 구별할 수 있기를 바라는 것뿐이다).

- 중개인이 돈을 보관해줄 것이라고 믿으면, 우리는 아무것도 가지고 다닐 필요가 없어진다.

중개인이 개입하는 이러한 종류의 돈은 정말 주목할 만하다. 하지만 사람들이 여전히 현금을 사용하고 일부 상점들이 현금으로만 거래하는 데는 그럴 만한 이유가 있다. 중개인이 개입하는 돈(Middleman-mediated Money, 이하 M3)에는 결점이 있으며, 결점 대부분은 중개인이 존재한다는 바로 그 사실에서 기인한다.

첫 번째 문제는 우리가 중개인에게 돈을 맡길 때 그들의 규칙에 따라야 한다는 것인데, 이는 보통 수수료를 내야 한다는 것을 의미한다. 우리가 신용카드로 무언가를 결제할 때 가맹점은 돈을 모두 가져가는 것이 아니라 신용카드 처리기관에 얼마간의 수수료를 낸다(비자, 마스터카드, 디스커버는 1.5~2.5%, 아메리칸 익스프레스는 2.5~3.5%).[5]•

페이팔PayPal을 통해 해외로 송금할 경우 수수료는 약 3%이고, 가맹점이라면 페이팔을 통해 돈을 받는 데도 약 3%의 수수료가 든다.[6]

• 미국 내 많은 상점에서 아메리칸 익스프레스 카드를 받지 않는 이유 중의 하나가 바로 타사보다 높은 수수료이다.

웨스턴 유니온Western Union, 머니그램MoneyGram, 줌Xoom 또는 다른 송금 회사들을 통해 해외로 송금할 때도 몇 퍼센트가량의 수수료가 필요하다.[7]

이제 왜 많은 상점이 현금만 받거나, 신용카드를 사용할 때 최소 구매가를 정해두는지를 알 수 있을 것이다.

M3의 또 다른 문제는 중개인이 권한을 허용할 때만 사용이 가능하다는 것이다. 사실상 이는 세계 인구 중에서 은행 계좌가 없는 20억 명[8]은 은행 계좌가 있어야 하는 어떤 지불 수단(대부분 M3)도 이용할 수 없으며, 신용이 나쁘거나 아예 없는 사람들은 신용카드를 사용할 수 없다는 것을 의미한다.

M3의 마지막 큰 문제는 우리가 최근 그들에게 돈뿐 아니라 데이터까지 맡긴다는 것이다. 은행들은 고객의 돈을 잃지 않는 일은 꽤 잘하고 있다. 하지만 금융기관들의 데이터 보안 관련 성적은 그 발밑에도 미치지 못한다. 2014년에는 1억 명에 이르는 JP모건 고객들의 데이터가 해커에게 유출되었고,[9] 2019년에는 캐피털 원Capital One 고객 1억 명의 중요 정보(생년월일, 주소 등)가 유출되었다.[10] 아마 가장 악명 높은 해킹이었을, 에퀴팩스Equifax에서 거의 1억 5000만 명에 해당하는 미국인의 개인정보(사회보장번호 포함)가 유출되었던 사건은 말할 필요도 없다.[11]

요약하자면 유형 자산은 불안정하고, 불편하며, 위조하기 쉽고, 현실적으로 디지털 결제 수단으로는 적합하지 않다. 중개인이 개입하는 돈, 즉 M3는 이러한 문제들을 해결하지만, 수수료와 접근성 부족, 그 밖에 다른 형태의 보안 문제를 수반한다. 우리는 지금 바로 이에 대한 대처 방안을 생각해봐야 한다.

그런데 생각해보면, 우리에게 정말로 필요한 것이 돈의 무형성in-tangibility이라는 것을 깨닫게 된다. M3는 중개인을 개입시키면서 우리에게 무형성을 제공한다. 돈을 관리하고 옮기는 기관을 신뢰한다면, 더는 유형의 돈을 갖고 있을 필요가 없는 것이다. 하지만 물론 중개인을 통하는 것에도 나름의 문제점이 있다. 무형성을 유지하면서 중개인의 개입을 막을 방법은 없을까? 다시 말해 무형이면서 중개인을 통하지 않는 형태의 돈을 가질 수 있을까?

이제 여러분은 우리가 여기서 뭘 하려고 하는지 알 수 있을 것이다. 하지만 사토시가 비트코인을 세상에 알리기 수 세기 전, 이미 무형이면서 중개인을 통하지 않는 형태의 돈을 발명한 사람들이 있음이 밝혀졌다. 일단 이 사람들을 만나려면 태평양 한가운데에 있는 미크로네시아의 얍Yap이라는 작은 섬으로 가야 한다.

라이스톤의 역할

얍 섬에서는 라이스톤Rai stones이라는 가운데가 뚫린 거대한 돌이 전통적 화폐로 사용된다. 이 돌들은 크기가 아주 엄청난데, 어떤 돌은 가로 길이가 10피트(약 3미터)[12]에 이르고 무게가 픽업트럭만큼이나 나간다.[13] 얍 마을에는 수십 개의 라이스톤이 흩어져 있다.[14]

짐작할 수 있듯이, 사람들은 이 돌들을 갖고 다니면서 쓸 수 없다. 대신, 얍 섬의 사람들은 모두가 각 돌의 주인이 누구인지 기억하며, 지난 거래에 대한 기록을 머릿속에 남긴다. 예를 들어 족장의 딸이 목수에게 배 한 척을 사고자 한다면, 그녀는 자신이 소유한 라이스톤 한 개(예를 들어 해변에 있는 것)가 이제는 목수의 것이 되었다고

마을 사람들에게 알린다. 그러면 마을 사람들은 족장의 딸이 목수에게 라이스톤 한 개를 주었다고 서로 간에 말을 퍼뜨린다.

다음에 목수가 다른 사람에게 그 돌을 주고 싶어 할 때 마을 사람들은 이를 허락할 것이다. 모든 사람의 마음속 기록에 따르면 그 돌은 이제 그의 것이기 때문이다.[16] (짧게 말해 대다수의 마을 사람들이 소유하고 있다는 데 동의하면, 그 사람은 돌을 쓸 수 있다.)

무형의 화폐

라이스톤 시스템의 인상적인 부분은 돌들을 물리적으로 전혀 움직이지 않아도 모든 종류의 경제 활동이 가능하다는 것이다. 실제로 집에서 반대편 마을에 있는 돌이라 해도 소유가 가능하다. 심지어 다시는 볼 수 없을 라이스톤이라 해도 사용할 수 있다. 수백 년 전, 라이스톤을 실은 배가 바다에 가라앉은 적이 있다. 하지만 마을 사람들은 그 돌이 분명히 해저 어딘가에 있을 것으로 생각했기 때문에, 계속해서 아무 일도 없었던 것처럼 서로에게 그 돌로 값을 치렀다![17]

바꾸어 말하면, 라이스톤 시스템에서 돌들의 실제 위치와 움직임은 전혀 중요하지 않다. 이는 실제 위치와 움직임이 중요한 전통적인 유형 화폐 시스템tangible money system과 큰 차이를 보인다. 유형 화폐 시스템에서 우리가 소유하는 유일한 돈은 집에 있는 돈이나 몸에 지닌 돈이며, 누군가에게 값을 치르는 방법은 실물을 건네주는 것뿐이다.

이는 라이스톤 시스템이 무형 화폐의 한 형태임을 의미한다. 라이스톤은 우리가 무형의 돈으로 알고 있는 은행의 돈과 상당히 비슷하다. 지폐가 어디 있는지는 중요하지 않으며(심지어 아예 존재하지 않는다 해도 상관없다!), 누군가에게 돈을 보낼 때 실제로 움직이는 것은 아무것도 없다.

중개인 없는 거래에 필요한 것, 신뢰

게다가 라이스톤 시스템은 민주적이다. 마을 사람들 대다수가 여러분이 어떤 돌을 갖고 있다는 데 동의하면 그 돌은 여러분의 것이다. 사람들은 M3에서처럼 신뢰하는 한 사람이나 기관이 자신의 돈을 추적하게 하지 않고, 전체 마을에 그 신뢰를 분산시킨다.

누가 돌의 주인인지 결정하는 이 민주적 시스템(다른 말로 합의)은 중개인이 개입하는 시스템과 비교해 많은 이점을 갖고 있다. 마을 사람들이 합의를 거쳐 결제 내역과 돌의 주인에 관해 공동으로 일지를 쓰지 않고, 족장이 공식 일지를 쓰는 세상이 있다고 가정해보자(이 세상에서 얍 섬의 화폐 시스템은 M3와 비슷하게 돌아가며, 족장이 은행의 역할을 할 것이다). 족장은 쉽게 모든 이들에게 결제 수수료를 내도록 강요할 수 있고, 일지에서 전략적으로 결제 내역을 지워 돌을 훔칠 수 있으며, 일지 자체를 잃어버릴 수도 있다(그 결과 지역 경제는 마비된다).

그래서 라이스톤 시스템은 무형인 동시에 중개인이 없다. 중개인에게 의존해야 하는 문제 없이 M3의 이점(마을에서 돌을 끌고 다닐 필요가 없다)을 누릴 수 있는 것이다. 라이스톤은 우리가 앞부분에서 이야기한 '양쪽 세상 모두에 최적인' 화폐 시스템의 예이다.

여기서 알아야 할 점은 무형 화폐 시스템에는 항상 신뢰가 필요하다는 것이다. 우리는 어떤 기관이나 사람이 우리가 가진 돈을 정확하게 기록할 것이라고 믿을 수 있어야만 우리의 돈에 대한 물리적 통제를 포기할 것이다. 얍 섬의 혁신은 중개인이 아닌 시스템에 신뢰를 둘 수 있다는 데 있다. 이 경우 신뢰할 수 있는 시스템은 마을 사람들 모두가 마음속으로 공유하는 거래 기록이었다. 한 사람이나 기관이 아닌, 마을 사람들(공유된 규칙을 따르는 사람들) 모두가 공유하는 합의 중심 시스템에 신뢰를 두면서 중개인을 거치지 않는 무형의 돈을 갖게 된 것이다.

비트코인의 블록체인

사토시가 비트코인을 개발할 때 얍 섬에 대해 알고 있었는지는 모르겠지만, 그가 꿰뚫어 본 것은 라이스톤과 매우 비슷했다.

비트코인은 디지털 화폐이므로 형체가 없으며, 사람들이 가진 돈을 기록하기 위해 은행이나 다른 기관에 의존하지 않기 때문에 (이론상으로는) 중개인이 없다. 대신, 비트코인은 과거의 모든 거래 내용이 공유되는 일지, 즉 장부를 기록하기 위해 전 세계의 컴퓨터 네트워크에 의존한다. 이 '공유되는 공공 거래 장부'가 알려진 것처럼 블록체인으로 불리며, 이는 기본적으로 얍 섬의 마을 사람들이 공유한 과거 거래 기억의 최첨단 버전이라고 할 수 있다.

요약하자면, 비트코인은 라이스톤의 현대적, 인터넷 친화적 버전이다. 비트코인은 무형이면서 (이론상으로) 중개인을 통하지 않기 때문에, 유형성이나 중개인을 강요하는 전통적 화폐 시스템에 대한 강력한 대안이 될 수 있다.

공유되는 구글 시트

또 하나, 좀 더 기술적인 블록체인에 대한 예로, 거래당 하나의 행이 있고 모든 사람과 공유되는 구글의 거대한 스프레드 시트를 들 수 있다(당연히 여러분은 이 시트를 데이터 추가용으로만 만들고 싶을 것이다. 악의적인 사용자가 과거의 거래 내용을 바꾸는 것은 원치 않을 테니 말이다).

어쨌든 전 세계 모든 비트코인 사용자의 컴퓨터에 이 스프레드 시트의 사본이 있다고 상상해보자. 누군가 새로운 거래를 할 때마다 모두가 그 거래를 알게 되고, 모든 이의 컴퓨터에 새로운 버전의 스프레드 시트가 다운로드된다.

비트코인 블록체인의 간단한 예: 전 세계의 사람들과 공유되는 구글 시트

	A	B	C	D
1	거래 ID	발신	수신	양
2	1	[시작점origin]	A	50
3	2	[시작점origin]	B	50
4	3	A	C	20
5	4	B	D	25
6	5	D	C	15
7	6	B	A	5

채굴하는 법

거래를 기록하기 위해 이러한 구글 스프레드 시트를 만들 때 드러나는 한 가지 명백한 허점은 누군가 갖고 있지도 않은 돈을 쓰려고 할 수 있다는 것이다. 분명히 여기에는 이러한 거래가 이루어지지 않도록 사전에 이를 확인할 누군가가 필요하다.

M3 세계에서라면, 은행이나 금융기관이 그러한 검증을 맡아 할 것이다. 여러분의 계좌에 필요한 만큼 돈이 없으면 은행은 여러분이 친구에게 돈을 보내지 못하게 한다. 하지만 비트코인 세계에서는 누군가 믿을 만한 사람에게 그러한 검증을 하도록 할 수 없다. 이는 중개인을 두지 않는 모든 목적을 헛되이 만들 것이다.

대신, 비트코인은 이 검증 작업을 커뮤니티의 구성원들에게 맡긴다. 비트코인 사용자는 누구든 컴퓨터로 보류 중인 거래를 검증하고 유효한 거래만 블록체인에 추가할 수 있다. 효율을 위해 거래는 한 개씩 처리되는 것이 아니라, 블록당 수천 개의 거래로 구성된 블록들로 일괄 처리된다.[18]

인센티브

하지만 사람들은 공짜로 검증 작업을 하진 않을 것이기 때문에, 비트코인 소프트웨어는 사용자들을 장려하기 위해 얼마간의 돈을 내놓아야 한다. 사용자는 한 블록의 거래들을 검증하면 그 블록에 속한 모든 거래에 대해 수수료를 받는다. 그리고 이때 비트코인 소프트웨어 역시 사용자에게 블록 보상block reward으로 알려진 상당한 양의 비트코인bitcoins*을 지급한다. 블록 보상으로 받는 비트코인은 검증 전에는 존재하지 않는다(비트코인 소프트웨어가 말 그대로 무에서 그것들을 만들어낸다).[19]

비트코인은 금의 디지털 버전으로 여겨진다.[20] 새로운 형태의 돈을 캐내기 위해 검증자들이 투입되기 때문에, 이 검증 과정을 채굴mining이라고 하고 검증하는 사람을 채굴자miner라고 한다(곡괭이와 삽 대신 컴퓨터를 사용해 채굴하는 것이지만, 비즈니스 모델은 대략 같다).

자, 이제 구글 스프레드 시트로 돌아가 좀 더 실제 블록체인처럼 보이도록 다음과 같이 블록, 수수료, 보상에 대한 열을 추가해보도록 하자.

C는 거래 세 개가 포함된 B1 블록을 채굴하여 그 대가로 비트코인 28개(블록 보상으로 25개, 거래당 수수료 한 개씩)를 얻었다.

채굴, 수수료, 보상이 포함된 보다 발전된 모습의 비트코인 블록체인

	A	B	C	D	E	F	G	H
1	블록 ID	거래 ID	발신	수신	양	채굴자	수수료	블록 보상
2	B1	T1	A	B	10	C	1	25
3		T2	A	D	15		1	
4		T3	A	E	5		1	
5	B2	T4	B	C	2	E	1	25
6		T5	D	E	5		1	
7		T6	C	A	10		1	

----

* 통화는 대문자 'B'를 사용해 'Bitcoin'이라고 하며, 통화 단위는 소문자 'b'를 사용해 'bitcoin'이라고 한다. 'US 달러dollar(통화 이름)'와 '달러dollars(통화 단위)'의 차이와 같다.

깜짝 퀴즈: 각 A, B, C, D, E가 비트코인 100개로 시작했다고 가정하면, 거래 후 이들은 각각 몇 개의 비트코인을 갖게 될까?

정답은 아래와 같다.

- A는 B에게 10비트코인을 보내고 수수료로 1비트코인을 낸 다음, D에게 15비트코인을 보내고 수수료로 1비트코인을 냈다. 그리고 E에게 5비트코인을 보내고 수수료로 1비트코인을 낸 다음, 10비트코인을 받았다. 따라서 A가 가진 비트코인은 100-10-1-15-1-5-1+10=77비트코인이다.
- B는 A에게서 10비트코인을 받고 C에게 2비트코인을 보냈다(수수료로 1비트코인 지출). 따라서 B가 가진 비트코인은 100+10-2-1=107비트코인이다.
- C는 B1 블록을 채굴해 25+1+1+1=28비트코인을 얻었으므로, 100+28+2-10-1 = 119비트코인을 갖고 있다.
- D는 100+15-5-1=109비트코인을 갖고 있다.
- E 역시 B2 블록을 채굴해 28비트코인을 얻었으므로, 100+5+28+5=138비트코인을 갖고 있다.**

** 벌이가 상당히 좋은 날이다. 우리는 모두 E가 부럽다.

블록과 체인

이 스프레드 시트는 단지 아주 단순화된 예시에 불과하다. 실제 비트코인의 블록체인은 블록을 스프레드 시트 형태로 저장하지 않는다.

대신 비트코인의 블록체인은 선형 '체인'으로 블록을 저장하는데, 각 블록은 수학적으로 마지막 블록을 가리킨다.[21]

이렇게 하면 블록에 숫자가 분명히 매겨져 있지 않아도 블록의 순서가 명확해진다. 예를 들어 문고판 소설책 하나를 꺼내 모든 페이지를 책에서 찢어내고 페이지 번호와 장chapter 번호도 모조리 없앴다고 가정해보자. 그런 다음 바닥에 그 찢어진 페이지들을 흩뿌렸다고 해보자.

그렇다 해도 각 페이지에는 다음 장에서 일어나는 일이 은연중에 나타나 있기 때문에 우리는 책의 페이지들을 다시 순서대로 엮을 수 있다(예를 들어 어떤 인물이 법원까지 차를 타고 이동하는 것으로 X페이지가 끝나고, Y페이지가 그 인물이 법원에 들어서는 것으로 시작한다면, Y

블록체인은 블록을 선형으로 연결한다. 'Txn'은 '트랜잭션transaction(거래)'의 줄임말이다. 각 블록은 이전 블록을 가리키지만, 컴퓨터 과학자들은 보통 좀 더 직관적인 표현을 위해 이처럼 한 블록에서 다음 블록을 가리키는 화살표를 써서 체인을 그린다.

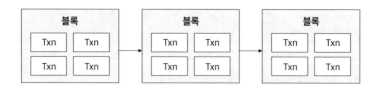

페이지가 X페이지 바로 뒤에 온다는 것을 확실히 알 수 있다).

해싱

물론 비트코인에는 플롯이라는 개념이 없으므로 블록은 수학적으로 서로를 참조한다. 좀 더 구체적으로 말하자면, 비트코인은 알고리즘에 입력된 많은 정보(단어, 숫자, 비트코인 블록 등)에서 그 정보들의 짧은 지문fingerprint을 생성하는 '해싱hashing'이라는 수학적 기법을 사용한다.[22]

우리 인간은 이 해싱을 늘 사용한다. 예를 들면 머리글자 같은 것인데, 우리는 '존 피츠제럴드 케네디John Fitzgerald Kennedy' 같은 긴 이름을 'JFK'처럼 몇 글자로 쉽게 축약한다.

여기에서 입력값은 전체 이름이고, 해시 함수는 머리글자를 생성하는 과정이며, 출력값, 즉 해시는 머리글자이다.

컴퓨터는 한층 복잡한 해시 함수(가장 많이 사용되는 알고리즘은 MD5[23] 혹은 SHA-256[24]이다)를 사용하지만, 긴 입력값에서 짧은 출력값을 생성한다는 핵심 개념은 비슷하다.

비트코인의 각 블록에는 그와 연관된 해시가 있으며, 각 블록의 해시는 부분적으로 이전 블록의 해시에 기반을 둔다.* 각 블록은 이런 식으로 앞의 블록을 참조한다. 따라서 블록들과 그에 연관된 해시들이 정렬되지 않은 경우에도, 우리는 플롯 연결을 통해 순서대로 페이지를 되돌리듯 블록을 다시 쉽게 정렬할 수 있다.

---

* 해시가 어떻게 동작하는지에 대해서는 곧 정확한 설명이 나온다.

블록은 해시를 이용해 서로 연결되며, 각 해시는 (무엇보다도) 이전 블록의 해시로부터 계산된다.

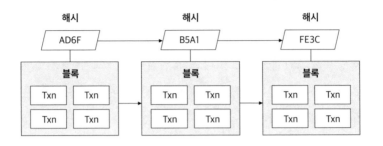

(위와 달리 실제 해시는 16진법, 즉 16진수로 표현된다.* 여기 나온 네 자보다 훨씬 길지만,[25] 해시를 설명하는 데는 축약된 버전으로도 충분하다)

이처럼 비트코인은 거래들을 블록으로 묶고 체인 형태로 서로를 연결한다.

가지와 사기

해시를 기반으로 한 체인 시스템을 다시 보면 블록이 사실 꼭 직선으로 연결될 필요는 없다는 것을 알 수 있다. 다음 그림처럼 주어진 블록 바로 뒤에는 두 개 이상의 블록이 올 수 있다.

---

*   16진법과 다른 수 체계에 대해 알고 싶다면 부록 A를 참조하라.

블록들은 이전 블록으로 주어진 모든 블록을 참조할 수 있으므로, 블록체인은 나뉘어서 갈라질 수 있다. 출처: 사토시 나카모토의 이미지 각색[26]

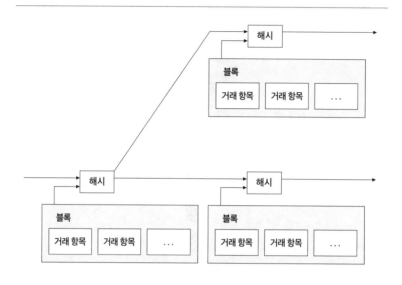

블록트리

결과적으로 블록체인은 꼭 선형 체인일 필요가 없다. 사실, 보통은 그렇지 않다. 블록체인은 '몸통'과 '가지'가 있는 '블록트리block-tree'에 더 가깝다.

때로 블록트리는 두 명의 채굴자가 동시에 블록을 생성(혹은 채굴)하는 경우에 또 다른 가지를 갖게 된다. 이런 일은 드물지만, 분명히 발생한다. 가장 최근의 거래가 두 개의 거래로 분리되면서 새로운 블록트리 가지가 생겨나는 것이다.[28]

하지만 라이스톤과 마찬가지로 비트코인도 하나의 순차적인 거래 기록이 필요하다. 여러 개의 가지가 공존할 수 없다는 말이다('어

블록체인은 나무처럼 많은 가지를 가질 수 있다(맨 밑에 있는 블록을 땅으로 생각하면 이 그림은 더욱더 나무처럼 보인다). 가장 긴 가지 (검은색으로 칠해진 부분-옮긴이)가 '공식official' 가지로 간주된다. 출처: 위키피디아[27]

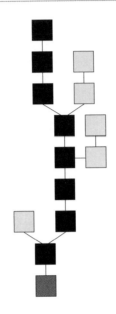

떤 기록에서는 내가 500달러를 갖고 있는데 다른 기록에서는 600달러를 갖고 있는' 것이 말이나 되겠는가?)

가장 긴 체인 법칙

하나의 순차적인 공식 기록을 위해 비트코인은 '가장 긴 체인 법칙the longest chain rule'이라는 경험 법칙rule of thumb(경험을 바탕으로 체득한 지식이나 법칙을 말함-옮긴이)을 사용하는데, 이는 가장 많은 블록을 가진 '블록트리'의 가지가 공식official 블록체인(메인 체인, 주요 체인으로도 불린다-옮긴이)이라는 법칙이다.[29] 실제로 얼마나 많은 돈이 있고, 과거에 어떤 거래가 있었는지 결정하는 것은 가장 긴 체인이다. 여기에 해당 기록이 없으면, 사실상 그러한 일은 일어나지 않은 것이다.

비트코인 사용자의 컴퓨터에서 실행되는 비트코인 소프트웨어는 가장 긴 체인에 블록을 추가한 채굴자에게만 대가를 지급함으로써 가장 긴 체인 법칙을 강제한다.[30] 그래도 채굴자들은 계속 줄을 선다. (안타깝게도 여기에는 부작용이 있다. 만일 두 명의 채굴자가 동시에 한 블록을 채굴하면 두 개의 가지가 생기는데, 이 중 하나의 가지만 성공을 거두고 가장 긴 체인이 된다. 다른 한 가지는 '고아orphan'가 되어 버려지고, 그 가지의 밑에서 블록을 채굴한 운 나쁜 채굴자는 아무런 보상을 얻지 못한다. 이러한 고아 가지는 하루에도 몇 번씩 생겨난다.[31])

체인 가로채기

그러나 가장 긴 체인 법칙에도 보안상의 구멍은 있다. 만약 악의적인 채굴자가 새로운 가지를 만들고 다른 사람들보다 더 빨리 블록을 채굴함으로써 합법적인 가지보다 더 길게 가지를 만들면 어떻게 될까? 흠, 그러면 악의적인 채굴자의 가지가 가장 긴 체인이 되고, 공식 체인이 될 것이다. 그리고 사기 체인상의 모든 블록이 공식 기록이 되고 합법적 사슬의 일부 블록이 폐기될 것이다.

사기꾼이 블록체인을 통제하면 많은 혼란이 야기되기도 하지만, 이는 진짜 사기 범죄로 이어질 수도 있다. 악의적인 채굴자가 비트코인으로 수천 달러 치의 물건을 구매하고 그 거래를 블록체인에 남

공격자가 다른 사람들보다 더 빠른 채굴을 통해 블록체인을 가로채는 과정

1단계
악의적인 채굴자들이 사이드side 블록체인을 만든다.

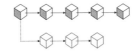

2단계
악의적인 채굴자들이 메인 체인보다 더 빨리 블록을 추가한다.

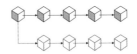

3단계
악의적인 사이드 블록체인이 메인 체인보다 길어진다.

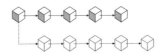

4단계
기존의 메인 체인은 악의적인 사이드 블록체인보다 짧기 때문에 폐기된다.

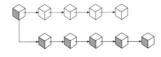

긴다고 가정해보자. 사기꾼은 공식 체인보다 더 긴 체인을 새로 만들어 공격을 실행한다. 그러면 사기꾼이 상인과 한 거래는 이제 더는 가장 긴 체인에 있지 않기 때문에 폐기된다. 마치 애초에 그러한 거래를 한 적이 없는 것처럼 말이다. 결국 사기꾼은 모든 물건을 손에 쥐었지만, 그에 대한 값은 치를 필요가 없게 되었다!

논스의 게임

이러한 공격을 어떻게 막을 수 있을까? 공격자가 정직한 채굴자보다 빨리 채굴하는 것을 어렵게 만들면 된다. 이를 위해 사토시는 하나의 블록을 채굴하는 데 많은 시간이 걸리도록 했다.

사토시가 생각한 프로세스는 거래에서 시작된다. 메모리 풀memory pool이나 멤풀mempool[32]로도 알려진 트랜잭션 풀transaction pool에는 검증을 기다리는 거래들이 있다. 블록을 채굴하고 싶으면, 풀에서 수천 개의 거래를 선택하고 검증한 후 블록을 만들어야 한다.

그런 다음 블록에 대한 해시를 생성하기만 하면 그 해시를 체인에 추가하고 보상을 받을 수 있다.

하지만 해시를 생성하는 일은 쉽지 않다. 여기에는 세 가지의 입

해시 함수는 세 개의 입력값을 사용해 블록에 대한 해시를 생성한다.

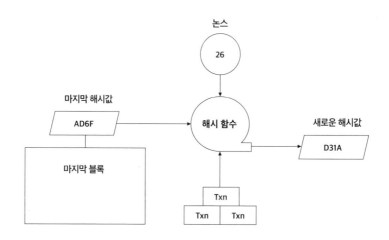

력값이 필요하다. 마지막 블록의 해시값, 거래 기록, 그리고 논스nonce라는 특별한 숫자가 그것이다.

문제는 논스값을 집어넣을 때마다 해시값이 달라지며, 해시가 올바른 개수의 0으로 시작하는 경우에만 체인에 블록을 추가할 수 있다는 것이다. 따라서 입력한 논스값이 조건에 맞는 해시값으로 이어지지 않으면, 사용자는 계속해서 다시 시도해야 한다.

추측하고 확인하기

이 문제가 어려운 이유는 해시에 식별 가능한 패턴이 없다는 데 있다. 입력값으로 해시를 예측할 수 없으며, 입력에 아주 작은 변화만 주어도 출력값은 완전히 달라진다. 예를 들어 많은 사람이 사용하는 MD5 해시 함수에 'cat'이라는 단어를 집어넣으면, 'd077f244 def8a70e5ea758bd8352fcd8'라는 수수께끼 같은 출력값이 표시된다.

한편, 'bat'라는 단어를 MD5 해시 함수에 넣으면, '5f3f468 1121b460e3304a1887f42f1c3'라는 전혀 다른 출력값이 표시된다.

게다가 컴퓨터가 사용하는 해시 함수는 대체로 단방향 함수one-way function다. 즉 입력값이 주어졌을 때 출력값을 계산하기는 쉽지만, 반대로 출력값을 가지고 입력값을 추측하기란 거의 불가능하다. 사람의 머리글자가 이런 경우인데, GMD라는 머리글자만 보고는 원래 이름이 무엇인지 금방 알 수 없는 것과 같다.•

•   궁금하실까 봐 말씀드리자면, 우리는 1845년부터 1849년까지 제11대 미국 부통령을 지낸 조지 미플린 댈러스George Mifflin Dallas를 생각했다.

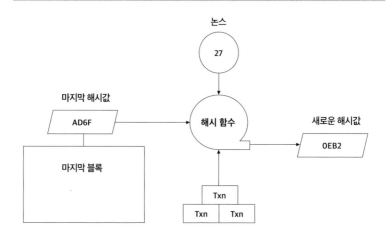

출력값으로 입력값을 찾기 위해 해시 함수를 '크래킹cracking'(해킹과 비슷한 의미로 사용되지만, 좀 더 불법적이고 악의적인 목적을 가지고 벌이는 행위를 말한다-옮긴이)할 수 있는 유일한 방법은 가능한 모든 출력값을 하나하나 확인하는 것이다.

무차별 대입으로 해시 함수를 푼다는 것은 어마어마하게 어려운 일이다. 비트코인이 해싱에 사용하는 SHA-256 함수를 크래킹하는 데는 수백만 년[33]이 걸릴 수 있으며, 비용 역시 수백만 혹은 수십억 달러가 들지 모른다.[34]••

•• 정확한 난이도는 입력 텍스트가 얼마나 복잡한지에 따라 달라진다. 만약 'hel-lo'라는 패스워드를 SHA-256으로 해시한다면, 이 패스워드는 해독되기가 매우 쉽다. 인터넷의 누군가가 이미 'hello'에 대한 SHA-256 해시값을 게시했을 가능성이 크기 때문이다. 그 해시값을 구글에 간단히 검색만 해도 입력값은 나올 것이다.

다시 말해 우리는 조건에 맞는 논스값을 역으로 추측할 수 없다. 따라서 블록을 채굴하는 단 하나의 방법은 마치 디지털 복권처럼 당첨될 때까지 계속해서 논스값을 함수에 집어 넣어보는 것이다. 우리는 이를 논스의 게임이라 부른다(논스라는 단어는 '한 번만 사용되는 숫자number used only once'에서 유래되었다. 한 번 시도했다가 조건에 맞지 않으면 버려지기 때문이다[35]).

한번 해보기

이 게임을 한번 해보면 좋겠다. 이름에서 알 수 있듯이, MD5 해시함수에 텍스트를 넣어볼 수 있는 사이트인 'md5online.org'에 접속해보자.[36] 우리가 할 일은 'hello'라는 단어 뒤에 놓았을 때, 0으로 시작하는 해시값을 생성하는 논스값을 찾는 것이다.

먼저 논스값을 1로 시작하면, 해시 입력값은 'hello1'이 될 것이다. 함수를 돌리자 이 텍스트의 MD5 해시값으로 '203ad5ffa1d-7c650ad681fdff3965cd2'가 나왔다.

찾는 값이 아니다. 그러면 논스값을 2로 바꿔 다시 해보자. 'hello2'의 MD5 해시값은 '6e809cbda0732ac4845916a59016f954'이다. 역시 찾는 값이 아니다. 논스값을 1씩 늘려가며 이 과정을 반복하면, 결국 조건을 만족하는 해시값을 내놓는 첫 논스값이 33이라는 것을 알 수 있다. 'hello33'의 MD5 해시값은 '005529451481309d2b8f708bbb81ea41'이다. 성공이다!

이 과정은 그렇게 어렵지 않았고, 수학적으로도 분명히 어렵지 않을 것이다. MD5 해시값은 16진수로 표현되는데, 이는 각 자리가 해시 출력값은 사실상 랜덤하게 생성되므로 행운의 해시값이 나올 때까지 계속 논스값을 추측해야 한다. 이 경우 조건을 만족시키는 첫 논스값은 33이다.

논스값	입력값	MD5 해시값
29	hello29	fc12c051dd3eb4d7beb430f362522fda
30	hello30	868594340dd4f911fcbdbebf80dbdcaa
31	hello31	5cebee1d96882e6325b758a1fbd80b02
32	hello32	ce62f2f1d58fe37381a2ac08fc544467
33	hello33	005529451481309d2b8f708bbb81ea41
34	hello34	45c66648b3d94b4e46a6ba796fbee7af
35	hello35	44ee8f3e8ef0f8e7085193d123b20a9e
36	hello36	092962df00b7139faca15313ff345c4e
37	hello37	c1b4349f3222aec9916dd1fbe65c02fe
38	hello38	ebcd88fab0212bad35bde21c11185754
39	hello39	2206e08b5186fc0c5d4239259f09037f
40	hello40	5886c943b32a6dd596b19b5897c0306d
41	hello41	20ce5b4e49c7847661a9bf6edfd35760

16개의 가능한 문자(0~9, A~F) 중 하나로 표현됨을 의미한다.[*] 해시값은 거의 랜덤하게 생성되므로 어떤 해시든 첫 번째 자리가 0일 확률은 16분의 1이다. 따라서 평균적으로 16번에 한 번은 조건을 만족하는 해시값을 구할 수 있다. 우리는 1부터 세서 33번이나 이 과

---

*   16진법과 같은 수 체계에 대해 알고 싶다면 부록 A를 참조하라.

정을 반복했으므로 운이 좋은 편은 아니었다.

이제 앞자리가 적어도 네 개의 0으로 시작하는 해시값을 생성하는 논스값을 구해야 한다고 가정해보자. 그러면 16^4=65,536회를 시도했을 때 단 한 개의 논스만 조건을 만족하는 해시값을 생성할 수 있다(궁금하실까 봐 말씀드리자면, 조건을 만족시키는 가장 작은 논스값은 105,484이며, 'hello105484'의 MD5 해시값은 '0000049898d233686087e44bc2a1c97a'로, 실제로는 앞에 5개의 0이 붙는다. 걱정하지 마시라. 우리는 이 값을 구하기 위해 코드를 작성했다[37]).

비트코인 채굴에서 적합한 논스값을 추측하는 것은 이보다 훨씬 어렵다. 이 글을 쓰는 시점에서 우리는 논스를 넣을 때마다 약 66,000,000,000,000,000,000,000(0이 21개 붙은 66, 즉 660해)분의 1의 확률로 블록을 채굴할 수 있다.[38] [39]이 엄청난 수는 우주에 있는 별들의 개수와 그리 큰 차이가 나지 않는다.[40]

초특화된 강력한 칩으로 무장하다

논스값 하나를 알아맞히는 일, 더 나아가 블록을 채굴하는 일이 얼마나 어려운지는 말로 다 설명하기 어렵다. 맥북으로 채굴 알고리즘을 돌린다면, 적합한 논스값 하나를 찾는 데 200만 년은 걸릴 것이다.[41]•

이러한 명백한 이유로, 채굴자들은 일반적인 컴퓨터를 이용해 채

• 이 글의 작성 시점 기준으로 비트코인의 난이도(블록에 대한 유효한 해시를 찾는 것이 얼마나 어려운지에 대한 수학적 값-옮긴이) 수준이 15.5조라고 가정하면, 맥북은 초당 10억 번(1GH/s) 해시값을 계산할 수 있다.

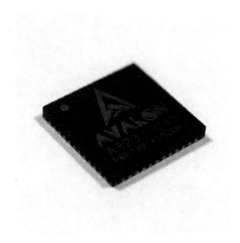

굴하지 않는다. 대신, 이들은 ASIC, 즉 'Application-Specific Integrated Circuits'(특수 용도의 집적 회로)[42]라는 초특화된 컴퓨터칩이 탑재된 강력한 컴퓨터를 사용한다. ASIC은 비트코인의 해싱 알고리즘을 매우 빠르게 실행할 수 있도록 설계된 칩**으로, 엄청난 속도로 논스값을 추측하지만 다른 작업은 할 수 없다.[43]

ASIC 칩을 탑재한 이 강력한 컴퓨터들은 성능이 매우 좋지만, 가격도 비싸다. ASIC 칩이 탑재된 2,000달러짜리 중간급 컴퓨터는 초당 약 56조 번(TH/s) 해시값을 계산할 수 있는데, 이는 초당 56조 번 논스값을 집어넣어 볼 수 있음을 뜻한다.[45] 하지만 적합한 논스값

** 기계학습이나 이미지 처리에 특화된 다른 종류의 ASIC 칩들도 있지만, 암호화폐의 맥락에서 이 용어는 언제나 채굴 전문 칩을 말한다.

2,000달러짜리 컴퓨터 앤트마이너 S17 프로AntMiner S17 Pro는 초당 56조 개의 해시값을 생성할 수 있다. 출처: 마이닝크레이트MiningCrate[47]

을 찾는 것은 매우 어렵기 때문에, 이처럼 강력한 하드웨어라도 이 글을 쓰는 시점에서 블록을 채굴하는 데는 약 38년이 걸린다.[46]●

다시 말해 비트코인 채굴은 수십 년 동안 단면이 수조 개인 주사위를 아무 생각 않고 굴려야 하는 게임이다. 운이 따르기를 바란다.

비트코인의 채굴 시스템, 작업 증명

이 시스템이 낭비적인 것으로 보인다면, 그 이유는 이것이 공격자들을 힘들게 하려고 고안된 것이기 때문이다.

채굴의 가장 어려운 부분은 적합한 논스값을 찾는 것이고, 적합한

● 비트코인의 난이도 수준이 15.5조라고 가정할 때(작성 시점 기준)

논스값을 찾는 것은 얼마나 많은 노력을 하느냐에 달려 있다. 따라서 더 강력한 컴퓨터를 사용할수록 행운의 논스값을 찾아내 블록을 채굴할 수 있는 확률은 더 높아진다. 컴퓨터가 강력할수록 더 빨리 블록을 채굴할 수 있는 것이다.

다른 관점에서 보자면, 사용자의 채굴 속도는 전 세계 해시 파워(초당 모든 채굴자가 생성하는 해시의 합) 중에서 사용자가 통제하는 일부 해시 파워에 비례한다.

합법적 체인보다 더 긴 사기 체인을 만들고자 했던 악의적인 채굴자의 예를 떠올려보자. 이 일을 하기 위해서는 다른 모든 '정직한' 채굴자들보다 더 빨리 블록을 채굴할 수 있어야 하므로, 사기꾼은 전 세계 해시 파워의 50% 이상을 통제해야 한다. 51% 공격(51% attack)[48]으로도 알려진 이 공격은 가능하기야 하지만, ASIC 칩이 탑재된 그 모든 슈퍼컴퓨터를 구하려면 엄청나게 많은 돈이 들 것이다. 공격자가 해시 파워의 51%를 통제할 수 없다면, 블록체인을 조작할 가능성은 사라진다.

요컨대 비트코인을 채굴하려면 많은 작업을 해야 한다(ASIC 칩은 저렴하지 않기 때문에 비용 역시 많이 든다). 비트코인의 채굴 시스템이 작업 증명Proof of Work으로 알려진 것은 이 때문이며, 여기서 승자는 최대치로 많은 일을 할 수 있는 사람들이다.[49] 채굴이 코드 몇 줄 실행하는 것처럼 쉬웠다면, 공격자들은 쉽게 블록체인을 가로챌 수 있었을 것이다. 비트코인은 논스의 게임으로 채굴을 어렵게 만들어 공격을 단념시킨다.

돈을 관리할 자격

비트코인과 블록체인 퍼즐의 마지막 한 조각이 있다. 사용자는 어떻게 아무도 자신의 이름으로 거짓 거래를 하지 않을 거라고 확신할 수 있을까? M3 세계에서는 벤모Venmo(모바일 결제 및 송금 앱 중의 하나-옮긴이)를 통한 거래나 계좌 이체처럼 자신의 계좌에 로그인해야 돈을 보낼 수 있다. 사용자 이름과 암호와 같은 세부 정보는 벤모나 은행과 같은 신뢰할 수 있는 금융기관에 보관된다.

하지만 물론 비트코인의 핵심은 중개인을 피하는 것이다. 따라서 신뢰할 만한 누군가가 보관해야 하는 사용자 이름과 암호는 여기서 통하지 않는다. 사실, '등록을 위한' 중앙의 장소가 있어선 안 된다. 그렇다면 사용자는 어떻게 그들의 돈을 관리할 수 있을까?

탈중앙 계좌

비트코인은 수학과 확률을 이용해 이를 수행한다. 중개인 없이, 즉 탈중앙화된 등록을 하는 주된 방법은 사람들이 자신의 사용자 이름과 비밀번호를 선택하게 하는 것이다. 하지만 중앙 서버가 없으면, 사용자는 원하는 이름이 사용 중인지 확인할 수 없다. 해결책은 사용자가 수 조 개에 이르는 임의의 '사용자 이름' 중에서 하나를 선택하게 함으로써, 이미 사용 중인 이름을 취할 가능성을 거의 없애는 것이다.

다음 문제는 중앙 서버 없이 비밀번호를 확인하는 시스템을 갖추는 것이다. 비트코인은 단방향 함수(앞서 다룬 해시 함수처럼)를 이용해 사용자의 '사용자 이름'을 '비밀번호'로부터 계산함으로써 이를 해결한다. 즉 사용자가 '사용자 이름'을 소유하고 있음을 증명하기 위해서는 해당 함수를 실행할 때 '사용자 이름'으로 바뀌는 '비밀번호'를 제공해야 한다. (명심하자. '사용자 이름'에서 '비밀번호'를 짐작하는 것은 불가능해야 한다.)

'사용자 이름'과 '비밀번호'를 따옴표로 묶은 이유는 비트코인이 이러한 용어를 사용하지 않기 때문이다.

비트코인의 경우 이는 개인키private key로 시작되는데, 개인키는 사용자만이 알아야 하는 길고 완전히 랜덤한 숫자이다. 보통 52자의 영숫자 문자열로 표기되며, 이 인코딩 체계를 base-58[50]*이라고 한다. 개인키는 비트코인에서 비밀번호의 역할을 한다.

개인키로부터 우리는 타원곡선 전자서명 알고리즘Elliptic Curve Digital Signature Algorithm, 즉 ECDSA[51]라는 단방향 함수를 이용해 공개키public key라는 중개 번호를 생성한다.

그런 다음, 두 가지 단방향 함수(비트코인 채굴로 유명한 SHA-256[52]과 RIPEMD-160[53])를 추가로 실행하고 몇 가지 수학적 변경을 더해 공개키의 좀 더 압축된 버전,[54] 즉 주소address[55]를 만든다. base-58로 인코딩된 이 주소는 대개 26~35개의 영문자와 숫자[56]로 표현된다. 이 주소가 비트코인에서의 사용자 이름과 가장 가깝다. 공개성이 있고 사용자를 식별하는 데 사용되기 때문이다.

'generatepaperwallet.com'에서 자신만의 비트코인 개인키와

---

*   base-58과 다른 수 체계에 대해 더 알고 싶다면 부록 A를 참조하라.

위와 같이 임의의 개인키와 주소가 생성되었다. 이 주소로 돈을 보내지 말라. 개인키를 가진 사람은 누구라도 그 돈에 접근할 수 있기 때문이다. 이와 같은 이미지를 종이 지갑paper wallet이라 부른다. 사용자는 이 이미지를 인쇄해 안전한 장소에 개인키를 보관할 수 있다.[58]

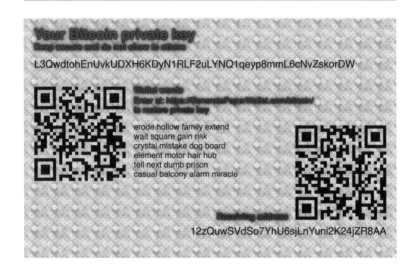

주소를 임의로 생성할 수 있다(공개키는 중간 과정에 있으므로 보통 생략된다).[57] 이 사이트에서 우리는 'L3QwdtohEnUvkUDXH6K-DyN1RLF2uLYNQ1qeyp8mmL6cNvZskorDW'라는 개인키와 '12zQuwSVdSo7YhU6sjLnYuni2K24jZR8AA'라는 주소를 생성했다.

이제 이를 통해 얻은 자격으로 돈을 받고 보낼 수 있다(물론 여러분도 할 수 있고, 이 책을 읽는 누구라도 할 수 있다). 개인키와 주소는 알고리즘을 통해 만들어지므로, 인터넷 연결이 되지 않아도 만들 수 있다. 또 다른 사람에게 '등록'할 필요가 없다.

거래 서명

일단 개인키와 주소가 있으면, 우리는 비트코인을 보내고 받을 수 있다. 자신이 거래의 발신자임을 증명하기 위해 사용자는 개인키를 이용해 그 거래에 '꼬리표tag'를 달아 전자서명을 한다. 누구나 공개키(물론 모든 사람이 볼 수 있다)를 사용해 꼬리표를 단 사람을 확인할 수 있지만, 꼬리표로부터 개인키를 알아내는 것은 불가능하다.[59]

이 시스템은 우리가 수표나 법률 문서에 사용하는 잉크 서명처럼 작동한다. 누구나 서명을 볼 수 있고 새 서명을 기존의 서명과 비교해 똑같은 사람이 두 서명을 모두 했는지 확인할 수 있다. 그리고 결정적으로, 단순히 보는 것만으로는 서명을 위조할 수 없다.

투명한 금고가 만드는 놀라움

사실 비트코인은 기존의 사용자 이름-비밀번호 체계보다 한 단계 더 멀리 간다. 모든 거래 기록이 블록체인에 공개되므로 누구라도 모든 주소의 과거 거래 내용과 비트코인 잔액을 확인할 수 있다. 우리는 비트코인 '계좌'를 투명한 금고transparent safe로 생각하려 한다. 누구든 금고 안에 돈이 얼마나 들었는지 볼 수 있지만, 개인키를 가진 사람만이 돈을 쓸 수 있기 때문이다.

이는 놀라운 형태의 자산이다. 라이스톤을 제외한 어떤 형태의 돈도 이러한 투명성을 제공하지 않는다.[60] 비트코인의 투명성은 분석가들이 비트코인 경제 상황을 더 잘 파악할 수 있게 하고, 비트코인을 사용하는 사이버 범죄자들을 추적할 수 있게 하며,[61] 결제를 쉽게 증명할 수 있게 한다. 하지만 물론 이는 사생활 보호가 잘되지 않음을 의미하기도 한다.

한 걸음 물러나 생각하면, 비트코인이 채굴용 해시 함수, 키와 주소를 생성하는 단방향 함수, 신원을 증명하기 위한 전자서명 등 많은 수학 기법을 활용하고 있다는 사실을 알 수 있다. 이러한 모든 유형의 암호화 기법은 공격자가 역설계할 수 없는 형식의 인코딩(즉 암호화)으로 정보를 안전하게 지킨다.[62]

이러한 이유로 비트코인은 암호화폐로 불린다.[63] 사토시의 통찰은 암호화가 안전하면서도 투명한 통화를 가능케 한다는 것이었다. 그리고 이것이 비트코인의 핵심이다.

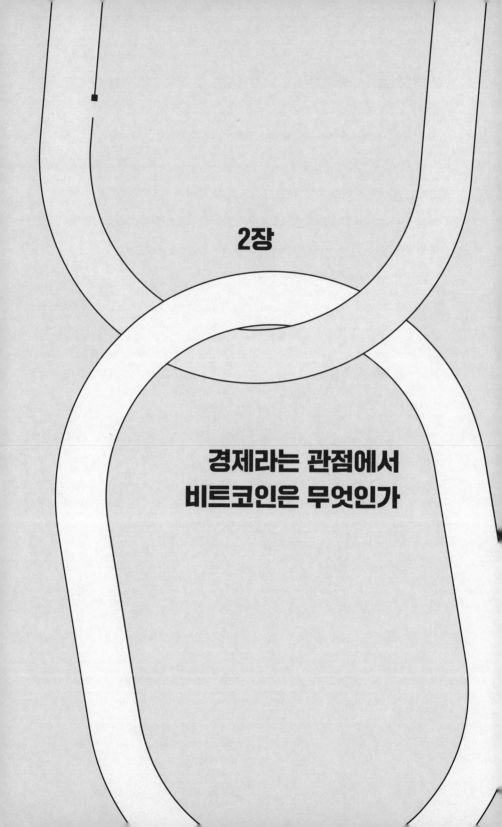

2장

경제라는 관점에서
비트코인은 무엇인가

통화에는 상품 기반, 정치적 기반 그리고 지금, 수학 기반의 세 시대가 있다.

크리스 딕슨Chris Dixon, 헌치Hunch(이베이eBay가 인수)[1] 공동 창립자

화폐는 성공하려면 교환의 수단이자 상당히 안정적인 가치 저장소가 되어야 한다. 그런데 어떻게 비트코인이 안정적인 가치 저장소가 될 수 있다는 건지 나는 전혀 이해하지 못하겠다.

폴 크루그먼Paul Krugman, 노벨 경제학상 수상자[2]

사토시의 발표 이후, 비트코인은 큰 성공을 거두었다. 매일 전 세계에서 수십억 달러 상당의 비트코인이 거래되고,[3] 현재 유통 중인 코인은 1000억 달러가 넘는다.[4] 이 색다른 통화는 뭔가 낯설고 새로운 방식으로 운용되긴 하지만, 지금까지 검증된 여러 경제적 렌즈를 통해 잘 들여다보면 이에 대해 많은 것을 이해할 수 있게 될 것이다.

3억 달러짜리 피자

알다시피 비트코인은 개당 수천 달러의 가치가 있다. 비트코인에 운 좋게(혹은 일찌감치) 투자해 백만장자가 된 10대들의 이야기는 셀 수 없을 정도로 많다.[5] 그중 한 명은 이렇게 말하기도 했다. "(비트코인에 투자해) 앞으로 십 년 이내에 백만장자가 되지 못한다면, 그건 순전히 자기 잘못이죠."[6]

그러나 좀 더 생각해보면, 한 익명의 컴퓨터 과학자가 난데없이 만들어낸 디지털 토큰이 실제 가치가 있다는 것 자체가 상당히 이상해 보인다. 만약 여러분이 모든 사용자에게 가상의 토큰을 나눠주는 앱을 만든다 해도, 사람들은 아마 서로에게서 토큰을 사려고 줄을 서거나, 토큰의 아주 사소한 가격 변동에도 토론을 벌이는 커뮤니티를 만들거나, 토큰을 중심으로 거대한 회사들을 세우진 않을 것이다. 하지만 이는 사토시의 발명 이후 실제로 벌어진 일들이다.

수천 달러에 이르는 비트코인의 가치는 하룻밤 사이에 형성된 것이 아니다. 처음에 비트코인은 실제로 컴퓨터 괴짜들의 장난감에 불과했다. 하지만 서서히 사람들은 그것들이 진짜 돈을 뿌릴 만큼 가치가 있다고 믿기 시작했다. 그리고 그 이야기는 많은 훌륭한 이야기들과 마찬가지로 피자에서 시작된다.

라즐로의 거래

2010년 3월, 첫 비트코인 거래소가 문을 열었다. 이 웹사이트를 통해 사람들은 비트코인을 달러로, 또 그 반대로도 거래할 수 있었다. 출범 당시 비트코인의 시세는 개당 0.3센트였다.[7]

그해 5월, 라즐로 하녜츠Laszlo Hanyecz라는 플로리다에 사는 한 남자가 누구든 피자를 보내주면 1만 비트코인(당시 41달러, 개당 0.4센트[8])을 보내주겠다는 글을 비트코인 커뮤니티에 올렸다. 그는 꽤 융통성이 있는 사람이었다. "직접 피자를 만드셔도 되고, 가게에서 배달 주문을 해주셔도 됩니다. 하지만 생선 토핑이나 그런 좀 이상한 토핑만은 하지 말아 주세요"(좋은 선택이다.)[9]

제레미 스터디반트Jeremy Sturdivant라는 한 젊은 영국인[11]이 파파존스에서 그에게 라지 피자를 두 판 주문해주었다.[12] 비트코인으로 실

제 제품을 구매한 최초의 거래였다.[13] 하녜츠가 지불한 1만 비트코인의 가치는 현재 3억 달러가 넘는다.[14]●

비트코인의 가격은 개당 0.4센트에서 현재 3만 달러 이상으로 치솟았다.[15] 약 10년간 750만 배가 올랐고, 평균적으로 매년 네 배 이상 올랐다. 주식과 채권, 부동산 등 그 밖의 어떠한 기존 금융 자산도 비트코인의 성장률에 근접하지 못한다.

궁금한 것은 비트코인이 어떻게 이처럼 빨리 성장할 수 있었는가이다. 장난감으로 시작된 디지털 토큰은 대체 어떻게 해서 화폐 가

● 우리는 항상 이 글의 작성 시점 기준으로 비트코인 가격을 말하지만, 비트코인의 시세는 변동이 크기 때문에 가장 최근의 시세를 살펴보길 권한다.

2010년에서 2020년까지 비트코인 가격과 S&P 500지수, 구글의 주가를 비교한 그래프. 비트코인은 다른 항목들에 비해 불안한 모습을 보이지만, 대신 훨씬 빠르게 성장했다.
출처: 구글 파이낸스Google Finance 및 블록체인닷컴Blockchain.com[16]

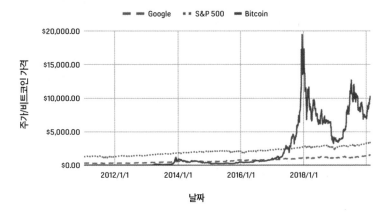

시간에 따른 자산의 가치

치를 갖게 되었을까?

상호주관적 실재란?

오늘날 우리가 사용하는 돈의 대부분은 비트코인과 같은 철학적 문제를 갖고 있다. 정글이나 화성에 고립되면 20달러짜리 지폐는 쓸모없는 종잇조각일 뿐이다. 하지만 가게에 가면 그 종잇조각을 주는 대가로 우리는 피자, 양말, 캔 따개 등 온갖 종류의 물건을 구할 수 있다. 실제로 그 종이를 다른 사람들에게 주면 그들은 여러분을 동네 곳곳에 데려다주고, 잔디도 깎아주고, 개도 봐줄 것이다. 이게 무슨 일일까? 종잇조각 한 장이 어쩌다 그런 현실적인 가치를 갖게 된 걸까?

이 문제의 핵심은 역사학자 유발 노아 하라리Yuval Noah Harari가 '상호주관적 실재Intersubjective reality'라고 부르는 것으로 귀결된다.[17] 우리는 다른 사람들이 이 종잇조각을 가치 있게 생각한다는 것을 알기 때문에 그것이 가치 있다고 생각한다. 시장의 농부는 20달러짜리 지폐를 받으면 집에서 만든 잼을 기꺼이 내줄 것이다. 농부는 그 20달러면 다른 사람들이 자신에게 식료품과 농산물, 다른 물건들을 줄 것을 알기 때문이다.

비트코인도 마찬가지다. 스터디반트는 언젠가는 1만 개의 비트코인을 다른 가치 있는 것(달러, 영국 파운드, 혹은 실제 물건)과 바꿀 수 있다고 생각했기 때문에 하녜츠에게 피자를 사주었다. 이와 비슷하게 오늘날의 사람들도 나중에 비트코인을 물건과 서비스, 현금과 바꿀 수 있을 거라고 생각하기 때문에 3만 달러가 넘는 비트코인을 산다(비트코인을 살 때 지불한 것보다 더 많은 것을 받길 바라면서 말이다).

웜펌 벨트를 돈으로 사용하려면

이러한 상호주관적 실재에는 사람들이 더 이상 믿지 않으면 무너지고 마는 변덕스러운 면이 존재한다. 유럽인들이 북아메리카에 도착하기 전, 웜펌으로 알려진 조가비 구슬은 지금의 미국 동부 해안 일대에서 화폐로 사용되었다. 사람들은 보통 이 구슬들을 갖고 다니기 쉽게 장신구와 벨트 형태로 정교히 꿰었다.[18]

당시 웜펌 벨트Wampum belts를 충분히 가진 원주민 족장은 그것으로 큰 잔치를 열거나 거대한 토루(물론 맨 위에는 그의 전용 공간이 있다)를 만드는 데 필요한 값을 치렀다.

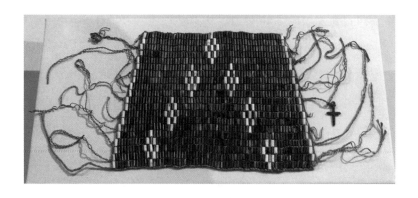

어떻게 그럴 수 있었을까? 이웃 부족민들이 웜펌을 지불 수단으로 받아들였기 때문이다. 그 부족민들은 다른 부족민들 역시 웜펌을 지불 수단으로 받아들일 것을 알았기 때문에 웜펌을 받아들였다. 심지어 초기의 유럽 식민지 개척자들조차도 원주민들이 받아들일 것을 알았기 때문에 웜펌을 화폐의 한 형태로 사용했다.[20]

웜펌은 상호주관적 실재 덕분에 가치가 있었다. 하지만 1700년대 중반 즈음, 유럽의 화폐가 그 자리를 대신하게 되면서 이 상호주관적 실재는 사라져버렸다. 처음에 이러한 현상은 몇몇 큰 부족들이 더는 웜펌을 받지 않는 것으로 시작되었을 것이다. 그리고 그 이웃 부족들이 큰 부족들과의 거래에 더는 웜펌을 사용할 수 없게 되자 이를 포기했을 것이다. 다음에는 그 부족들 주변의 부족들, 그리고 또 다른 부족들이 차례로 웜펌을 포기했을 것이다.

사람들의 웜펌 수용 여부는 역시 다른 사람들의 수용 여부에 달려 있었기 때문에, 여기에는 일종의 도미노 효과가 있었다. 웜펌 시스템이 받은 작은 충격은 웜펌 화폐 전체의 붕괴로 이어졌다. 그래서 결국 나중에는 원주민들조차도 지불 수단으로 은을 요구하게 되었다(역설적이게도, 은 또한 상호주관적 실재 덕분에 가치가 있다).[21]

웜펌의 예는 상호주관적 실재가 악순환의 고리를 만들 수 있음을 보여준다. 몇 사람이 그만두면 모두가 그만둔다. 하지만 다른 한편으로, 비트코인의 급속한 성장은 이러한 순환 고리가 유용할 수 있다는 사실도 보여준다. 하녜츠와 스터디반트 같은 몇 사람이 비트코인이 가치가 있다고 믿기 시작하자, 점점 더 많은 사람이 이에 동참했다.* 지금 전 세계는 비트코인이 실제 돈 만큼 가치가 있다고 믿는다. 어떤 사람들은 그 믿음에 심취해서 퇴직금의 일부를 털어 비트코인에 쏟아붓기도 한다.[22]**

비트코인은 사람들이 가치가 있다고 믿기 때문에 번성한다. 가장 어려운 부분은 처음에 사람들에게 비트코인의 가치를 믿게 함으로써 선순환을 시작하는 것이었다. 하녜츠의 피자 구매가 중요한 이유는 바로 이 때문이다. 이는 누군가는 비트코인을 그저 신기한 발명품이 아닌, 경제적으로 가치 있는 수단으로 생각한다는 것을 세계가 처음으로 목격한 사례였다.

---

* 이는 소셜 네트워크가 동작하는 방식과 크게 다르지 않다. 네트워크는 더 많은 사람이 동참할수록 보다 유용해지므로 기하급수적으로 성장할 수 있지만, 같은 이유로 빠르게 무너질 수도 있다. 이러한 선순환 고리는 네트워크 효과network effect로도 알려져 있다.

** 여기서 투자 조언을 하려는 것은 아니지만, 어쨌든 비트코인을 합법적인 투자 옵션으로 여긴다는 것은 인상적이다.

화폐 공급에 대하여

일단 상호주관적 실재가 비트코인이 가치 있는 이유를 설명하긴 하지만, 이제 문제는 비트코인의 가격이 몇백만 배나 뛴 이유다. 이는 아주 중요한 문제로, 다른 많은 경제적 질문들처럼 수요와 공급의 문제로 귀결된다.*

경제적 가치는 희소성에서 비롯되며(사막에서 모래를 팔려고 해보라), 희소성은 제한된 공급에서 비롯될 수 있다.[23]

따라서 비트코인이 가치를 유지하는 한 가지 방법은 공급을 제한하는 것이다. 유통 중인 비트코인의 수는 인위적으로 제한되고 있으며, 날이 갈수록 더욱 느린 속도로 증가하고 있다.[24]

보상 늦추기

채굴자들이 받는 보상 중의 하나인 블록 보상에는 새로운 비트코인이 포함된다는 사실을 기억하자. 사실, 세상에 새로운 비트코인이 나오는 방법은 이 방법이 유일하다. 비트코인 소프트웨어는 평균 10분마다 한 블록이 채굴되도록 채굴 난이도(모든 해시 앞에 있어야 하는 0의 수)를 자동으로 조정한다. 따라서 10분마다 새로운 코인 꾸러미가 생겨나는 셈이다.

여기에서 함정은 블록 보상이 늘 줄어들고 있다는 것이다. 비트코인 소프트웨어는 4년마다 보상을 반으로 줄인다. 애초에 블록 보

---

* 거시 경제 이론과 균등화에 대해 더 알고 싶다면, 부록 B를 참조하라.

매년 채굴되는 비트코인의 수가 급감하고 있으며, 이는 비트코인의 누적 채굴량을 정체 상태로 이끈다. 출처: 비트코인 위키Bitcoin Wiki[27]

시간이 흐르는 동안 채굴된 비트코인

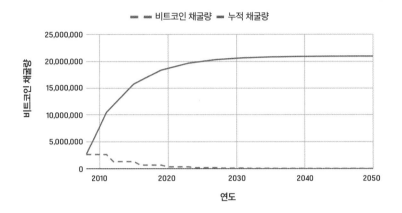

상은 2008년에 블록당 50비트코인이었지만, 2012년에는 그 절반인 25비트코인으로 줄었고, 2016년에 다시 12.5비트코인으로 줄었다.[25] 글을 쓰는 시점에서 가장 최근의 반감기는 블록당 보상이 6.25비트코인으로 줄어든 2020년 5월이었다.[26]●●

이러한 추세가 유지된다면, 33번째 반감기 이후 2140년에 블록 보상은 공식적으로 0에 이른다는 것을 알 수 있다.●●● 그때가 되면 비트코인은 2100만 개가 채굴되었을 것이고, 공급이 늘어나는 일은

●● 블록 보상이 줄어드는 속도보다 비트코인 가격이 오르는 속도가 훨씬 빠르므로, 그래도 블록을 채굴하면 예전보다 더 많은 돈을 벌 수 있다.
●●● 비트코인의 가장 작은 단위는 사토시로 알려진 1비트코인의 1억분의 1이다. 2140년의 반감기 이후 블록 보상은 0사토시로 정리될 것이다.

두 번 다시 없을 것이다.[28]

하지만 기하급수적 급감으로 인해 2030년대 중반이면 이미 비트코인 공급은 사실상의 정체기에 이를 것이다. 그때쯤이면 우리가 이용할 수 있는 모든 비트코인의 99%가 채굴되었을 것이기 때문이다. 그리고 이후의 공급은 매우 찔끔찔끔 증가할 것이다(2100년에서 2140년 사이 40년 동안 총 1개의 비트코인이 채굴될 것으로 보인다).[29] 2019년 여름까지 이용 가능한 모든 비트코인의 85%가 채굴된 것을 보면, 우리는 생각보다 그 정체기를 빨리 맞고 있다.[30]

공급의 증가를 지속해서 둔화시키는 이 전략은 사실 아주 그럴듯하다. 공급을 제한하면 비트코인은 늘 희소성을 갖게 되고 그에 따라 귀한 몸이 될 것이다. 공급이 서서히 줄어들면 갑작스러운 충격을 방지하는 데도 도움이 된다.

초기에 블록 보상과 비트코인 공급을 높게 유지한 전략은 채굴자들이 조기에 동참하도록 장려[31]함으로써 신생 통화가 순조로운 출발을 할 수 있도록 도왔다.[32]

코인을 분실하면

흥미롭게도, 비트코인의 공급량은 시간이 흐르면 사실상 줄어들 수 있다. 비트코인의 고도로 분산화된 시스템은 개인키를 잃어버리면 복구할 방법이 없음을 의미한다. 여기에는 '비밀번호'를 재설정해달라고 요청할 수 있는 은행과 같은 기관이 없다. 물론 공개키와 주소만으로 개인키를 복구하는 것도 거의 불가능하다.[33]• 그러니까 만약 개인키를 외장 하드에 저장했는데 그 위에 레모네이드를 쏟아 버려(불운한 웨일스 사람에게 생긴 일이다[34]) 하드가 망가지는 일이 발생하면, 해당 개인키와 관련된 비트코인에 다시는 접근할 수 없다.

비트코인은 다른 많은 방법으로도 영원히 분실될 수 있다. 만약 모든 것이 지긋지긋해서 비트코인 지갑(사용자의 개인키와 주소를 저장하는 소프트웨어의 일종)을 더는 사용하지 않는다 해도, 코인들은 영원히 거기 남아 있을 것이다. 그리고 아무도 그것들을 사용할 수 없을 것이다.

사토시에게도 이와 비슷한 일이 있었다. 사토시는 제네시스 블록 genesis block[35]으로 불리는 최초의 비트코인 블록을 채굴하고 그의 것으로 추정되는 주소 '1A1zP1eP5QGefi2DMPTfTL5SLmv7Divf-Na'로 50비트코인을 지급했다. 하지만 비트코인 소프트웨어의 작은 오류로 인해 코인들은 그 주소를 벗어날 수 없게 되었다.[36] 사토시는 해당 주소에서 코인을 하나도 옮기지 못했지만, 많은 비트코인 애호가들이 사토시에게 감사의 뜻으로 이 주소[37]로 작은 '봉납'을 하는 것을 막진 못했다.[38]

실제로 비트코인이 영구적으로 분실되는 경우는 매우 흔하다. 한 조사에 따르면, 지금까지 채굴된 비트코인 중에서 30%가 분실된 것으로 추정된다.[40] 비트코인이 분실되는 속도가 실제로 블록 보상이

• 세계에서 가장 강력한 슈퍼컴퓨터라 해도 비트코인이 주소를 계산하기 위해 사용하는 SHA-256 해시 알고리즘을 크래킹하는 데는 수백만 년이 걸릴 것이다. 사실상 모든 개인키를 하나하나 확인해봐야 하기 때문이다.

사토시의 일부 지지자들은 사토시의 주소로 당시 50센트에 해당하는 0.00000558비트코인BTC을 보냈다. 마치 행운을 비는 우물에 동전을 던지듯 말이다! 출처: 블록체인닷컴[39]

수수료	0.00000146 BTC (0.649 sat/B - 0.255 sat/WU -		+0.00000558 BTC
해시	3174f91b36d7b18b18dc72a...		2020-01-24 19:13
	bc1qex... 0.00038754 BTC 🌐	➡️	1A1zP1... 0.00002000 BTC 🌐
			bc1qex... 0.00036608 BTC 🌐
수수료	0.00000146 BTC (0.649 sat/B - 0.255 sat/WU -		+0.00002000 BTC
해시	cc795179d5b8246a0f61f81...		2020-01-24 17:06
	bc1qex... 0.00039458 BTC 🌐	➡️	1A1zP1... 0.00000558 BTC 🌐
			bc1qex... 0.00038754 BTC 🌐
수수료	0.00000146 BTC (0.649 sat/B - 0.255 sat/WU -		+0.00000558 BTC
해시	6816bbff7990926d32f69a4...		2020-01-23 17:53
	bc1qex... 0.00040162 BTC 🌐	➡️	1A1zP1... 0.00000558 BTC 🌐
			bc1qex... 0.00039458 BTC 🌐
수수료	0.00000146 BTC (0.649 sat/B - 0.255 sat/WU -		+0.00000558 BTC

생성되는 속도보다 빠르면, 비트코인의 공급량은 사실상 줄어들게 된다.

화폐 수요에 대하여

다행히 비트코인의 공급은 쉽게 수량화와 예측이 가능하다. 미래 어느 시점에 비트코인이 얼마나 채굴될 것인지 정확히 계산해주는 공식도 있다.

하지만 불행히도 비트코인의 수요를 파악하는 일은 이보다 훨씬 어렵다. 현재로선 수요량을 가늠해볼 수 있는 정보가 전혀 없어서 앞으로의 수요가 어떻게 될지에 대한 수학적 예측을 하기는 어려운 상황이다.

구설수 이론

비트코인이 이제 막 도약을 시작한 초기(2014년 이전)에는 비교적 수요에 대한 예상이 잘 맞아떨어졌다. 이 기간에 비트코인 수요에 대한 주된 통제 요인은 아무도 그것에 대해 들어본 적이 없다는 것 뿐이었다. 따라서 언론이 비트코인을 다룰 때마다[41] 비트코인의 수요와 가격이 상승할 것이라는 예측이 어느 정도 가능했다. 2014년, 연구원들은 비트코인에 관한 기사가 1% 늘어날 때마다 비트코인 가격이 평균 0.3%[42][투자가 용어로는 30BP(Basis Point), 1BP는 0.01%이다[43]]상승했다는 사실을 발견했다.

많은 언론이 비트코인에 대해 부정적 반응을 보였다. 당시 가장 많이 보도된 뉴스 중 일부는 2014년 비트코인 거래소 마운트곡스 Mt. Gox(당시 세계 최대 규모의 암호화폐 거래소)[44]가 도난당한 74만 개의 비트코인과 2013년 미국 정부의 실크로드SilkRoad(비트코인만 받

2011년부터 2014년 중반까지는 비트코인의 가격(상단 막대그래프)과 거래량(하단 막대 그래프) 사이에 강한 상관관계가 있었다. 출처: 트레이딩뷰TradingView[47]

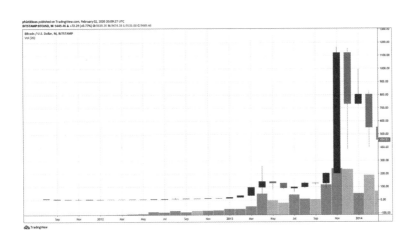

았던 온라인 마약 시장) 급습에 관한 뉴스였다.[45] 하지만 옛말에도 있듯, 언론에 언급되는 것은 어쨌든 좋은 일이었다. 비트코인의 가격은 2013년 1월 13달러에서 그해 12월 1100달러 이상으로 치솟았다.

인터넷상의 소문과 입소문은 더욱 강력한 통제 요인이었다. 앞서 말한 연구원들에 따르면, 구글에서 비트코인 검색 횟수가 1% 늘어나면 비트코인 가격은 평균 0.5%(50BP) 상승했다.[46]

실제로 2014년 중반까지 비트코인 가격과 그 기술에 대한 대중의 관심(거래되는 비트코인의 총량으로 추정) 사이의 연관성은 매우 명확했다.

요약하자면, 사람들의 인식 부족이 비트코인을 저지하는 주된 요인이었을 때, 비트코인은 언론에 노출될 때마다 더 많은 관심을 일

2014년 중반 이후에는 비트코인의 가격(상단 막대 그래프)과 거래량(하단 막대 그래프) 사이에 상관관계가 거의 없다. 출처: 트레이딩뷰[48]

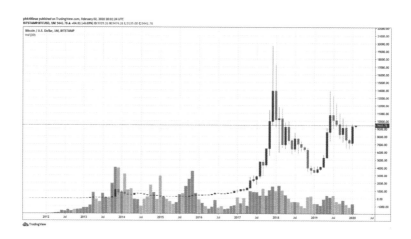

으키고 더 많은 거래를 이끌어 비트코인의 가격을 끌어올렸다.

아쉽게도, 2014년 중반 비트코인 가격의 급등과 폭락 이후 이러한 상관관계는 완전히 무너져버렸다. 2014년에서 2016년까지 거래량은 상당히 불안한 모습을 보였지만, 가격은 비교적 안정적이었다. 반면 2017년부터 이 글을 쓰는 시점까지는 거래량이 비교적 안정적인 모습을 보이고, 가격은 폭등했다.

이유가 무엇일까? 우리 생각은 2014년 중반 이후 비트코인이 사람들 사이(적어도 투자자들 사이)에서 이미 익숙한 이름이 되었기 때문에, 친숙도가 더는 수요나 가격에 영향을 미치지 못하게 되었다는 것이다. 따라서 이제 거래량과 언론 노출 분석만으로는 비트코인 가격을 예측하기 어려워졌다.

용이성 이론

그렇다면 비트코인 수요를 움직일 새로운 요인들에는 어떠한 것들이 있을까? 한 이론은 비트코인이 주식시장의 대안이라는 것으로, 주식시장이 흔들리면 투자자들이 비트코인으로 몰릴 것(비트코인의 수요 증가)이라는 이론이다.[49] 하지만 이 이론의 문제는 신중한 투자자들은 실제로 비트코인을 주식시장 폭락에 대한 안정적인 대비책으로 보지 않는다는 사실이다. 비트코인의 가격은 주식시장의 실적과 대체로 무관하므로, 주식시장이 하락할 때 비트코인 가격도 하락할 확률은 대략 50% 정도가 될 것이다(즉 좋은 대비책은 아니다).[50]

우리는 비트코인 수요에 영향을 미치는 두 가지의 현실적 요인이 있다고 생각한다. 하나는 예전보다 비트코인 투자가 점점 쉬워지고 있다는 것이다. 2010년 중반만 해도 비트코인을 소유할 수 있는 주된 방법은 컴퓨터로 투박한 소프트웨어를 실행하고 비트코인 거래소를 찾는 것이었다(그리고 그것이 합법적이길 바랐다). 때에 따라서는 번거로운 해외 송금 처리를 통해 코인 몇 개를 겨우 손에 넣기도 했다.[51] 비트코인 투자는 진정으로 전문 투자가들만을 위한 것이었다.

히지만 지금은 누구라도 비트코인에 투자할 수 있다. 세련된 디자인의 웹사이트에서 직불 카드로 비트코인을 살 수 있고,[52] 앱에서 비트코인을 사고 보낼 수 있으며,[53] 많이들 쓰는 주식 거래 앱에서도 주식을 사는 것과 똑같이 비트코인을 살 수 있다.[54] 심지어 피델리티Fidelity나 TD 아메리트레이드TD Ameritrade와 같은 일반 증권사를 통해서도 비트코인 ETFExchange-Traded Fund(상장지수펀드, 즉 투자 바구니 상품)를 살 수 있다.[55] 진입 장벽을 낮추자 비트코인 수요의 또 다른 상한선이 없어진 것이다.

투기 이론

다른 요인, 우리가 봤을 때 이보다 더 강력한 요인은 예전부터 존재해왔던 투기이다. 비트코인 사용자의 대다수는 돈을 벌고 싶어 하는 투기자들[56]이다. 비트코인의 매우 불안한 가격, 주식시장과 비교해 상대적으로 덜한 규제, 낮은 진입장벽은 특히 젊은 사람들에게 흥미로우면서도 비교적 손쉬운 투기를 가능케 했다.[57]

역사적인 급등과 폭락에도 불구하고, 어쨌든 비트코인의 가격은 시간이 지나면서 전반적으로 상승해왔다. 전문가들은 그 이유가 비트코인을 사들이는 사람들이 가격이 다시 오를 것이라 믿으며 비트코인을 붙들고 대체로 판매를 주저하기 때문이라고 생각한다[58](이는 '존버HODLing'[9]로 알려진 악명 높은 추세다). 사람들이 비트코인을 처분하지 않으면, 비트코인 수요는 계속해서 증가한다.

요컨대 비트코인에 대한 수요를 계산하거나 예상하기는 어렵지만, 시간이 지날수록 그 수요는 서서히 증가할 것으로 보인다. 이것이 (그 모든 급등과 폭락에도 불구하고) 장기적으로 비트코인 가격이 상승 추세를 보이는 주된 이유다.

비트코인의 공급은 해가 갈수록 더욱 줄어들 것이기 때문에, 수요는 비트코인 가격에서 점점 더 큰 요인이 될 것이다. 수요 증가세가 계속되면 비트코인의 가치는 점점 더 높아지겠지만, 수요가 사라지면 비트코인의 가치도 사라진다.

변함없이 낮은 공급과 높지만 변덕스러운 수요를 함께 생각해보면, 극도로 큰 변동성을 보이나 결국 상승세인 비트코인 가격의 역사를 확인할 수 있다. 이러한 추세가 앞으로도 계속될까? 공급은 분명히 제한되겠지만, 수요는 예측이 어렵다.

인플레이션 방지?

비트코인을 옹호하는 사람들은 비트코인이 인플레이션의 영향을 받지 않는다고 주장한다. 비트코인은 공급이 제한되어 있고 사람이 아닌 알고리즘으로 제어되기 때문이다. 그들은 정부가 화폐를 찍어내고 금리를 조정할 수 있는 완전한 재량(중앙은행이 달러나 페소와 같은 '일반' 통화의 공급을 조정하는 두 가지 큰 방법)을 갖고 있으면, 악의 또는 순전한 무능력으로 인해 대규모의 심각한 인플레이션이 발생할 수 있다고 강조한다.[60]

일리 있는 말이다. 2019년 한 해 물가상승률이 1000만 퍼센트에 달했던 베네수엘라의 상황[61]처럼, 극심한 인플레이션은 저축한 돈을 쓸모없게 하고 투자자들을 도망치게 만들어 경제를 수렁으로 몰아넣는다.[62]

비트코인을 지지하는 사람들은 비트코인이 정부의 손에서 화폐 공급 조정과 관련된 권한을 가져옴으로써 인플레이션과 그로 인한 사회악을 끝낼 수 있다고 주장한다.[63] 그렇지만 진실은 훨씬 더 복잡하다. 사실 비트코인은 그 반대의 문제를 갖고 있을 수 있다.

인플레이션이란 무엇인가

일단 한 걸음 물러나 인플레이션이 무엇인지부터 생각해보자. 인플레이션은 바구니의 물건(식료품이 가득 든 장바구니라고 해보자) 가격이 상승할 때 발생한다. 예를 들어 작년에 장바구니에 식료품을 채우는 데 100달러가 들었는데, 똑같은 물건으로 올해는 105달러가 들었다면 5%의 인플레이션이 발생했다고 볼 수 있다.[64*]

인플레이션은 대부분의 국가 경제가 마주해야 하는 냉엄한 현실이다. 미국과 같은 경제가 발달한 국가의 보통 한 해 평균 물가 상승률은 약 2%이다.[65] 이는 시간이 지남에 따라 돈의 가치가 서서히 떨어짐을 의미한다. 1919년 20달러의 가치는 오늘날로 치면 300달러에 달했지만, 지금은 20달러일 뿐이다.[66] 한때 미슐랭 선정 식당[67]에서 저녁을 사 먹을 수 있었던 돈이 이제는 치즈케이크팩토리(미국 전역에 있는 프랜차이즈 레스토랑-옮긴이)에서 메인 코스를 하나 주문하기에도 벅찬 돈이 되어버린 것이다.[68**]

어쨌든 인플레이션의 정의를 잘 살펴보면 비트코인에 문제가 있음을 확인할 수 있다. 인플레이션은 일정 시간 동안 바구니에 담긴 식료품 같은 실제 물품의 가격이 얼마나 변화했느냐에 따라 계산된

- 미국에서는 이를 소비자 물가 지수, 즉 CPI(Consumer Price Index)라고 한다.
- 우리는 치즈케이크팩토리를 매우 좋아하지만, 이는 미슐랭 선정 식당이 주는 경험에 미치지 못한다.

다. 비트코인의 문제는 비트코인으로 식료품 같은 실제 물품을 살 수 없다는 것이다. 몇몇 상점에서는 비트코인으로 매트리스 같은 실제 물품을 살 수 있지만,[69] 일반적으로 우리는 상점 주인에게 직접 비트코인으로 물건의 값을 지불하지는 않는다. 대신, 비트코인은 자동으로 달러(또는 어떤 현지 화폐든)로 변환되기 때문에 주인은 달러로 물건의 값을 받게 된다.[70]

따라서 다른 화폐 말고 비트코인으로 물건을 사기는 어렵다. 화폐 '바구니basket'를 이용해 인플레이션을 측정할 수는 있다. 예를 들어 매년 100달러, 100유로, 100엔을 사는 데 필요한 비트코인의 수를 세본다고 가정해보자. 문제는 외환 시장 변동과 우리의 오랜 친구인 인플레이션으로 인해 이 통화들의 가치가 늘 변한다는 것이다.

그러므로 화폐 '바구니'에 필요한 비트코인 가격이 변했을 때, 그 원인이 비트코인인지 화폐인지 알 수 없다(반면, 물가 상승률을 측정할 수 있는 바구니에 우리가 보통 집어넣는 '진짜' 물건들의 가치는 고정되어 있다. 예를 들어 시리얼 한 상자는 십 년 전이나 지금이나 똑같은 수준이므로 유용하다). 요컨대 화폐로 채운 '바구니'는 비트코인 인플레이션을 측정하기에 부적절하며, 이를 측정할 좋은 방법은 지금으로선 전혀 없다.

지지자들은 옳다

논의를 위해 불편한 사실들은 일단 제쳐두고 하녜츠의 피자처럼 철저히 비트코인으로만 물건을 사고파는 세상이 존재한다고 가정해보자. 그 세상에서 비트코인은 인플레이션을 겪게 될까?

비트코인을 지지하는 사람들이 믿는 바에 따르면, 대답은 '아니오'일 가능성이 크다. 인플레이션은 통화 공급의 증가가 그 나라의 GDP[한 나라에서 판매된 모든 재화와 용역의 가치(일반적으로 말하는 생산 측면의 GDP가 아닌 지출 측면의 GDP를 말하고 있다. 생산, 분배, 지출 측면에서의 GDP는 모두 같다는 3면 등가의 법칙에 따라 값은 모두 같다-옮긴이)] 증가를 앞지를 때 발생한다.[71] 통화 공급이 증가하지 못한다면(실제로 수십 년 내에 비트코인이 이에 해당하게 된다), 인플레이션은 수학적으로 불가능하다. 이 정의는 비트코인에 관한 또 다른 문제를 제기한다. 비트코인으로 구매한 모든 물건과 서비스의 가치를 어떻게 측정할 것인가? 과거 모든 비트코인의 거래 내역을 상세히 확인할 순 있지만, 어떤 거래가 물건이나 서비스 구매를 위한 것이었고 어떤 거래가 단순히 친구에게 돈을 주기 위한 것이었는지는 알 수 없다.

그러나 미국 달러의 인플레이션이 많은 비트코인 지지자들이 말하는 것만큼 파괴적이지 않다는 사실은 주목할 필요가 있다. 한 FAQ에서처럼[72] '정부가 계속해서 돈을 찍어내어 끝없이 공급을 부풀린다'*라는 말은 옳다. 하지만 FAQ에서 이어지듯 '화폐 발행이 모든 사람이 가진 돈의 가치를 떨어뜨린다'라는 말은 사실이 아니다. 은퇴 자금을 현금으로 보관하는 사람은 아무도 없다. 대신 사람들은 일반적으로 물가 상승률보다 높은 수익률(S&P 500지수는 연평균 8%

---

* 교묘한 술책에 주의하자. 문장이 다른 뜻을 내포하긴 하지만, 화폐 공급의 증가가 반드시 인플레이션으로 이어지는 것은 아니다.

성장했다[73])을 보이는 주식과 채권에 돈을 넣는다. 따라서 인플레이션은 저축자들에게 특별한 문제가 되지 않는다.

일단 비트코인의 인플레이션이 측정 가능하다고 생각한다면 비트코인이 인플레이션의 영향을 받지 않는다는 것은 사실이며, 인플레이션을 당연히 나쁜 것으로 생각한다면 이는 비트코인의 승리이다. 하지만 비트코인은 또한 디플레이션이라는 정반대의 문제에도 부딪히기 쉽다.

디플레이션?

예상대로 디플레이션은 시간이 지나는 동안 바구니에 담긴 물건의 가격이 하락할 때 발생한다. 바구니에 담았던 식료품들의 가격이 작년에는 100달러였는데 올해는 95달러가 되었다고 생각해보라.[74]

통화 공급이 너무 빠르게 증가할 때 인플레이션이 발생한다면, 통화 공급이 너무 느리게 증가하거나 급기야 축소되기까지 할 때 디플레이션이 발생한다.[75] 디플레이션은 대공황Great Depression 시기에 발생했는데, 금융 위기로 화폐 공급이 축소되어[76] 1930년과 1933년 사이에 연평균 10%의 디플레이션이 발생했다.[77]

공급이 축소될 때
알다시피 비트코인의 공급량은 상당히 줄어들 수 있다. 하드드라이브가 분실되거나 망가질 수 있고, 투자자들이 안이해지기도 하며,

절대 쓰이지 않을 주소로 돈을 보내는 등 비트코인은 분실되기가 매우 쉽기 때문이다.

실제로 2020년 한 연구에 따르면, 한 해 동안 손도 대지 않은 상태로 있는 비트코인이 1070만 개(당시 채굴된 모든 비트코인의 약 60%)에 이르렀으며, 5년 동안 그대로인 비트코인도 약 380만 개나 되었다.[78] 이들 중 얼마나 많은 코인이 아예 되돌릴 수 없을 정도로 분실되었는지 알 방법은 없다. 움직임이 없는 일부 코인은 의심할 여지 없이 장기 투자 목적의 투자자들이 보유하고 있다. 하지만 그 코인들 중 아주 일부라도 영원히 사라진다면 그것은 문제가 된다.

한편, 비트코인의 반감기는 시간이 지날수록 채굴되는 비트코인의 양이 점점 더 줄어듦을 의미한다. 2019년에 채굴된 비트코인은 65만 개 정도에 그쳤으며,[79] 이 숫자는 4년마다 반으로 줄어들 전망이다. 이는 매년 65만 개 이상의 비트코인이 분실되면 비트코인의 공급량이 실질적으로 줄어든다는 뜻으로, 해당 연구가 밝힌 엄청난 수의 손대지 않은 비트코인을 생각하면 상당히 가능성 있는 일이다. 통화 공급 부족은 경제 이론에 따라 디플레이션으로 이어질 것이다(다시 말하지만, 적당한 바구니가 없어 비트코인의 '디플레이션'을 측정하긴 어렵지만, 우리는 최선을 다해 분석할 생각이다).

디플레이션은 비트코인 투자자들에게 좋은 소식이 될 것이다. 유통되는 비트코인이 적어지면, 그들이 가진 코인은 더욱 희귀해지고 그에 따라 더 높은 가치를 갖게 되기 때문이다. 하지만 디플레이션은 분명히 경제에 그리 좋지 않다. 디플레이션 상태의 경제에서는 시간이 지남에 따라 화폐의 가치가 더욱 높아지므로, 돈을 비축할 이유는 충분해지지만, 투자와 소비를 할 이유는 거의 없어진다.[80] 이는 비트코인을 계속 쥐고 있으려는 최근의 추세와 완벽히 일치한다. 사람들은 시간이 흐르는 동안 비트코인의 가치가 서서히 높아질 거라 확신하기 때문에 비트코인을 손에서 놓지 않는다.[81]

인플레이션의 좋은 점

자본주의 경제에서는 사람들이 돈을 쓰고 투자해야 한다. 그것이 경제가 성장할 수 있는 유일한 방법이기 때문이다. 디플레이션은 이를 차단한다. 반면에 소규모의 안정적 인플레이션은 사람들의 투자(사람들은 돈을 그대로 쥐고 있으면 가치가 없어진다는 것을 깨닫는다)를 유도해 경제가 바람직하게 성장할 수 있도록 돕는다.[82]

경제에 인플레이션이 필요한 데는 몇 가지 구체적인 이유가 더 있다. 이를테면 경기 침체로 고용주가 고용인의 임금을 삭감해야 하는 상황을 생각해보자. 문제는 고용인들이 서류상으로 그들의 임금 삭감을 확실시하고 싶어 하지 않는다는 것이다. 만약 이때 약간의 인플레이션이 있으면, 고용주는 급여를 그대로 유지할 수 있다. 직원들은 이에 만족하지만, 실질적으로 그들이 월급으로 살 수 있는 물건은 줄어든다. 이는 고용주가 경제적으로 어려운 상황에 효과적으로 임금을 삭감할 수 있음을 의미하며, 경제가 더욱 빠르게 균형을 되찾도록 돕는다.[83] (급여 명세서에 나온 임금을 명목 임금이라고 하며, 명목 임금은 화폐 단위의 금액을 말한다. 반면, 그 임금으로 실제 살 수 있는 물건의 양을 고려해 나타낸 임금을 실질 임금이라고 한다. 실질 임금은 일정한 금액으로 얼마나 많은 물건을 살 수 있는지를 나타내기 때문에 궁

극적으로 생활수준에 더 중요하다.)[84]

디플레이션이 발생하면 적은 인플레이션으로 원만하게 얻을 수 있는 이점들을 놓치게 된다. 또한 사람들이 사업을 키우려 하는 대신 현금(또는 비트코인)을 비축하려고만 하면 경제는 서서히 마비될 수 있다.[85] 따라서 비트코인의 디플레이션은 그냥 들고 있는 것(또는 존버하는 것)만으로도 어쩌면 막대한 이득을 챙길 수 있는 투자자들에게는 좋을지 모르지만, 비트코인을 국가(또는 세계) 경제의 빈약한 기반으로 만들 것이다.[86]

투자냐 통화냐?

지금까지의 인플레이션과 디플레이션에 관한 모든 설명은 해당 용어들이 사실 비트코인과 잘 어울리지 않기 때문에 혼란스러울 수 있다. 그렇지만 한 가지 확실한 것은 시간이 흐르는 동안 비트코인의 가치가 상승했다는 것이다.

즉 시간이 흐르는 동안 비트코인의 구매력은 향상했다. 1비트코인의 가치가 1센트도 안 되었던 2010년, 하녜츠는 1만 비트코인으로 피자를 샀다. 하지만 요즘엔 1비트코인의 몇천 분의 일만 있어도 피자를 살 수 있다(1만 비트코인이면 피자가게를 하나, 아니 세 개는 살 수 있을 것이다).

안정성 대 성장성

이처럼 비트코인은 시간에 따른 가치 상승을 주목적으로 하는 주식과 채권, 기타 투자 수단들과 상당히 비슷한 양상을 보인다. 2004년 구글이 상장된 당시 주가는 한 주당 85달러[87]였고, 이는 오늘날로 치면 약 115달러에 해당한다.[88] 그런데 지금 구글의 주식 한 주는 거의 1500달러 수준이 되었다.[89] 한때 게임보이 한 대[90]를 겨우 살 수 있었던 돈이 이제 맥북 한 대를 살 수 있는 돈이 된 것이다.[91]

시간이 흘러도 대개 안정적이지만 인플레이션으로 인해 점점 가치가 떨어지는 달러, 유로, 기타 통화들과 이러한 자산들은 대조적 모습을 보인다(미슐랭 선정 레스토랑과 치즈케이크팩토리 이야기를 떠올려보라).

이는 중요한 사실을 암시한다. 투자가 좋은 이유와 통화가 좋은 이유는 서로 다르다. 구글 주식은 좋은 투자 수단이지만, 사람들은 그것이 국가의 유일한 법정 통화가 되기를 원하지 않을 것이다. 거래가 훨씬 어려워질 것이기 때문이다(소비자들은 아무것도 사려고 하지 않을 것이다. 몇 달 있으면 같은 주식으로 더 많은 것을 살 수 있을지 모르는데 왜 오늘 자 주식으로 물건을 사려고 하겠는가? 상인들 역시 그 가치가 떨어지고 손해를 볼까 두려워 주식 받기를 망설일 것이다).

반면, 미국 달러는 매우 안정적이어서 거래와 경제의 훌륭한 기반이 된다. 우리는 우리가 쓰거나 버는 달러의 가치가 극적으로 치솟거나 무너지진 않을 거라고 믿는다. 하지만 투자자들은 달러를 투자 전략의 중심축으로 보지 않는다. 달러로는 (확실히) 수익이 나지 않고, 실제로 인플레이션이 그 가치를 서서히 떨어뜨리기 때문이다.

미국 달러의 가치는 안정적이지만 서서히 하락하는 반면, 투자상품의 가치는 변동적이지만 장기적으로 성장하고 있다. 비트코인의 가치는 말 그대로 도표를 벗어나기 때문에 제외되었다.
출처: 구글파이낸스 및 이안 웹스터Ian Webster[92]

시간에 따른 미국 달러와 투자상품의 가치 변화 비교

다시 말해 통화가 좋은 이유는 안정성이고, 투자가 좋은 이유는 성장성이다. 물론 이들은 상호배타적이다. 금융 상품이 안정성과 성장성을 동시에 갖출 수는 없다.

뼛속까지 투자 수단인 비트코인

자, 그럼 비트코인은 어디에 속할까?

비트코인은 통화이자 투자 수단인 신기한 금융 수단이다. 우리는 비트코인을 이용해 온라인으로 물건을 사고팔 수도 있고, 수익을 바라며 비트코인을 사서 보유('존버')할 수도 있다. 비트코인을 보내고 받아본 적이 있다면 비트코인은 벤모나 페이팔과 비슷하게 느껴질 것이다. 이러한 특징은 비트코인을 매우 독특한 금융 발명품으로 만든다.

하지만 앞에서 보았듯, 금융 수단은 좋은 통화이자 좋은 투자 수단이 될 수 없으며, 한쪽을 선택해야 한다. 비트코인은 엄밀히 말하면 통화이지만, 투자 수단에 훨씬 더 가까운 모습을 보인다.

시간에 따른 비트코인의 가격을 보면, 비트코인이 투자의 길을 택했다는 사실을 명백히 알 수 있다. 비트코인의 가치는 변동성이 심한 것으로 유명하다. 비트코인 가격은 단 한 주 만에 20%가 떨어질 수도,[93] 오를 수도[94] 있다. 2017년 12월 변동 폭이 특히 심했던 어느 날, 아침에 1만 5000달러였던 비트코인의 가격은 점심때쯤 1만 9000달러 이상으로 치솟았고, 늦은 오후가 되자 약 1만 6000달러로 떨어졌다.[95] 예측은 여전히 힘들긴 하지만, 지금까지만 보면 비트코인은 엄청난 성공을 거두었다.

이는 모두 투자의 특징으로, 사실 비트코인의 변동성과 성장성은 대다수 주식보다 훨씬 더 극단적이었다. 월스트리트는 하루에 주식이 4% 하락하면 이러한 상황을 '극단적 비관extreme pessimism'으로,[96] 한 주에 10% 하락하면 '피바다bloodbath'로 부르지만,[97] 비트코인에게 이 정도의 변동은 아무것도 아니다. 비트코인의 가치는 하루 사이에도 쉽게 10%가 오르기도[98] 내리기도[99] 하기 때문이다. 하지만 물론 비트코인은 어떤 주식보다도 훨씬 빨리 수익을 낼 수 있는 잠재력을 갖고 있다(투자자들 사이에서 비트코인 투자는 당일 매수한 주식을 당일 매도하는 초단타 매매기법인 데이 트레이딩day-trading이나 다름없다. 매우 위험하지만, 수익을 낼 가능성도 매우 크기 때문이다[100]).

한 비트코인 분석가가 비트코인 가격에서 '컵앤핸들' 패턴을 발견했다고 밝혔다. 이 패턴은 향후
가격 상승을 나타내는 상승 신호로 꼽힌다.[103] 출처: 바이도 빅Vaido Veek[104]

비트코인을 둘러싼 문화를 살펴보는 것도 유익할 것이다. 수많은
방구석 전문가들이 비트코인 가격의 미세한 움직임을 분석하며 앞
으로 비트코인 가격이 어떻게 변할 것인지 예측한다. 이들은 월스
트리트에서 쓰는 갖가지 용어를 빌려 쓰는데, 여기에는 골든크로스
golden cross,[101] 피보나치 되돌림Fibonacci retracement, 컵앤핸들 패턴
cup and handle pattern, 역헤드앤숄더 패턴inverted head and shoulder pat-
tern, AB=CD 패턴, 채널 예상channel projection[102] 등이 있다.

이러한 용어들은 기술적 트레이더technical trader(흔히 차트에 대한
기술적 분석을 바탕으로 거래하는 사람을 일컬음-옮긴이)들이 흔히 쓰
는 말로, 이들은 기업, 시장, 경제, 그리고 다른 기본 경제 지표를 분
석하는 대신, 과거의 가격과 거래량만으로 주식의 가격을 예측하고
자 한다.[105] 예를 들어 피보나치 되돌림을 사용하면 최근 가격의 고
점과 저점 사이의 거리를 피보나치 수열에서 얻은 특정 수학적 비율
로 나누어 주식 가격의 단기 하한선과 상한선(각각 지지선과 저항선
으로 알려져 있음)을 측정할 수 있다.[106]

말할 필요도 없지만, 비트코인이 뉴스에 가장 많이 등장하는 시기는 분석가들이 비트코인의 가격이 치솟을 것(그들 말로 하자면 '떡상moon'[107])이라고 믿는 때다. 분명 비트코인 가격이 10만 달러,[108] 심지어 100만 달러[109]를 돌파할 것이라는 말을 들어본 적이 있을 것이다. 투기꾼들은 전쟁 위협[110]부터 바이러스 발생[111]에 이르기까지 거의 모든 뉴스에 비트코인을 끌어들여 입을 댄다. 요컨대 비트코인에 대해 이러쿵저러쿵 떠드는 대부분의 사람들은 암호화폐 거래자crypto trader[112]로 알려진 투자자와 분석가들이다. 이들은 비트코인을 통화가 아닌 투자 수단으로 본다.

하지만 비트코인 이용자들이 비트코인을 통화가 아닌 투자 수단으로 본다는 가장 강력한 증거는 2018년 12월부터 2019년 3월[113]까지 비트코인 가격이 대략 3600달러에서 4000달러 사이를 횡보할 때 나타났다. 비트코인 이용자들이 정말로 비트코인이 통화로 도약하기를 원했다면, 그들은 이러한 보기 드문 안정된 가격을 축하했을 것이다. 마침내 사람들은 비트코인이 쓸모없게 되거나 이득을 포기해야 할지 모른다는 걱정을 하지 않고 비트코인으로 거래를 할 수 있었다.

그러나 대부분의 사람들은 안정된 가격을 축하하지 않았다. 대신 비트코인 가격이 '꼼짝하지 않는다'[114]라거나, 사람들이 비트코인을 거부했다고 한탄하거나, 더 높은 가격을 향해 올라가던 중 '저항선'에 부딪혔다고 말하는 경우가 훨씬 흔했다.[115] 이는 이윤을 추구하는 투자자들의 말이지, 지금의 통화 체계를 바꾸려는 사람들의 말이 아니다.

비트코인은 통화이자 투자 수단이 될 수 있지만, 분명히 투자 수단으로 선택되었다. 우리는 비트코인을 여전히 통화로 사용할 수 있지만, 여기에는 큰 결함이 있다(비트코인을 결함 있는 통화로 만드는 요소들은 비트코인을 매력적인 투자 수단으로 만드는 요소들과 정확히 일치한다). 비트코인은 어쩌면 화폐의 미래는 아니어도, 투자의 미래는 될 수 있을 것이다.

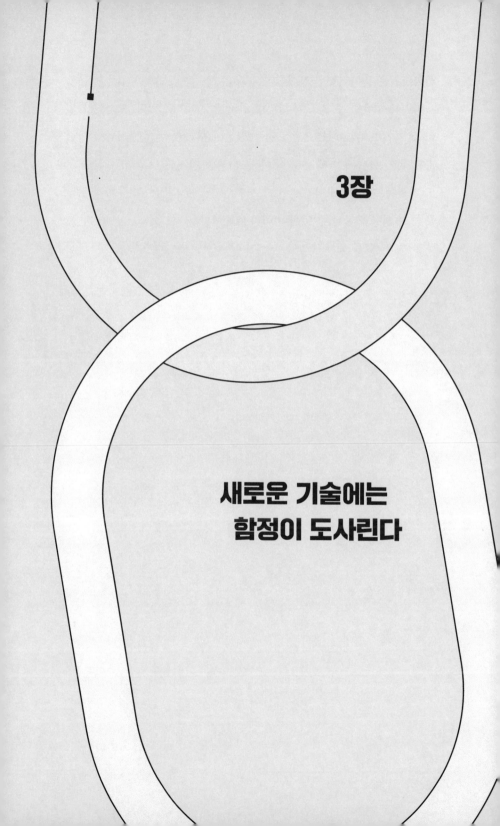

3장

새로운 기술에는
함정이 도사린다

비트코인은 흥미진진한 신기술이다. 우리 재단은 가난한 사람들이 은행 서비스를 이용할 수 있도록 디지털 화폐를 준비하고 있다. 우리는 특별히 두 가지 이유로 비트코인을 사용하지 않는다. 첫 번째는 가난한 사람들은 현지 화폐에 비해 변동 폭이 큰 화폐를 가져선 안 되기 때문이고, 두 번째는 만약 거래 과정에서 착오가 생겼을 때 익명성이 통하지 않도록 그 거래를 되돌릴 수 있어야 하기 때문이다.

빌 게이츠, 빌&멜린다 게이츠 재단Bill and Melinda Gates Foundation 공동의장[1]

백서에서 사토시는 명쾌하면서도 아주 엄밀하여 은행 없이도 송금이 가능한 통화를 설명했다. 하지만 그 후 몇 년 동안 우리는 비트코인에 관해서는 이론보다 실천이 훨씬 어렵다는 것을 알게 되었다. 그뿐 아니라 우리는 비트코인을 둘러싼 사람들의 많은 유토피아적 예측들이 상당히 어긋나는 것을 보았다.

확장성 문제

앞 장에서 보았듯이 비트코인은 결제 수단도 투자 수단도 될 수 있지만, 주로 투자 수단으로 변형되었다. 특히 흥미로운 점은 비트코인이 사토시가 의도한 것과는 정반대로 흘러왔다는 것이다.[2]*

2008년 사토시가 암호학 전문가 중심의 관련자들에게 이메일로 비트코인을 공개했을 때, 이메일의 첫 문장은 다음과 같았다.

---

* 사토시가 누구이고 그는 무슨 생각을 했을까? 부록 C를 참조하자.

저는 제3신뢰기관이 개입하지 않는 완전한 개인 간peer-to-peer 전자
화폐 시스템을 연구해왔습니다.[3]

그는 비트코인을 투자 대안이 아닌 지불 시스템으로 보았다. 요점
은 '금융기관을 통하지 않고 한 당사자가 다른 당사자에게 직접 온
라인으로 돈을 보낼 수 있도록 하는 것'이었다.[4]
사토시는 특히 비트코인을 잘 활용할 수 있는 예로 소액 결제micro-
payment를 꼽았다. 또 다른 이메일에서 그는 다음과 같이 말했다.

비트코인은 기존 결제 수단보다 소규모 거래에 더 실용적입니다. 소액
결제의 최고봉이라 할 만한 것을 포함할 수 있을 만큼 작은 거래들 말
이지요.[5]

사토시는 정확한 금액을 명시하진 않았지만, 일반적으로 소액 결
제는 몇 달러 이하의 결제를 말하므로,[6] 그가 이야기한 금액이 몇 센
트에서 몇 달러 사이라고 가정해보자.

수수료와 거래 지연

그렇다면 비트코인은 다른 사람에게 1달러를 보내는 효과적인 수
단일까?
우리는 앞서 비트코인의 가격 변동성(비트코인은 한 주 만에 20%가
떨어지거나[7] 오를[8] 수 있다)이 어떻게 비트코인을 위험한 지불 수단으
로 만드는지 이야기했다. 하지만 여기서 고려해야 할 것이 몇 가지

더 있다.

가장 먼저 고려해야 할 것은 수수료다. 채굴자들이 블록 내의 모든 거래에 대해 수수료를 챙긴다는 사실을 기억하자. 각 거래는 블록에 들어가기 위해 지불하고자 하는 수수료를 정한 다음 모든 검증되지 않은 거래들의 멤풀로 이동한다.[9] 채굴자는 다음 블록에 넣을 거래를 선택할 수 있는데, 그러면 아마도 가장 높은 수수료를 주는 거래를 선택할 것이다.

그러니까 블록의 한 자리를 놓고 경쟁하는 거래들이 많을 때 거래 발신자는 더 높은 수수료를 제공해야 경쟁에서 이기게 된다(새해 직후처럼 수요가 가장 많을 때 우버와 리프트가 평소보다 더 높은 비용을 부르는 것과 비슷하다).

수수료는 송금액에 따라 달라지지 않는다. 송금액은 거래 크기(바이트 단위)[10]에 영향을 미치지 않으며, 채굴자들은 블록에 최대한 많은 거래를 넣고 싶어 하기 때문에 수수료만 잘 낸다면 사용자의 거래가 어떤 것인지는 신경 쓰지 않는다.

어쨌든 사토시와 하녜츠 시절에 평균 수수료는 1센트도 채 안 되었지만, 비트코인의 가격이 상승하고 그에 대한 관심도 커지면서 현재 수수료는 대체로 50센트와 1달러 사이[11]를 선회한다. 수천 달러를 옮기려고 할 때 이는 문제가 되지 않는다. 하지만 사토시의 상상대로 친구에게 1달러를 보내려고 할 때, 사람들은 분명히 그렇게 비싼 수수료를 내고 싶어 하진 않을 것이다. 특히나 공짜로 돈을 보낼 수 있는 벤모와 같은 앱이 있을 때는 말이다.

거래가 정체되면?

수수료에 얽힌 더 큰 문제는 상황이 혼잡할 때 발생한다. 사람들의 거래 속도가 채굴자들이 거래들을 블록으로 묶을 수 있는 속도보다 더 빠를 때(블록은 10분에 한 번씩만 생성될 수 있다는 사실을 기억하라), 늘어난 수요는 평균 수수료를 끌어올릴 것이다.

2017년 12월을 예로 들어보자. 이달은 비트코인이 1년간 지속한 랠리의 정점을 찍은 달이다. 2017년 1월 1000달러 이하였던 가격이 2017년 12월 어느 시점에 1만 9000달러 이상으로 치솟은 것이다. 하지만 이달에, 전례 없는 많은 수의 사람들이 비트코인을 사고팔려고 하면서 평균 수수료는 한때 55달러 이상[12]으로 급등했다.

엄청난 수의 거래가 가져온 또 다른 결과는 괴로울 정도로 긴 기다림이었다. 2017년 12월 7일 어느 시점에, 풀이 20만 건 이상의 검증되지 않은 거래로 가득 찼다.[14] 하지만 비트코인은 한 시간(작성 시점 기준으로 한 시간에 1만 2000~1만 5000건[15])에 몇천 건의 거래만 처리할 수 있으므로, 풀은 오랫동안 정체 상태에 있어야 했다. 이때쯤 거래 하나가 검증되어 블록체인에 오르기까지는 평균 16시간이 소요되었다.[16] 계산대에서 16시간 동안 신용카드 결제가 처리되기를 기다린다고 생각해보라.

요컨대 비트코인은 랠리의 정점에 이르러 가장 큰 관심을 얻었던 기간에 극심한 지연과 비싼 수수료로 고전을 면치 못했다. 수천 달러의 이익을 보고 있던 신나는 비트코인 투자자라면 55달러의 수수료와 16시간의 대기 시간을 그냥 넘길 수 있었겠지만, 단지 커피 한 잔을 사려고 했던 사람이라면 이를 용납할 수 없는 일이라 생각했을 비트코인의 거래 수수료는 보통 1달러가 안 되지만, 수요가 많을 때는 급등한다. 한때 평균 수수료는 55달러가 넘기도 했다. 출처: 비트인포차트닷컴Bitinfocharts.com[13]

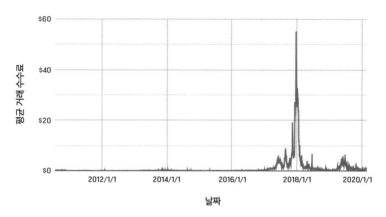

시간에 따른 비트코인의 평균 거래 수수료

평균 거래 수수료

$60

$40

$20

$0

2012/1/1   2014/1/1   2016/1/1   2018/1/1   2020/1/1

날짜

것이다.

안타깝게도 이 문제는 지금도 여전하다. 거래 대기 시간에 관한 데이터를 얻기는 어렵지만, 비트코인이 반등할 때 수수료가 폭등하는 건 흔한 일이 되어버렸다. 2019년 여름 비트코인이 호황을 맞았을 때, 그러니까 수개월 동안 4000달러를 밑돌던 가격이 2019년 7월 한때 1만 2000달러까지 돌파했을 때, 수수료는 전보다 덜하긴 했으나 여전히 상당한 오름세를 보였다. 2019년 5월에서 7월 초까지 수수료는 보통 2달러 이상이었고 어느 시점에는 6달러를 웃돌기도 했다.[17]

근본적인 문제가 있다

비트코인은 아무리 좋은 경우라도 소액 결제에 적합하지 않다.

초기 비트코인 개발자로 유명한 마이크 헌Mike Hearn은 비트코인이 처리할 수 있는 초당 거래 수(Transaction per Second, TPS)가 세 건일 것으로 추정했다.[18] 최근 자료에 따르면 비트코인은 초당 약 3.5~4건의 거래를 처리한다.[19]

한편, 비자Visa는 훨씬 더 많은 거래를 처리할 수 있다. 정확한 숫자를 말하기는 어렵지만, 모건 스탠리Morgan Stanley는 비자와 마스터를 합쳐 초당 5000건의 거래를 처리할 수 있다고 밝혔고,[20] 비자는 한때 초당 1만 1000건의 거래를 처리했다고 으스댔으며,[21] 한 보고서는 비자가 초당 4만 5000건까지 거래를 처리할 수 있을 것으로 추정했다.[22] 실제 숫자가 어떻든 간에, 비자의 거래 처리 능력은 비트코인을 훨씬 능가한다.

신용카드 거래가 몇 초 만에 이루어지는 반면, 엄청난 수수료를 낸다 해도 비트코인 거래는 성사되기까지 평균 10분은 걸린다. 블록이 평균 10분 간격으로 채굴되기 때문이다.* 비트코인을 받는 상인들은 실제로 사기 위험을 최소화하기 위해 거래가 끝난 후에도 여섯 개의 블록이 더 채굴될 때까지 기다리라는 조언을 받는다[23](충분한 연산 능력의 장비를 갖춘 공격자는 새 체인을 만들어 메인 체인을 정리해버릴 수 있다는 사실을 기억하자. 일단 메인 체인이 블록 여섯 개를 채굴하면 공격자의 체인이 뒤처질 것으로 기대할 수 있다). 따라서 비트코인 거

---

* 블록은 정확히 10분마다 채굴되는 것이 아니라, 매초 랜덤하게 채굴될 수 있다. 블록은 5초 만에 채굴될 수도 있고, 한 시간을 기다린 후에야 채굴될 수도 있지만, 평균적으로 블록 하나가 채굴되는 데는 10분이 걸린다(이는 포아송 과정 Poisson process으로 알려져 있다).

래의 평균 처리 시간은 아무리 좋은 상황에서도 최대 한 시간이 걸릴 수 있다!

요약하자면, 비트코인을 쓰면 중개인을 통한 결제는 피할 수 있지만, 여기에는 많은 비용이 든다. 특히 비트코인은 사토시가 이상적으로 쓰일 수 있을 것으로 생각했던 소액 결제에 매우 비효율적이다.

확장성 있는 미래?

그렇다 해도 많은 양의 거래를 처리할 수 없는 문제나 비트코인 계에서 말하는 확장성 문제를 해결하는 데 어느 정도의 진전은 있었다.

확장성 문제를 해결하기 위해 비트코인이 시도한 기본 해결책은 세그윗SegWit이다. 세그윗은 비트코인 프로토콜(비트코인의 생성과 저장, 사용 방법에 관한 규칙)[24]을 선택적으로 업그레이드한 것으로, 비트코인 사용자, 채굴자, 거래소는 세그윗의 도입 여부를 선택할 수 있었다.[25]

2017년 9월에 정식으로 활성화된 세그윗은 각 거래에 대한 특정 메타데이터(거래를 보낸 사람을 증명하는 서명 등)를 블록의 다른 부분으로 분리해 블록에 거래를 위한 더 많은 공간을 확보한다.[26]

덕분에 블록 내부에는 더 많은 거래가 담길 수 있으므로 비트코인이 초당 처리할 수 있는 거래도 늘어난다(세그윗이라는 이름은 '분리된 증인segregated witness'의 줄임말이다. 서명이 포함된 메타데이터를 '증인witness'이라고 하며, 이는 주거래 데이터에서 '분리segregated'된다[27]).

또 다른 잘 알려진 해결책으로 라이트닝 네트워크Lightning Network

를 들 수 있는데, 이 기술은 블록체인에 부과되는 수수료와 거래 지연을 피하기 위해 대부분의 거래를 '블록체인 밖'에서 처리하는 것을 목표로 한다. 거래를 하는 두 당사자는 서로 디지털 기기의 화면을 통해 거래 내용을 확인하며, 가끔 잔액을 '정산'할 뿐이다.[28]

여러분이 친구와 함께 휴가를 떠났다고 상상해보라. 라이트닝의 접근 방식은 함께 밥을 먹고 호텔을 예약하고 기차표를 끊는 등의 일을 할 때마다 서로에게 돈을 건네는 대신, 한 명이 다른 한 명분의 돈까지 모두 내고 그 내용을 스프레드 시트에 잘 적어두었다가 여행이 끝난 후 한 번에 돈을 '정산'하는 것이다.

범죄자들이 특히 좋아하는 화폐

처음 몇 년 동안 비트코인은 음지에서 활동하는 사이버 범죄자들과 많은 관련이 있었다. 사람들은 비트코인을 마약 왕들과 해커들이 쓰는 비밀 화폐로 알았다. 솔직히 말하자면, 비트코인은 그 명성에 부응했다.

불법 아마존 '실크로드'

비트코인을 기반으로 만들어진 가장 유명한 범죄 집단은 일종의 불법 아마존Amazon이라고 할 수 있는 실크로드The Silk Road였다. 2011년부터 2013년[29]까지 실크로드는 마약부터 가짜 여권[30]까지 모든 것을 판매해 그 짧은 기간 동안 12억 달러가 넘는 금지품을 팔았다[31] (신통하게도 일부 품목은 판매를 금지했다. 웹사이트를 만든 미국인 프로그래머 로스 울브리히트Ross Ulbricht는 그의 말로 '희생자 없는 범죄'로 이어지는 물건들만 허용했다. 즉 다른 사람에게 직접 해를 가하는 살인 청부, 훔친 신용카드, 아동 포르노 같은 것들은 금지했다[32]).

짐작할 수 있듯이, 금지된 물품을 사고파는 사람들은 신용카드 결제로 거래 흔적을 남기고 싶어 하지 않았다. 그들은 사이트의 주요 결제 수단으로 아직 세상에 나온 지 얼마 안 된 비트코인을 선택했다.[33]

비트코인의 익명성은 현장에서 범죄 행위를 잡아내려는 FBI의 노력을 의심할 여지없이 좌절시켰다.

하지만 파티는 영원히 계속되지 않았다. 2013년 FBI 요원들은 마침내 '공포의 해적 로버츠Dread Pirate Roberts'*로 세상에 알려진 울브리히트를 샌프란시스코의 한 도서관에서 잡았다. 그는 당시 자신의 컴퓨터로 실크로드에 접속한 상태였다.[34] 울브리히트를 극적으로 체포한 뒤, 당국은 실크로드를 돌리는 서버를 압수하여 사이트를 영구적으로 폐쇄했다.[35]**

암시장에서 환영받는 이유

하지만 실크로드조차도 최악의 사이트는 아니다. 크툴루Cthulhu라는 웹사이트는 전직 군인과 용병들로 구성된 '조직적 범죄 집단'

●   영화 〈프린세스 브라이드The Princess Bride〉에 계속해서 나오는 캐릭터 이름
●●   울브리히트는 하지 말아야 할 실수 중 하나를 범하고 말았다. 그중 가장 유명한 것은 '샌프란시스코의 비트코인 작전에 절대 말려들어선 안 된다'는 것이었다.

을 동원해 청부 살인 서비스를 제공한다.[36]*

실크로드 이후, 이른바 '카딩carding'[37]으로 알려진 행위, 즉 도난당한 신용카드 번호를 전문적으로 판매하는 커뮤니티와 온라인 상점들이 우후죽순으로 생겨났다. 보안 전문가인 브라이언 크렙스Brian Krebs는 맥덤팰스McDumpals(로널드 맥도널드Ronald McDonald가 정면에 있는 사람을 향해 총을 겨누고 있는 그림을 로고로 쓴다)라는 '카딩' 상점을 둘러본 후 우리에게 잘 알려진 글을 발표하기도 했다.[38]

이 모든 범죄 집단들이 선택한 화폐는 무엇일까? 비트코인이다. 크툴루가 이야기하듯 비트코인을 썼을 때 좋은 점은 '우리는 당신을 모르고 당신도 우리를 모르니, 우리는 당신을 감옥에 넣을 수 없고 당신도 우리를 감옥에 넣을 수 없다'는 것이다.[39](인터넷의 음지란 정말이지 무섭다.)

해커들의 비트코인에 대한 애정

불법 상인들만이 비트코인을 선호하는 것은 아니다. 해커들도 익명의 화폐를 좋아한다.

해커들의 비트코인 사용을 가장 잘 확인할 수 있는 예는 랜섬웨어다. 랜섬웨어는 컴퓨터를 감염시키는 일종의 악성 소프트웨어나 컴퓨터 바이러스로, 모든 파일을 암호화한 후 사용자가 '몸값ransom'에 해당하는 비트코인을 특정 주소[40]로 보내지 않으면 암호를 푸는 키

---

* 그들의 슬로건은 '일상적인 문제들을 해결해드립니다Solutions to Common Problems!'이다. 정말 대단하다.

워너크라이 랜섬웨어의 피해자가 보는 화면. 병원[41]부터 자동차 제조사[42]에 이르기까지 많은 기관에 큰 피해를 주었다. 해커들은 암호화된 파일을 복구하려면 비트코인으로 300달러를 보내라고 요구했다. 출처: 위키미디어[43]

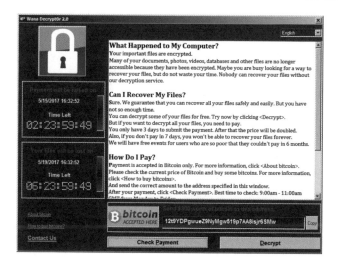

를 없앨 거라고 위협한다. 쉽게 말해 돈을 내지 않으면 파일과는 작별이다.

2017년 전 세계에서 윈도를 탑재한 컴퓨터를 감염시킨 워너크라이WannaCry 랜섬웨어가 출현하면서 뉴스에 랜섬웨어가 등장하기 시작했다.[44] 예상대로 해커들은 그들이 남긴 흔적을 없애는 대가로 비트코인을 요구했다.

하지만 역설적이게도 비트코인은 이들에게 좋은 선택이 아니었다. 2017년 5월까지 워너크라이 해커들은 컴퓨터 20만대를 감염시켰음에도 불구하고 5만 달러밖에 벌지 못했다. 이처럼 성과가 미미했던 것은 대체로 많은 피해자들이 비트코인을 어디에서 사고, 어떻게 입수하고, 또 어떻게 해커들에게 보내야 하는지 기술적으로 잘 알지 못했기 때문이다.[45] (랜섬웨어의 피해자가 되기 쉬운 사람들은 아마도 기술에 능통하지 않았을 것이다. 해커들은 왜 이 어려운 비트코인을 가지고 협상을 벌일 수 있을 것이라고 생각했을까?)

게다가 기자들이 워너크라이의 공격을 배후에서 지휘한 일부 세력의 비트코인 주소를 발견하면서 법 집행기관은 물론 일반 대중들도 그 주소로 돈이 유입되는 것을 지켜볼 수 있게 되었다.《쿼츠Quartz》(주로 경제 기사를 다루는 미국의 유명 온라인 매체-옮긴이)는 '12t9YDPgwueZ9NyMgw519p7AA8isjr6SMw'라는 주소로 38건의 '몸값'이 유입되었다고 밝혔다.[46]

해당 주소로 들어오고 나가는 모든 돈이 공개적으로 보일 수 있었기 때문에, 해커들은 그들이 불법으로 번 돈을 쓰는 데 많은 어려움을 겪었을 것이다. 실제로 기자들은 2017년 8월 해커들의 지갑에서 14만 달러가 넘는 비트코인이 빠져나간 사실을 알아차렸다.[47]

마지막으로 비트코인은 워너크라이 해커들에게도 변동성이 너무 컸다.[48] 그들은 피해자들에게 처음에는 비트코인으로 300달러를 요구했다가 나중에는 600달러를 요구했다.[49] 그들이 비트코인을 요구했다는 사실보다, 피해자들이 비트코인으로 바꿔야 했던 금액을 잘 생각해보자.

비트코인보다 수상한 리버티 리저브

이 이야기의 흥미로운 결론은 비트코인이 사이버 범죄자가 사용한 최초의 디지털 화폐가 아니라는 것이다. 어느 것이 최초였는지는 명확하지 않지만,[50] 비트코인 이전의 화폐로 가장 주목할 만한 화폐는 2006년에서 2013년까지 코스타리카에서 운용된 거의 알려지지 않은 불법 지불 수단, 리버티 리저브Liberty Reserve였다.[51]

리버티 리저브는 비트코인보다 더 수상쩍고 더 단순했다. 사용자들은 말레이시아, 나이지리아, 베트남과 같은 국가들의 중개인과 협력하여 코스타리카에 있는 리버티 리저브 계좌에 돈을 넣었다. 그러면 이들은 다른 리버티 리저브 사용자에게 마음대로 돈을 보낼 수 있었다. 다른 환전소를 통해 리버티 리저브 계좌에서 돈을 인출할 수도 있었다.[52]

코스타리카는 리버티 리저브에 대한 재정적 감독을 거의 하지 않았고,[53] 중개인 활용으로 실제 계좌를 운영하는 사람이 누구인지 몰랐기 때문에,[54] 리버티 리저브는 본질적으로 아무도 모르게 돈을 세탁하고 불법 물품에 대한 비용을 치를 수 있는 익명의 거래 방법이었다. 당신이 무엇에 돈을 쓰는지, 누구와 거래하는지, 어디서 이득을 보는지 아무도 알 수 없었다.

예상했겠지만, 리버티 리저브는 마약 밀매자, 신용카드 절도범, 해커, 그 밖의 모든 수상쩍은 사람들에게 큰 인기를 끌었다.[55]

명백한 범죄임은 일단 제쳐두고서라도, 리버티 리저브는 우리에게 꽤 흥미로운 사례가 된다. 비트코인과 달리 리버티 리저브는 대단히 중앙집권화된 화폐로, 불법 소통 창구의 그늘진 망을 통해 감시를 피했다. 게다가 비트코인과 달리, 리버티 리저브는 분명히 가치 저장소가 아닌 지불 수단이었다. 각 'LRLiberty Reserve 달러'는 정확히 1달러의 가치가 있었기 때문에, 그것을 계속 쥐고 있는다 해도 이득이 되진 않았다.[56] 이는 화폐의 실제 메커니즘이 그렇게 중요하진 않다는 것을 보여준다. 화폐가 익명성을 띠는 한, 범죄자들은 이를 악용할 것이다.

이는 안타까운 일이다. 익명의 화폐로 정당한 이득을 얻는 사람들이 있을 것이기 때문이다. 예를 들어 디지털 송금 기록의 추적을 원하지 않는 독재 정권하의 반정부 인사를 생각해보라. 하지만 범죄자가 익명의 화폐를 가장 많이 쓰는 고객이라면, 그것이 그만한 가치가 있는지는 생각해볼 필요가 있다.

완전한 익명은 아니다

우리가 비트코인을 '거의 익명mostly anonymous'인 것으로 말하는 데는 그럴 만한 이유가 있다. 비트코인은 완전한 익명성을 띠고 있진 않다. 비트코인 거래를 할 때 사용자의 이름이 직접 첨부되는 것은 아니지만, 상대에게 충분한 이유가 있다면 상대는 사용자의 신원을 사용자의 주소와 연결시킬 수 있다. 즉 비트코인은 가명의pseud-onymous 화폐이며, 가명은 생각보다 쉽게 노출될 수 있다.

이에 대한 설명을 위해 실크로드를 소유했던 우리의 오랜 친구 로스 울브리히트를 소환하는 것이 좋겠다.

FBI 요원들이 샌프란시스코에서 울브리히트를 체포한 후, 울브리히트의 변호사는 그가 누명을 썼으며 실크로드의 정체 모를 주인 '공포의 해적 로버츠'가 아니라고 주장했다. 그래서 FBI는 울브리히트가 당시 갖고 있던 노트북을 뒤져 하드에서 그의 비트코인 지갑 주소를 찾았다. 그들은 사이트에서 수수료로 번 돈이 보관된 실크로드의 지갑 주소를 이미 알고 있었다.[57]

요원들이 한 일은 비트코인 블록체인에서 실크로드의 주소와 울브리히트 주소 간의 거래를 확인한 것이 전부였다. 자, 결과는 어땠을까? 그들은 실크로드와 울브리히트 사이에서 3700건 이상, 총 70만 개 이상의 비트코인 거래 기록을 발견했다.[58] 울브리히트가 '공포의 해적 로버츠'라는 데는 더 이상 의심의 여지가 없었다.*

대다수 사람은 울브리히트가 처한 운명에 눈물을 흘리지 않겠지만, 핵심은 이렇다. 비트코인 블록체인의 놀라운 투명성으로 인해 비트코인은 지지자들이 아는 것보다 훨씬 덜 익명적이다.

마운트곡스 해킹 사건

비트코인은 강한 보안을 자랑하는데, 대체로 그럴 만하다. 슈퍼컴퓨터로도 비트코인이 채굴과 주소 생성에 사용하는 단방향 해시 함수를 크래킹하는 데는 수백 만 년이 걸릴 것이므로,[59] 채굴 알고리즘을 속이거나 개인키를 추측하는 것은 거의 불가능하다. 게다가 작업 증명 시스템 때문에 51%의 공격 외에 과거의 거래 기록을 위조하는

---

* 그가 범한 또 다른 실수는 징역형이 임박했을 때는 절대 블록체인에 맞서선 안 된다는 것이었다.

것 역시 거의 불가능하다.[60]

하지만 비트코인의 보안 전망이 기대에 못 미치는 한 가지 이유는 비트코인이 다른 기술과 마찬가지로 인적 오류에 취약하기 때문이다. 가장 유명한 예로 한때 세계 최고의 비트코인 거래소였던 마운트곡스의 몰락을 들 수 있다.[61]

2010년 도쿄에 설립된 마운트곡스는 전 세계 사람들이 정부가 발행한 화폐, 즉 달러와 엔화 같은 법정화폐를 비트코인으로, 또 그 반대로도 교환할 수 있도록 했다.[62] (사실 마운트곡스는 2009년 〈매직: 더 개더링Magic: The Gathering〉이라는 게임에 사용되는 카드를 거래하는 시장으로 시작되었다. '마운트곡스'라는 이름은 〈매직: 더 개더링 온라인 익스체인지Magic: The Gathering Online Exchange〉에서 따온 것이다. 이 사이트는 빠르게 비트코인 시장으로 전환되었다.[63]) 마운트곡스는 빠르게 성장을 거듭해, 2013년 무렵에는 전 세계 비트코인의 70% 이상이 이곳을 통해 거래되었다.[64]

마운트곡스는 몇 차례 해킹 사건을 겪었고 미국 국토안보부와도 마찰이 있었지만, 전반적으로 2014년 초까지는 호황을 누렸다.[65]

그러던 2014년 2월 어느 날 갑자기 마운트곡스는 고객들이 지갑에 있는 비트코인을 정리해 법정화폐로 찾지 못하도록 모든 인출을 중단했다.[66] 그리고 몇 주 후 사이트상의 모든 거래를 중단했고,[67] 불과 며칠 뒤에는 파산 신청까지 했다.[68] 85만 개[69]의 비트코인, 당시 4억 5000만 달러[70], 이 글을 쓰는 시점 기준으로는 80억 달러[71] 이상에 해당하는 비트코인이 감쪽같이 사라졌기 때문이다.

마운트곡스는 한 달이 채 안 되어 우뚝 솟은 봉우리에서 연기만 남은 분화구가 되어버렸다. 이 사건은 '블록체인의 리먼 브라더스Leh-man Brothers of blockchain'[72]로 불린다. 대체 무슨 일이 있었던 것일까?

도난당한 비트코인

대다수 이용자가 모르고 있었던 마운트곡스의 문제는 이르면 2011년부터 시작되었던 것으로 밝혀졌다. 마운트곡스는 고객들의 돈을 특정 지갑(지갑은 개인키와 주소를 가리키는 용어일 뿐이다)에 보관했다. 2011년 범인(해커나 나쁜 의도를 품은 직원)은 마운트곡스의 서버에서 'wallet.dat'이라는 파일을 복사했고, 이 파일에는 마운트곡스 지갑들의 개인키가 포함되어 있었다.[73]

이후 몇 년 동안 범인은 마운트곡스의 개인키를 가지고 비트코인 지갑에서 서서히 고객들의 자산을 빼냈다. 마운트곡스는 이 도둑질을 완전히 모르고 있었다. 사실, 마운트곡스 시스템은 마운트곡스의 지갑에서 돈을 빼돌리는 범인을 무슨 이유에선지 단순히 다른 계좌로 돈을 예탁하는 고객으로 해석했다.[74] 희한하게도 마운트곡스는 다른 고객들에게 4만 개의 비트코인을 입금하기까지 했다. 아마 그들이 이 범인이 하는 '예탁'과 연관된 예탁을 하고 있다고 생각한 것 같다.[75]

범인이 마운트곡스에서 정확히 얼마나 많은 코인을 훔쳤는지는 분명치 않다. 85만 개의 코인 중 20만 개가 나중에 발견되었지만, 약 60만 개의 코인은 행방이 묘연하다. 어떤 사람들은 마운트곡스가 처음부터 그렇게 많은 비트코인을 갖고 있지 않았고 장부를 조작해 재정 상태를 실제보다 부풀렸을 것으로 생각한다.[76]

보안 전문가들은 결국 훔친 자금이 옮겨진 지갑의 소유자로 알렉산더 비닉Alexander Vinnik이라는 한 러시아 남성을 찾아냈다. 비닉은 또 다른 라이벌 비트코인 거래소인 BTC-e[77]의 소유자였다. 그리고 도난당한 코인 중에서 약 30만 개가 BTC-e에서 판매되었다.[78]

엄청난 규모의 도난 사건이 언론에 알려지자 비트코인 세계는 공황 상태에 빠졌고, 비트코인 가격은 20%나 폭락했다.[79] 겁에 질린 이들은 이제 '비트코인은 끝'이라고 말하기도 했다.[80]

도난 사건이 우리에게 남긴 교훈

이 도난 사건은 분명히 비트코인의 끝이 아니었지만, 그 모든 기술적 정교함에도 불구하고 비트코인이 어떻게 엉터리 보안으로부터 스스로를 지키지 못하는지 온 천하에 드러냈다. 비트코인 지갑의 안전은 개인키에 달려 있다. 누군가 그 개인키를 손에 넣으면 돈은 그들의 것이 된다. 비트코인은 도난당하면 사실상 되돌리는 것이 불가능하다.*

사실 마운트곡스는 엉망인 보안 상태와 전문적이지 못한 사업 운영으로 악명이 높았다.[81] 이들은 새로운 코드를 테스트도 하지 않고 고객에게 뿌렸는데, 이는 고객들이 자신들의 계좌를 해킹할 수 있는 버그에 쉽게 노출될 수 있음을 의미한다. 게다가 소스코드 백업도

---

* 도난을 되돌리는 유일한 방법은 블록체인의 '포크'를 통해 그 도난을 역사에서 지워버리는 것이다. 완전히 새로운 화폐가 생기고 사람들이 새 화폐를 쓰게 만드는 것은 언제나 어려운 법이다. 이 책의 뒷부분에서 다른 암호화폐가 이 전술을 어떻게 사용했는지 살펴보자.

제대로 하지 않아서 코드 변경에 실수가 있어도 상황을 되돌릴 방법이 없었다. 마운트곡스에서 코드 변경을 승인할 수 있는 사람은 단한 명, CEO인 마크 카펠레스Mark Karpeles뿐이었다.[82]

카펠레스가 거래소 일을 꼼꼼히 챙기지 않고 비트코인 카페Bitcoin Cafe라는 그가 특히 좋아했던 일에 시간(그리고 수백만 달러)을 투자한 것은 별로 유용한 행동이 아니었다(비트코인 카페는 비트코인으로 음료를 살 수 있는 도쿄의 한 상점이었다). 카펠레스는 코드 승인에 해이했다. 보안 관련 중요한 수정 사항조차도 승인을 받고 배포되기까지 몇 주가 걸렸다.[83]

마운트곡스의 용납하기 어려운 실수는 개인키를 암호화하지 않은 상태로 공유 서버에 저장했다는 것이다.[84] 개인키는 보통 암호화를 거친 후 저장된다. 개인키에 접근하려면 특별한 해독키decryption key를 입력해야 하며, 그러지 않으면 개인키는 그저 무의미한 숫자에 불과하다. 마운트곡스가 'wallet.dat' 파일을 암호화했다면, 공격자는 개인키를 뽑아낼 수 없었을 것이다. 하지만 마운트곡스는 파일을 암호화하지 않은 상태, 즉 일반 텍스트cleartext[85]로 저장했기 때문에 공격을 자처한 것이나 다름없다.

이 모든 일은 마운트곡스와 같은 암호화폐 거래소가 반드시 일반 기관보다 더 안전한 것은 아니라는 사실을 보여준다. 보안 상태가 형편없으면 블록체인과 상관없이 누구나 해킹을 당할 수 있다.

해킹을 피하기 위한 노력

비트코인 커뮤니티는 이러한 해킹이 재발하지 않도록 관련 기술을 개발해왔다. 그중에서 가장 주목할 만한 기술은 인터넷이 연결되지 않은 기기에 개인키를 저장[86]하는 콜드 스토리지cold storage라는 기술로, 이 기술을 이용하면 어떤 해커도 개인키를 훔칠 수 없다.

콜드 스토리지는 일반적으로 두 가지 형태로 나뉜다. 첫 번째는 종이 지갑으로, 개인키와 주소가 종이에 인쇄되어 안전한 장소에 보관된다.[87] 이는 은행 비밀번호를 서재의 포스트잇에 적어두는 것과 크게 다르지 않다. 사용하기 불편하고 잃어버리기도 쉽지만, 인터넷상의 해커는 이를 손에 넣을 수 없다.

콜드 스토리지의 다른 한 형태는 개인키를 저장하는 USB 메모리로, 하드웨어 지갑hardware wallet이라 불린다. 개인키가 USB에 저장되어 계속 남아 있기 때문에 매우 안전하다. 거래 서명transaction signing은 개인키를 통해 이루어지므로, 인터넷에 연결된 컴퓨터로 개인키를 확인하지 않아도 송금할 수 있다.[89]

또한 일부 하드웨어 지갑은 돈을 보내려면 물리적 버튼을 누르도록 만들기 때문에,[90] 공격자가 하드웨어 지갑을 손에 넣을 수 없다면 사용자의 돈을 훔치는 것은 불가능하다. 디지털 로그인을 보완하기 위해 물리적 물건을 사용하는 이 전략은 기술업계에서 꽤 보편화되어 있다. 휴대폰으로 로그인 승인과 같은 2단계 인증을 한 적이 있다면, 여러분은 이 방식을 사용해본 것이다.

콜드 스토리지의 다소 역설적인 특징은 민감한 정보들은 오프라인에 저장하는 것이 실제로 더 안전하다는 것이다. 동기가 충분한 해커가 인터넷이 연결된 컴퓨터에 저장된 정보들을 빼낼 수 있기 때문이다. 마운트곡스도 콜드 스토리지를 썼다면 분명히 도움이 되었

종이 지갑의 예. 왼쪽 끝에 있는 코드가 주소이고, 오른쪽 끝에 있는 코드가 개인키다. 스캔 가능한 QR코드가 있으므로 전체 개인키와 주소를 일일이 입력하지 않아도 된다.
출처: 비트코인 페이퍼월렛Bitcoin PaperWallet[88]

하드웨어 지갑. 개인키는 USB 포트를 통해 컴퓨터에 연결되는 이 작은 기기에 저장된다. 거래를 승인하려면 물리적 버튼을 사용해야 한다. 출처: 위키미디어[91]

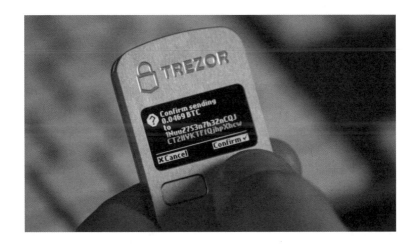

을 것이다. 그랬다면 해커는 안전한 곳에서 조용히 돈을 빼돌리는 대신, 실제 마운트곡스 본사로 쳐들어가거나 CEO를 찾아가 돈을 훔쳐야 했을 것이기 때문이다.

그렇다 해도 콜드 스토리지는 여전히 사용이 조금 불편하다. 그 때문에 전문가들이 추천하는 가장 좋은 방법은 장기간 갖고 있어야 하는 돈은 콜드 스토리지에 보관하고, 매일 쓰는 돈은 핫 스토리지hot storage[93]로 알려진, 인터넷이 연결된 일반 컴퓨터[92]에 보관하는 것이다.

코인 채굴과 기후 변화의 관계

《가디언Guardian》의 알렉스 헌Alex Hern 기자는 비트코인의 작업증명 채굴 알고리즘을 다음과 같이 요약했다. "비트코인 채굴은 1초에 100경quintillion 번의 무의미한 연산을 수행함으로써 가능한 많은 전기를 낭비하는 경쟁이다."[94]

채굴의 이런 특성은 비트코인의 변조를 방지하는 데 도움이 되지만, 그것이 낭비라는 헌의 말도 옳다. 경쟁은 날이 갈수록 점점 더 심해지고 있고, 채굴자들은 끝이 없는 군비 경쟁을 벌이고 있다. 블록을 성공적으로 채굴할 확률은 총 해시 파워 중에서 사용자가 제어하는 비율에 비례하므로, 다른 채굴자들이 더 강력한 채굴 컴퓨터(채굴자들은 이를 채굴기rig[95]로 부른다)를 갖춘다면, 여러분 역시 단지 따라가기 위해 더 강력한 채굴기를 갖춰야 한다.

이 군비 경쟁은 믿기 어려울 정도로 빠르게 진행된다. 채굴자는 초당 1조 개(1TH/s)의 해시값을 생성할 수 있는 채굴기로 2011년 초를 기준으로 하루에 약 2만 달러를 벌 수 있었지만, 2015년 초에는 하루에 4달러, 2020년 초에는 겨우 10센트를 벌 수 있었을 뿐이다[96](이러한 채굴기는 전기를 많이 쓰고 그에 따라 전기료가 많이 들기 때문에, 2020년 초에 채굴자들은 적자를 봤을 가능성이 크다).

초당 더 많은 해시값을 만들어낼 수 있는 보다 강력한 채굴기는 더 많은 에너지를 소모하므로 비트코인의 에너지 사용량은 꾸준히 증가하고 있다. 하지만 이러한 추세는 금방 꺾이지 않을 것으로 보인다. 케임브리지 대학University of Cambridge은 2017년에 약 6테라와트시TWh(대략 룩셈부르크의 연간 전력 소비량)에 달했던 비트코인의 연간 에너지 소비량이 2020년에는 80테라와트시(대략 핀란드의 연간 전력 소비량) 이상으로 치솟았다고 추정한다.[97]

80테라와트시는 CIA의 데이터베이스에 있는 219개국 중에서 스위스, 그리스, 이스라엘, 싱가포르, 포르투갈, 페루, 뉴질랜드를 포함한 185개국의 연간 에너지 소비량보다 많은 수치다.[100] 미국 34개 주(+워싱턴 D.C)의 연간 에너지 소비량보다도 많다.[101]•

게다가 한 추정치에 따르면, 한 건의 비트코인 거래 검증에 필요한 채굴 작업은 평범한 미국 가정이 22일 동안 쓸 수 있는 전기를 사용하고, 75만 건 이상의 비자 거래가 생성하는 것(이산화탄소 300킬로그램)과 같은 탄소발자국을 생성하며, 골프공 두 개에 해당하는 전

•   '총소매 매출액Total Retail Sales' 항목 참조

비트코인의 연간 에너지 소비량은 이제 많은 나라와 미국 주들을 앞선다.
출처: 케임브리지 대학[98] 및 미국 에너지정보국US Energy Information Administration[99]

비트코인의 에너지 소비량 vs 몇몇 국가와 미국의 주의 에너지 소비량

자폐기물을 발생시킨다.[102]●

    간단히 말해, 비트코인은 기후 변화가 미칠 최악의 영향을 늦추기 위해 에너지 사용을 줄여야 하는 시기에 오히려 에너지 소비량을 가파르게 증가시키고 있으며,[105] 탄소발자국을 줄여야 하는 시기에 엄청난 양의 탄소를 발생시키고 있다.

    한 보고서에 따르면, 전체 비트코인 채굴 과정 중에서 80%가 재생 가능한 에너지를 사용한다고 한다.[106] 그나마 다행스러운 일이다. 그래도 어떤 식으로든 이처럼 과도한 에너지가 사용된다는 사실은 심히 우려스러운 부분이다.

●   물론, 채굴자들은 거래를 하나씩 검증하지 않는다. 여기에 인용된 통계는 한 블록을 채굴하는 데 들어간 총에너지 양을 블록당 평균 거래 수로 나눈 값을 나타낸다.

비트코인을 채굴할 때, 짙은 색으로 칠한 주들이 사용하는 에너지보다 더 많은 에너지가 사용된다 (연 기준). 출처: 미국 에너지정보국,[103] 지도는 맵차트Mapchart.net를 이용해 제작[104]

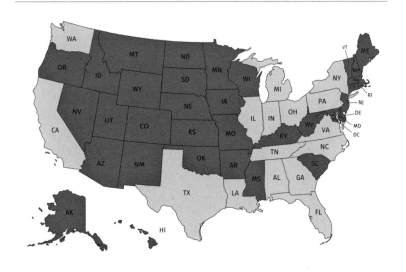

단독 채굴자라는 신화

비트코인의 초창기는 1840년대와 1850년대 캘리포니아의 골드 러시 시절과 정말 비슷했다. 취미 삼아 직접 만든 스펙 좋은 컴퓨터, 심지어 좀 튼튼한 노트북만 있어도 누구든 비트코인 채굴로 하루에 수십, 수백 달러를 벌 수 있었다.[107] 추정한 바에 따르면, 2013년까지만 해도 저렴한 맥북 한 대로 하루에 5~10달러는 벌 수 있었다.[108] [109]●● 심지어 학생들은 학교에 있는 컴퓨터를 이용해 채굴할 생각도

●● 전과 마찬가지로, 우리는 맥북 한 대가 초당 십억 개(1GH/s)의 해시값을 생성할 수 있다고 추정한다.

했다.[110]

비트코인 채굴(초기 투자자들이 대체로 더 잘하는 경향이 있다)[111]로 엄청난 부자가 된 사람은 거의 없었지만, 그래도 이는 벌기 쉬운 돈이었다. 그리고 바로 그 점이 비트코인의 주된 매력이었다. 소규모의 많은 단독 채굴자들이 경쟁했기 때문에 아무도 메인 체인을 능가할 만한 해시 파워를 가질 수 없었고, 그에 따라 앞서 언급한 51%의 공격으로 거래를 위조할 수 없었다.[112] 또한 '영세 자영업자'가 자력으로 정부나 대기업의 도움 없이 돈을 번다는 것은 비트코인의 자유론적 정신에도 부합하는 일이었다.[113]

하지만 단독 채굴자가 노트북이나 집에서 만든 채굴기로 부자가 될 수 있다는 신화는 물거품이 되어 사라진 지 오래다.

군비 경쟁이 문제다

근본적인 문제는 비트코인의 채굴 경쟁이 엄청나게 치열해졌다는 것이다. 사용자가 채굴할 수 있는 블록의 수는 전 세계 해시 파워 중에서 사용자가 통제하는 일부 해시 파워에 비례한다. 따라서 더 많은 돈을 벌 수 있는 비결은 경쟁자들보다 더 강력한 컴퓨터를 갖추는 것이다. 모두가 그렇게 생각하기 때문에 모두가 더 강력한 컴퓨터를 갖추지만, 그렇게 되면 모두가 다시 전과 같은 경쟁 상태에 놓이게 된다.[114]

실제로 채굴자들의 전체 생태계를 가리키는 용어인 비트코인 네트워크의 총 해시 파워는 시간이 지나는 동안 급상승했다.

흥미롭게도 비트코인 초기에 사토시는 채굴자들에게 채굴에 너무 강력한 컴퓨터를 쓰지 말자는 '신사협정gentlemen's agreement'을 따라줄 것을 요청했는데,[116] 이는 사토시가 분명히 군비 경쟁의 부정적 가능성을 알고 있었음을 암시한다. 하지만 협정은 오래가지 않았다. 협정을 저버리면 많은 돈을 벌 수 있다는 가능성은 채굴자들에게 너무나 유혹적이었을 것이다.

대대적 투자가 필요하다

네트워크의 총 해시 파워가 매우 커졌기 때문에, 블록 채굴 경쟁에서 기회를 잡으려면 채굴자는 엄청난 양의 해시 파워를 확보해야 한다.

노트북은 더는 채굴에 적합하지 않다. 맥북은 앞서 언급한[118]

비트코인 네트워크의 총 해시 속도(총 해시 파워라고도 한다)는, 모든 채굴자의 해시 속도를 합한 값이다. 최근 몇 년 동안 수치가 폭발적으로 증가한 이유는 모든 채굴자의 해시 속도가 증가했기 때문이다. 출처: 블록체인닷컴[115]

시간에 따른 비트코인 네트워크의 총 해시 속도

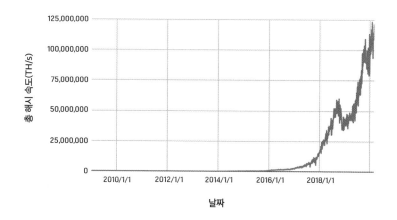

2000달러짜리 채굴기보다 5만 배나 더 느리게 채굴할 것이다.[117] 게다가 그 과정에서 노트북이 망가질 수도 있다.[119]

현실적으로 오늘날 단독 채굴자가 될 수 있는 유일한 방법은 채굴기로 알려진 ASIC 탑재 채굴 컴퓨터에 수천 달러를 투자하는 것이다. 그런데 문제는 2000달러짜리 채굴기로도 평균적으로 한 블록을 채굴하는 데 약 38년이 걸린다는 것이다.[120]•

실제로 한 블록을 채굴하면 굉장한 돈을 벌 수 있지만(작성 시점 기준으로 블록 보상은 12.5비트코인이며, 이는 11만 달러가 넘는 금액이다[121]), 블록을 생성할 때까지 채굴 말고는 아무것도 할 수 없는 기계 앞에서 수십 년을 기다려야 한다.[122] 게다가 그 비싼 컴퓨터 때문에 연간 전기 요금을 약 2,000달러는 더 내야 할 것이다.[123]

또 다른 문제는 군비 경쟁이 계속되기 때문에 경쟁력을 유지하기 위해서는 장비를 끊임없이 업그레이드해야 한다는 것이다.

요컨대 단독 채굴자들은 전문 장비에 지속해서 큰돈을 투자하지 않으면 비트코인 채굴로 돈을 벌 가능성이 없다. 그런 속도라면, 그냥 거래소에서 비트코인을 사고 운이 따라주기를 바라는 편이 나을 것이다.

채굴 풀이면 될까?

불규칙한 수입에 대한 한 가지 재빠른 해결책은 채굴 풀mining

• 전과 마찬가지로, 비트코인의 난이도 수준이 15.5조라고 가정할 때(작성 시점 기준)

군비 경쟁이 계속됨에 따라 모든 채굴기의 수익성은 급격히 감소할 것이다. 제대로 된 이익을 얻으려면 계속해서 채굴기를 더 강화해야 한다. 출처: 비트인포차트[124]

시간에 따른 비트코인 채굴 수익성(1TH/s 채굴기를 사용한다고 가정했을 때)

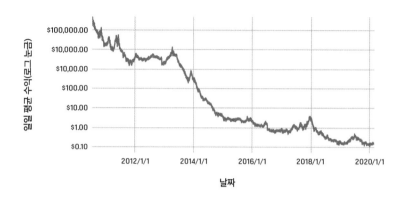

pools, 즉 채굴자들의 모임에 합류해 해시 파워를 공유하고 채굴하는 모든 블록에서 나오는 수익을 나누는 것이다.[125] 충분한 규모의 풀은 꽤 일정한 간격으로 블록을 채굴하므로, 사용자는 자신이 풀에 기여하는 연산력computing power만큼 정기적 수입을 올릴 수 있다.[126]

안타깝게도 채굴 풀은 기대만큼 수익을 늘려주진 않는다. 풀은 모든 채굴 보상에 대해 1~3%의 수수료를 가져가기 때문에 결국 사용자는 실제로 돈을 잃게 된다.[127] 하지만 이는 수익을 어느 정도 유지하는 데 도움이 된다. 대다수 사람은 1%의 확률로 1만 달러를 벌기보다는 매년 그냥 100달러를 벌고 싶어 한다.

클라우드 채굴에는 에너지가 소모된다

채굴 풀에 들어간다 해도 사용자는 여전히 자체 하드웨어가 필요하고, 이는 높은 초기 비용을 감당해야 한다는 사실을 의미한다. 좀 더 가볍게 채굴하고자 하는 사람들을 위한 새로운 대안 중의 하나는 클라우드 채굴cloud mining이다. 사용자는 단순히 전문가에게서 채굴기를 대여하고 이 채굴기로 얻는 이익 일부를 모으기만 하면 된다. 컴퓨터를 사고, 유지하고, 업그레이드하는 일은 클라우드 채굴기를 운영하는 회사가 한다.[128]

클라우드 채굴은 서버를 직접 운영하지 않고 아마존 웹 서비스 Amazon Web Services, AWS나 마이크로소프트 애저Microsoft Azure와 같은 전문 서비스를 이용해 저장 공간과 컴퓨팅 성능을 빌리는 클라우드 컴퓨팅과 상당히 비슷하다[129](궁금하실까 봐 말씀드리자면, AWS는 비트코인 채굴을 위해 서버를 빌리는 고객들을 반기지 않는다[130]).

이러한 접근 방식은 진입 장벽이 낮을 뿐 아니라[131] 비용 절감 효과도 크다. 클라우드 채굴은 규모의 경제economy of scale(생산량이 늘어나면 평균 비용이 줄어드는 현상-옮긴이)로 인한 이득을 얻기 때문에 매우 효율적일 수 있다. 클라우드 채굴은 작은 채굴기를 몇 대 설치한 곳이 아닌, 수십, 수백 개의 ASIC 채굴기가 모두 함께 채굴하는 거대한 채굴 농장mining farms에서 이루어진다.[132] 이렇게 하면 냉각, 보안, 저장에 드는 높은 고정 비용을 평균화할 수 있다.

또한 클라우드 채굴을 하면 보다 유리한 나라로 채굴을 아웃소싱할 수도 있다. 채굴에서 가장 큰 비용을 차지하는 것은 전기료다.[134] 슬픈 소식이지만, 비트코인 애호가들이 모이는 첨단 기술의 중심지는 대체로 전기료가 매우 비싸다.[135] 전기 소모가 큰 채굴기를 시원하게 유지하는 것 역시 큰 문제다. 안정된 인터넷도 필수다. 채굴기

가 오프라인이 되는 1초는 채굴하지 않는 1초와 같기 때문이다.[136]

따라서 채굴에 좋은 곳은 (대략 중요한 순서대로 말하자면) 저렴한 전기료, 추운 날씨, 빠른 인터넷을 갖춘 곳이다.[137] 중국은 석탄 발전으로 매우 싼 전기[138]를 공급하며, 인터넷 연결도 계속해서 증가하여 가장 인기 있는 채굴 장소가 되었다. 이 글을 쓰는 시점에서 한 추정치에 따르면 전 세계 비트코인의 80%가 중국에서 채굴된다.[139]

날씨가 추운 북부 지역 역시 클라우드 채굴에 적합하다. 예를 들면, 지열 에너지가 풍부하고 저렴한 아이슬란드Iceland,[140] 수력 전기가 풍부한 퀘벡Quebec(북아메리카의 다른 지역보다 요금이 두세 배 더 저렴하다), 값싼 원자력과 수력 전기를 보유한 러시아가 그러하다.[141] 실제로 클라우드 채굴자들이 퀘벡에서 전기를 너무 많이 쓰기 시작하자, 2018년 해당 주에서는 일시적으로 채굴자들에 대한 전기 판

매를 중단하기까지 해야 했다. 실거주하는 퀘벡 주민들이 쓸 전기가 필요했기 때문이다.[142]

클라우드 채굴의 가장 큰 단점은 이러한 서비스를 제공하는 회사 중에서 많은 회사가 사용자를 대상으로 사기를 친다는 것이다. 그들은 사용자에게 장기 구독 상품을 판매한 후 몇 달간 클라우드를 운영하다가, 별안간 운영을 중단하고 도망친다. 어떤 클라우드 채굴 업체들(대부분 가짜 주소 아래 익명으로 등록된 업체들이다)은 새로운 고객을 데려온 데 대해 의심스러울 정도로 높은 '수수료'를 제공한다.[144] 유명한 비트코인 개발자인 개빈 안드레센Gavin Andresen이 이러한 의심스러운 업체들을 추적했고, '많은 업체가 폰지Ponzi(신규 투자자의 돈으로 기존 투자자에게 이자나 배당금을 주는 방식의 다단계 금융 사기를 일컬음-옮긴이) 사기 업체'로 드러날 것이라 주장했다.[145]

또 다른 문제는 간단한 경제 이론에서 비롯된다. 사실상 진입 장벽이 거의 없기 때문에(누구나 클릭 한 번으로 클라우드 채굴에 참여할 수 있다), 사람들은 클라우드 채굴로 모든 이익을 빨아들일 때까지 채굴에 계속 참여할 것이다. 그러다 클라우드 채굴의 수익성이 다시 좋아지면, 경쟁이 너무 치열해 모두에게 이익이 되지 않을 때까지 더 많은 사람이 참여하게 될 것이다. (이는 완전 경쟁 시장의 전형적 예다. 진입 장벽이 없는 이러한 시장에서는 장기적으로 봤을 때 이득이 발생하지 않는다.[146]) 이 글을 쓰는 시점에서 전기 요금이 저렴한 클라우드 채굴 업체를 찾는다면 아직 수익을 내는 것이 가능하다.[147] 하지만 그것이 얼마나 지속될지는 알 수 없다.

아이슬란드의 지열 발전소. 땅속에서 나는 열로 전기를 일으킨다. 지열 에너지가 매우 저렴하고 풍부하기 때문에 비트코인 채굴자들 사이에서 매우 인기가 좋다. 출처: 위키미디어[143]

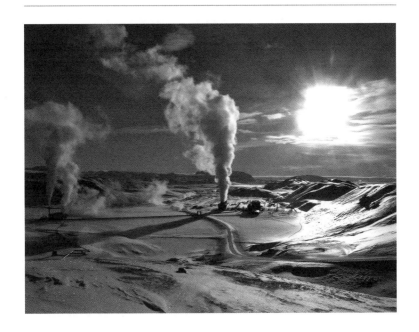

곡괭이 이론을 기억하라

채굴 풀이나 클라우드 채굴과 같은 수단을 이용하더라도, 비트코인 채굴은 이제 더는 소규모의 단독 채굴자들이 덤빌 만한 수익성 좋은 모험이 아니다. 어쩌면 비트코인 채굴로 돈을 버는 가장 좋은 방법은 원조 골드러시 시대의 사업가를 그대로 따라 하는 것일지 모른다.

새크라멘토Sacramento에서 그리 멀지 않은 서터즈밀Sutter's Mill에서 금이 발견된 이후 캘리포니아는 황금열에 시달렸다. 미국은 물론 다른 나라의 많은 젊은이까지 부자가 되리라는 희망을 품고 캘리포니아로 몰려들었다.[148] 하지만 큰 꿈을 품은 이 광부들에게 희망은 별로 보이지 않았다. 열악한 조건에, 치열한 경쟁으로 수입도 점차 줄어들었다.[149] 장비 또한 너무 비쌌기 때문에(새 부츠가 지금 돈으로 2500달러나 했다)[150] 돈을 벌 기회는 많지 않았다.●

골드러시 시대에 진짜 돈을 버는 방법은 광부들에게 물품을 파는 것이었다.[152] 뉴욕 출신의 상인 새뮤얼 브래넌Samuel Brannan은 서터즈밀에 잡화점을 차리고[153] 광부들에게 손수레와 텐트, 그리고 곡괭이를 팔아 순식간에 많은 돈을 벌었다.[154](그는 샌프란시스코 거리에서 금가루 병을 흔들며 사람들을 자극했고, 그로 인해 더 많은 사람이 금광으로 몰려들었다.[155]●●) 그리고 얼마 후, 브래넌은 캘리포니아에서 가장 부유한 사람이 되었다.[156]

브래넌보다 한층 더 유명한 사람은 리바이 스트라우스Levi Strauss라는 독일인 이민자였다. 그는 채굴자들에게 옷과 직물을 팔아 부를 축적했다(그의 유명한 청바지는 골드러시 이후인 1870년대에 발명되었다).[157]

골드러시 시대의 캘리포니아와 별반 다르지 않은 오늘날 실리콘밸리의 기업가들은 이 교훈을 가슴에 새겼다. 곡괭이 이론Pickaxe theory에 따르면 최근의 기술 열풍에 편승해서는 부자가 되기 힘들지만, 열풍에 편승한 사람들에게 장비를 파는 것은 큰돈이 된다. 금을 캐낼 만큼 운이 따라줄 것 같지 않다고 해도, 사람들은 분명히 이

● 　비트코인 채굴의 발전 과정과 많이 닮았다.
●● 　우연하게도 샌프란시스코의 브래넌 거리는 많은 스타트업의 본거지다.

유행을 따르려 할 것이고, 장비 구입에 매우 열심일 것이기 때문이다.[158]

같은 교훈이 비트코인에도 적용된다. 채굴자들은 실질적인 이득을 보지 못하면서도 GPU의 가격은 올리고 있다.[159] GPU는 보통 비디오 게임과 3D 애니메이션 영화의 컴퓨터 그래픽을 구현하고, 과학적 모델을 생성하고, 기타 계산을 많이 해야 하는 작업에 쓰이는 컴퓨터 칩이다.[160] ASIC보다 덜 효율적인 GPU는 대개 ASIC의 저렴한 버전으로 쓰이는데, 가외의 돈을 좀 벌고 싶어 하는 저예산 채굴자나 게이머들 사이에서 인기가 좋다.[161] 미국의 GPU 제조사인 AMD와 엔비디아Nvidia의 주가는 비트코인과 기타 암호화폐 채굴자들이 칩을 싹쓸이하면서 급등했다.[162] 한 추정치에 따르면, 2017년 채굴자들은 300만 개의 GPU, 총 7억 5000만 달러가 넘는 GPU를 사들였다.[163]

ASIC 채굴기로 엄청난 돈을 번 기업들도 있다. 가장 유명한 회사는 ASIC 채굴기 앤트마이너Antminer 시리즈를 판매하는 중국 회사 비트메인Bitmain이다. 비트메인은 현재 비트코인 채굴 하드웨어 시장의 70~80%를 점유하고 있다.[164] 돈을 넘치게 번 비트메인은 클라우드 채굴[165]과 채굴 풀로 사업을 확장했다. 두 거대 채굴 풀인 앤트풀AntPool과 비티씨닷컴BTC.com은 한때 전 세계 채굴 역량의 거의 절반을 소유했다.[166]

따라서 여러분이 비트코인 열풍을 이용해 돈을 벌고 싶어 하는 영세 사업자라면, 최고의 전략은 아마도 지저분한 채굴에 손을 대는 것이 아닌, 디지털 곡괭이를 파는 것일지도 모른다.

중앙화되어가는 비트코인

비트메인의 놀라운 역량에 관한 마지막 이야기는 아마도 여러분을 신경 쓰이게 할 것이고, 사토시 또한 신경 쓰이게 할 것이다. 그가

• 아무리 좋은 GPU라도 비트코인 채굴 능력은 ASIC보다 수천, 수백만 배 더 떨어지기 때문에 이러한 열풍은 정당하지 않다고 본다. 나중에 우리는 ASIC에 저항력이 있는ASIC-resistant, 즉 GPU가 사실상 채굴을 위한 최고의 방법인 일부 소규모 암호화폐에 대해 살펴볼 것이다.

누구이고 어디에 있건 말이다.**

그 이유는 비트코인이 처음 만들어질 때의 원칙이자 이 암호화폐를 중심으로 생겨난 암호화 자유주의crypto-libertarian 공동체의 중심 철학이 탈중앙화이기 때문이다. 탈중앙화는 개인이 정부(그리고 아마 거대 기관)의 간섭 없이 자신이 가진 돈을 완전히 통제해야 한다는 개념이다. 그에 따르면 통화는 기존의 권력 구조를 강화하는 것이 아니라 해체시키는 것이어야 한다[168]는 비트코인의 나아갈 방향에 어떤 정부나 은행도 간섭하면 안 된다.[167]

그러나 최근 몇 년간 비트코인 업계는 점점 더 중앙화되는 경향을 보인다. 몇몇 주요 업체들이 비트코인의 필수 인프라 일부를 집어삼키고 있어, 개인(특히 부자가 아닌 사람)이 통화의 미래에 관해 이야기하는 것은 점점 더 어려워지고 있다.

소수의 노드들

비트코인의 블록체인 크기는 엄청나다. 글을 쓰는 시점에서 블록체인 데이터의 전체 크기는 250기가바이트GB가 넘으며 매년 약 50기가바이트씩 늘고 있다.[169] 많은 컴퓨터가, 심지어 이만큼의 데이터를 담을 수 있는 컴퓨터라 해도 블록체인의 거대한 데이터를 감당하기는 힘들다.[170] 이는 여러분이 아마도 수백만 건의 과거 거래 내용보다 더 가치 있게 여길 사진, 문서, 게임, 다른 파일 등을 엄청나게 저장할 수 있는 공간이다. 말할 필요도 없이, 휴대폰으로 이만큼

**   사토시가 누구이고 어떤 생각을 했는지는 부록 C에서 다룬다.

의 데이터를 저장하기란 더 어렵다.

이 때문에 대부분의 비트코인 사용자들은 블록체인 전체를 기기에 저장하지 않는다. 대신, 이들은 블록체인의 일부분만 기기에 저장하며, 이를 라이트 노드lightweight node(기본적으로 노드는 네트워크 상의 교점을 말한다. 비트코인에서의 노드는 블록체인 네트워크에 참여하는 사람들의 노트북, 채굴기, 휴대폰 등 모든 컴퓨터 기기라고 할 수 있다. 역할에 따라 대표적으로 풀 노드, 마이닝 노드, 라이트 노드로 나뉜다-옮긴이)라고 한다. 이들이 거래를 검증하고 자신이 블록체인에서 최신 블록을 가졌는지 확인하기 위해서는 다른 사람들, 즉 전체 블록체인을 저장하는 컴퓨터인 풀 노드full node에 요청하여 협조를 구해야 한다.[172] 라이트 노드를 가진 사람들은 자신이 받는 모든 거래 내역이 적법한 것인지 100% 확신할 수 없다. 그들은 풀 노드를 소유한 사람을 신뢰할 수밖에 없다.

문제는 풀 노드를 유지하는 것으로 보수를 받는 사람은 아무도 없지만, 이는 공식 블록체인을 저장하는 유일한 노드이기 때문에 비트코인이 동작하려면 풀 노드가 필수적이라는 것이다. 전문가들은 금전적 인센티브가 없고 풀 노드를 유지하기가 어려워지기 시작했다는 것은 평범한 비트코인 사용자들이 더는 풀 노드를 유지하지 않을 것임을 의미한다고 말한다. 그렇게 되면 이 일은 비트코인으로 막대한 이익을 얻는 몇몇 거대 기업(채굴 풀 업체, 비트메인과 같은 ASIC 제조사, 클라우드 채굴 기업 등)으로 넘어갈 것이다.[173]

노드들을 누가 운영하고 있는지는 정확히 알 수 없지만, 비트코인에 대한 관심이 계속해서 증가하고 있는데도 불구하고 노드 수가 정

비트코인의 블록체인은 점점 더 많은 거래가 이루어짐에 따라 크기도 꾸준히 커졌다.
출처: 블록체인닷컴[171]

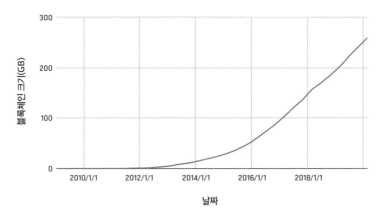

시간에 따른 비트코인의 블록체인 크기

체되고 있음은 이미 분명한 사실이다. 이 글의 작성 시점을 기준으로 비트코인의 풀 노드는 지난 2년간 약 1만 개에 머물러 있다.[174]

만약 앞서 말한 전문가들의 말이 옳다면, 실제로 소수의 거대 기업들이 블록체인의 미래를 통제하게 될 것이다.

다 같은 소프트웨어

비트코인의 중앙화와 관련해 걱정되는 두 번째 예는 비트코인 클라이언트Bitcoin clients 또는 구현implementations 프로그램(최종 사용자가 비트코인 네트워크와 상호작용하는 데 사용하는 소프트웨어-옮긴이)으로 알려진 풀 노드에서 실행되는 소프트웨어다. 이 글의 작성 시점을 기준으로 전체 풀 노드의 97.5%(1만 605개 중 1만 341개)가 비트코인 코어Bitcoin Core 클라이언트를 사용하고 있다. 2위 클라이언 비트코인의 풀 노드(전체 블록체인을 저장하는 컴퓨터) 개수가 2018년 이후 계속 같은 자리에 머물러 있다. 출처: 코인댄스CoinDance[175]

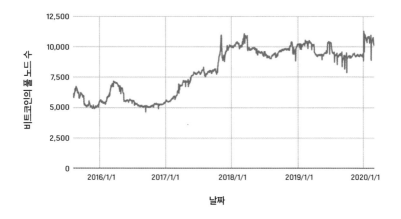

시간에 따른 비트코인의 풀 노드 개수

트인 비트코어Bitcore를 사용하는 노드는 겨우 111개뿐이다.[176]

상황이 항상 이랬던 것은 아니다. 다른 클라이언트 프로그램들도 선전하던 때가 있었다. 2015년 비트코인 XTBitcoin XT는 1000개 이상의 노드에서 실행되었다(당시 전체 풀 노드의 15% 이상). 비트코인 클래식Bitcoin Classic은 2016년 한창 잘나갈 때 2000개 이상(당시 전체 풀 노드의 30% 이상)의 풀 노드에서 실행되기도 했다. 하지만 현재 비트코인 XT를 사용하는 노드는 단 두 개, 비트코인 클래식을 사용하는 노드는 세 개뿐이다. 비트코인 코어는 비트코인 언리미티드Bitcoin Unlimited가 무너진 2018년 이후에는 경쟁이라 할 만한 것도 하지 않게 되었다.[177]

그래프를 보면 비트코인 언리미티드가 무너지고 난 후 비트코인

시간에 따른 비트코인 클라이언트별 시장 점유

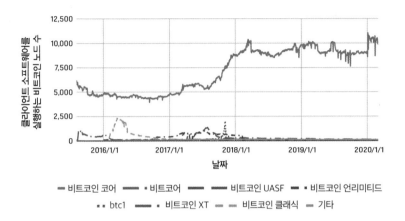

코어를 사용하는 풀 노드의 수가 좀처럼 변하지 않는 것을 확인할 수 있다. 이것만으로 인과 관계를 추론하기는 어렵지만, 비트코인 코어가 마지막 남은 경쟁자를 물리치자마자 확장을 중단했다는 점은 문제가 된다. 일반적으로 이는 시장의 독점에서 비롯되는 상황이기 때문이다.

소프트웨어 하나의 우위가 꼭 나쁜 것은 아니다. 하지만 문제는 비트코인 코어(비트코인 코어는 '비트코인 코어' 클라이언트를 유지하고 배포하는 오픈소스 프로젝트다. 누구라도 비트코인 코어에 기여할 수 있다-옮긴이) 배후의 팀이 주로 블록스트림Blockstream이라는 블록체인 회사에서 자금을 지원받고 있다는 것이다.[179] 그런데 더 큰 문제는 비트코인 코어 개발진 중에서 다수의 핵심 인력이 블록스트림에 소

속되어 있다는 것이다.[180]

비트코인 코어는 대규모의 번창하는 프로그래머 커뮤니티를 갖고 있다고 말하지만,[181] 《더 버지The Verge》(미국의 IT 전문 매체-옮긴이)는 비트코인 코어의 코드가 너무 복잡하고 잘못될 위험도 너무 커서 소수의 프로그래머만이 전체 시스템을 실제로 이해하고 변경할 수 있다고 전했다.[182]

일개 회사에 소속되어 그로부터 자금을 지원받는 소수의 사람들이 비트코인의 핵심 소프트웨어를 소유하고 유지한다는 것은 틀림없이 탈중앙화 지지자들에게 걱정거리가 될 것이다. 블록스트림으로 인해 이해 충돌이 발생하고 사용하기 까다로운 변경 사항이 발생할 가능성은 충분하다.

소수의 채굴 풀

앞서 말했듯이, 단독 채굴은 돈을 벌 수 있는 지속 가능한 방법이 아니다. 따라서 채굴 풀이 가장 일반적인(실제로 기본적인) 채굴 방법이라는 것은 그리 놀랄 일이 아니다. 초보 채굴자들은 채굴 풀로 향한다. 단독 채굴은 대안으로도 고려되지 않는다.[183]

놀라운 점은 소수의 채굴 풀few mining pools로 채굴 역량이 모인다는 것이다. 상위 풀들은 늘 자리싸움을 하고 있고, 그 와중에 늘 새로운 풀들이 나타나거나 사라지지만, 일반적으로 상위 15개의 풀이 모든 비트코인 블록의 약 95%를 채굴한다.[184] 그리고 대개 상위 다섯 개의 풀이 모든 비트코인 채굴의 60~75%를 차지한다.[185 186 187 188]

때로는 일부 풀이 매우 강력해져 전체 비트코인 네트워크 해시 파워의 과반 혹은 거의 과반을 점유하기도 한다. 지금은 없어진 지해시GHash.io풀은 2014년 전체 해시 파워의 55%를 차지했으며,[190] 비트메인의 풀(비티씨닷컴과 앤트풀)은 한때 전체 해시 파워의 42%를 차지했다.[191]

이러한 사례들은 단지 독점이라는 일반적 문제가 아닌 51%의 공격이라는 문제로 인해 사람들의 우려를 샀다. 전체 해시 파워의 절반 이상을 장악하고 있는 사람들, 혹은 기관은 다른 모든 사람이 채굴하는 것보다 더 많이 채굴할 수 있으므로, 새로 가장 긴 체인을 만들 수 있고, 그 결과 역사를 다시 쓰고 돈을 훔칠 수 있다는 사실을

작성 시점을 기준으로 상위 4개의 채굴 풀이 전체 해시 파워의 56%를 점유하고 있다. 즉 이들이 전체 블록의 56%를 채굴한다. 출처: 블록체인닷컴[189]

2020년 2월, 비트코인 채굴 풀의 시장 점유율

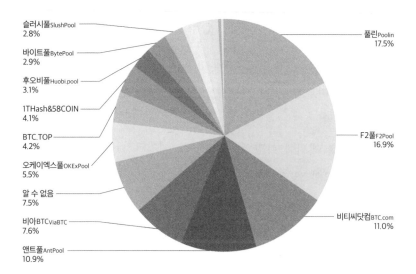

슬러시풀SlushPool
2.8%

바이트풀BytePool
2.9%

후오비풀Huobi.pool
3.1%

1THash&58COIN
4.1%

BTC.TOP
4.2%

오케이엑스풀OKExPool
5.5%

알 수 없음
7.5%

비아BTCViaBTC
7.6%

앤트풀AntPool
10.9%

풀린Poolin
17.5%

F2풀F2Pool
16.9%

비티씨닷컴BTC.com
11.0%

기억하자. 개인들은 그러한 능력을 가질 수 있을 것이라고 기대도 못하지만, 지해시와 비트메인이 보여주듯 채굴 풀은 쉽게 그러한 힘을 가질 수 있다.

자, 비트메인은 마법의 51%(더 정확히 말하자면, 50% + 초당 1해시)에 결코 도달하지 못했지만, 지해시는 며칠 동안이나 그 이상을 유지했다.[192] 사람들의 불안감을 잠재우기 위해 지해시의 CIO는 51%의 공격을 감행하는 일은 절대 없을 것이며,[193] 지해시의 시장 점유율을 앞으로 40%로 제한하겠다고 약속했다.[194]

당시 비트코인은 가까스로 위기를 모면했지만, 이후 비트코인 사용자들은 여전히 화폐의 미래를 지배할 수 있는 막강한 채굴 풀을 두려워하고 있다.

중국의 통제

비트코인의 중앙화를 보여주는 또 다른 놀라운 특징은 대부분의 상위 풀이 중국에 기반을 두고 있다는 것이다. 글을 쓰는 시점에 중국 풀은 비트코인 네트워크 해시 파워의 80% 이상을 장악하고 있다. 즉 전체 비트코인의 80%(시간의 흐름에 따라 해시 파워를 추정하는 데이터에 기반[196])를 채굴하고 있다.[195]

중국 풀을 제외한 가장 큰 풀은 작성 시점을 기준으로 비트코인 총 해시 파워의 3%를 차지하는[203] 싱가포르[202]의 후오비풀이다(후오비풀의 지주회사인 후오비는 중국에서 설립된 회사로, 지금도 중국과 밀접한 관계에 있다. 확실히 중국계가 아닌 가장 큰 풀은 체코의 슬러시풀[204]인데, 비트코인 해시 파워의 2.8%를 차지하고 있을 뿐이다[205]).

대부분의 상위 풀(풀린, F2풀, 비티씨닷컴, 앤트풀, 비아BTC, BTC.TOP, 1Thash&58COIN,[197] 오케이엑스풀,[198] 바이트풀,[199] 와이WAYI.CN는 중국 풀이다. 다른 나라들의 풀은 거의 찾아보기 힘들다.[200] 출처: 블록체인닷컴[201]

2020년 2월 국가별 비트코인 채굴 점유율(각 국가의 풀에서 채굴된 블록)

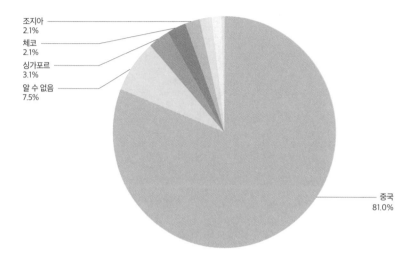

중국 기업인 비트메인이 비트코인 채굴 하드웨어 시장의 70~80%를 차지하고 있다는 사실 또한 잊지 말자.[206]

여기서 문제는 중국 정부가 자국 최고의 기술 기업에 대한 통제권을 행사하기 좋아한다는 것이다.[207] 이는 곧 중국 정부가 쉽게 비트코인 네트워크를 검열하거나 간섭하고, 채굴을 제한하고, 반복적 위협을 가함으로써[209] 비트코인 생태계에 해를 가할 수 있음을 의미한다.[208]

강력한 중앙 정부와 소수의 거대 기업은 비트코인의 미래를 장악할 수도 있다. 이는 분명 사토시가 꿈꾸던 세상은 아니다.

4장

알트코인,
자신만의 강점으로
승부하는 코인들의 축제

암호화폐는 법 집행 및 감독 문제와 관련된 위험성을 내포하고 있지만,
장기적으로 보면 유망할 수 있다. 특히 그 혁신이 더 빠르고 안전하고
효율적인 결제 시스템을 촉진할 수 있다면 말이다.

벤 버냉키Ben Bernanke, 전 연방준비제도이사회Federal Reserve Board 의장[1]

비트코인은 유일한 암호화폐가 아니다. 비트코인 말고도 알트코인으로 알려진 2000개가 훨씬 넘는 암호화폐들[2]이 각각 고유의 기능과 채굴 알고리즘, 블록체인(일부에 해당)을 갖추고 서로 경쟁을 벌이고 있다. 어떤 코인들은 특정 유형의 지불에 특화되어 있고, 어떤 코인들은 앱 플랫폼 구축을 목표로 하며, 또 어떤 코인들은 단순히 비트코인의 결함을 개선하고자 한다. 알트코인은 시간이 지남에 따라 그 규모가 점점 더 커졌다(비트코인은 2015년에 암호화폐 시장의 90%를 차지했지만, 이 글을 쓰는 시점에는 60%를 조금 넘겼을 뿐이다).[3]

비트코인의 포크

2016년 비트코인의 초기 개발자이자 전 구글 엔지니어인 마이크 헌은 비트코인이 가진 많은 결함을 예로 들면서 비트코인 실험은 실패로 끝났다고 말했다.[4] 그가 이야기한 결함은 다음과 같다.

- 느린 거래 속도: 초당 약 세 건 거래 가능
- 특히 수요가 많은 시기에 예측하기가 너무 어려운 수수료와 대기 시간
- 소수의 채굴자(대부분 중국인)가 쥐락펴락하는 비트코인의 놀라운 중앙화. 헌이 보기에 이들은 채굴로 얻는 자기 이익이 줄어들까 두려워 비트코인을 더욱 대중적으로 만드는 변화를 거부하는 사람들이다.
- 그 어느 것도 합의를 하지 못하는 커뮤니티의 무능력. 사람들은 블록 크기block size를 늘리기 위한 일반적 수정 사항이나 블록이 담을 수 있는 거래 건수 등 어느 것도 합의에 이르지 못한다. 합의가 이루어진다면, 비트코인은 더 적은 수수료와 더 짧은 대기 시간으로 초당 더 많은 거래를 처리할 수 있을 것이다.
- 블록 크기 증대 문제를 둘러싼 비트코인 커뮤니티의 '내전civil war'. 이 내전으로 레딧(미국 최대의 온라인 커뮤니티-옮긴이)의 공식 비트코인 게시판과 포럼, 웹사이트에서 반대 의견에 대한 광범위한 검열이 이루어졌다.

헌은 곰곰이 생각했다. '이러한 결함 있는 지불 네트워크에 사람들이 관심을 가지기나 할까? 감히 말하지만, 대답은 '아니오'이다.'[5]

비트코인 캐시

헌은 이러한 결함들이 제대로 기능하지 않는 커뮤니티와 비트코인의 미래를 쥐고 있는 강력한 소수 세력 때문에 고쳐질 수 없다고

비트코인이 얼마나 중앙화되었는지 알리기 위해 헌은 인상적인 이야기를 들려주었다. 비트코인 콘퍼런스 무대 위에 앉아 있는 이 소수의 남성들은 전 세계 비트코인 해시 파워의 90%를 장악하고 있었다.[6] 출처: 제임슨 롭Jameson Lopp[7]

믿었다. 그래서 2017년 그는 최후의 선택으로 비트코인의 하드포크 hard fork를 단행해 비트코인을 둘로 쪼개기로 했다.[8]

암호화폐를 하드포크한다는 것은 최근에 나온 해리포터 책 네 권이 마음에 들지 않으니 다음 책은 자신이 직접 글을 쓰는 것과 같다. 여러분의 해리포터 시리즈와 J. K. 롤링의 정식 해리포터 시리즈는 처음 네 권을 공유하기 때문에, 거기에서는 배경이 되는 내용도, 주인공도, 주요 플롯도 같을 것이다. 하지만 네 번째 책 이후, 두 시리즈의 나머지 세 권에는 각기 다른 인물이 등장하고 다른 이야기가 펼쳐질 것이다(미국판 해리포터 시리즈는 모두 7권으로 이루어져 있다-옮긴이).

헌이 비트코인을 하드포크했을 때, 그의 상황은 이와 상당히 비슷했다. 비트코인 캐시Bitcoin Cash(본문과 달리, 일반적으로 비트코인 캐시는 2017년 중국의 우지한이 리드하여 탄생한 것으로 알려져 있다-옮긴이)로 불리는 그의 새로운 암호화폐는 2017년 이전 비트코인의 블록체인을 갖고 있었으므로, 과거의 모든 비트코인 거래 내역(사토시의 제네시스 블록과 하녜츠의 피자 구매 등)도 비트코인 캐시의 정식 역사에 속했다. 하지만 분기 후 채굴된 모든 비트코인 블록은 비트코인 캐시 블록체인의 일부가 될 수 없었고, 분기 후 채굴된 모든 비트코인 캐시 블록 역시 메인 비트코인 블록체인의 일부가 될 수 없었다.[9]

헌은 비트코인의 확장성 문제로 골머리를 앓았기 때문에, 시간이 지나면 더 늘릴 수 있는 옵션과 함께 블록 크기를 여덟 배로 늘렸다. 결과적으로 비트코인 캐시의 보다 큰 블록은 메인 비트코인 소프트웨어에 거부당하고, 비트코인 캐시는 보다 작은 비트코인 블록을 거부함으로써 두 블록체인은 서로 호환되지 않게 되었다.[10](이처럼 이전 블록과 호환되지 않는 포크 방식을 하드포크라 하고, 이전 블록과 호환되는 포크 방식을 소프트포크soft fork라 한다.)[11]

그렇다 해도 비트코인의 핵심 부분 중에서 많은 부분이 비트코인 캐시에서 그대로 유지되었다. 예를 들어 두 화폐 모두 블록 보상이 서서히 감소하여[12] 결과적으로 채굴되는 코인은 2100만 개를 넘지 않는다.[13] 헌은 유용하다고 생각한 특징은 살리고 그렇지 않은 특징은 버렸다. 이러한 유연성 때문에 자기 주장을 강하게 피력하던 암호화 기술 리더들도 하드포크를 매력적으로 보게 되었다.

하드포크 이후, 모든 비트코인(줄여서 BTC) 사용자들은 보유한 비트코인 개수만큼 비트코인 캐시BCH를 지급받았다. 비트코인 캐시를 지원하는 지갑 소프트웨어가 있는 사람은 누구나 코인을 두 배로 늘릴 수 있었다.[14] 비록 BCH의 가치는 (아마도 이 때문에) 0.03~0.25비트코인에 불과했지만 말이다.[15]

비트코인을 둘러싼 '내전'의 결과는 비트코인의 분기였다. 변화에 굶주린 사람들은 비트코인 캐시를 택했고, 현상 유지를 바란 사람들은 변함없이 비트코인의 편에 섰다. 그때부터 비트코인과 비트코인 캐시의 블록체인, 소프트웨어, 커뮤니티, 개발자, 로드맵은 모두 달라졌다.

누가 이겼을까? '독립'을 쟁취하고 일부 비트코인 지지자들을 돌아서게 했다는 점에서 보면 비트코인 캐시가 이겼다고 말할 수도 있을 것이다. 하지만 비트코인 캐시의 시가 총액market capitalization,[*] (유통되는 모든 코인의 총가치이자 암호화폐의 성공 정도를 나타내는 일반적 지표)은 이 글의 작성 시점을 기준으로 비트코인의 5%에 불과하다.[16]

포크 위의 포크

흥미롭게도 2018년에 비트코인 캐시 자체도 하드포크가 되었다.

---

[*] 이 용어는 일반적으로 주식에도 사용된다.

비트코인 캐시를 하드포크해서 비트코인SV(Satoshi's Vision을 뜻함)를 만든 이들은 자신이 사토시[*]라고 주장하는 논란의 인물인 크레이그 라이트Craig Wright가 이끄는 소규모 개발진이었다. 라이트는 비트코인 캐시가 원래 사토시가 생각하던 비트코인에서 너무 많이 벗어났기 때문에, 자신이 사토시가 백서에서 제시한 통화에 더 가까운 비트코인 SV를 만들었다고 밝혔다.[17]

하지만 비트코인 캐시(왠지 혼란스럽게도, 비트코인 ABC로도 알려져 있다)(비트코인 캐시는 2018년 비트코인 캐시 ABC와 비트코인 SV로 나뉘었다. 그중에서 해시 파워가 좀 더 우세했던 비트코인 캐시 ABC가 비트코인 캐시로 간주되어왔다-옮긴이)를 등진 채굴자는 거의 없었고, 비트코인 SV를 거래할 수 있는 거래소도 거의 없었다.[18] 그렇게 비트코인 SV는 대부분의 사람들에게 작은 전쟁의 패자로 인식되었다.[19] 하지만 암호화폐의 좋은 점은 아무리 인기가 없다 해도 어쨌든 계속 존재할 수 있다는 것이다.

비트코인 SV가 제네시스Genesis(비트코인 순정파purist들의 말에 따르면, 비트코인 SV는 이 업그레이드를 통해 사토시가 백서에서 제시한 통화에 더 가까워질 수 있었다) 하드포크(주로 확장성 향상과 비트코인 본래의 프로토콜 부활을 위한 하드포크였다-옮긴이)를 완료한 2020년 2월, 상황은 더욱 애매해졌다. 하지만 비트코인 SV 진영으로서는 다행스럽게도 거의 모든 비트코인 SV 채굴자가 이 업그레이드에 참여했기 때문에, 구버전의 비트코인 SV가 또 다른 새로운 화폐가 되는

---

[*]　　부록 C에서 라이트가 주장하는 내용을 확인할 수 있다.

일은 생기지 않았다.[20]

중요한 점은 암호화폐 세상이 혼란스럽고, 역동적이며, 건전한 경쟁으로 가득하다는 것이다. 우리가 보기에 '포크 능력forkability'은 암호화폐의 가장 훌륭한 특징 중의 하나이며, 공개 코드 및 공개 토론과 더불어 터놓고 이루어지는 암호화폐 개발의 이점을 잘 보여주는 증거이다.[21] 반면, 아마존이나 우버 같은 인기 서비스를 일부 코드는 남기고 맘에 들지 않는 기능은 버려가면서 분기시킬 방법은 없다. 게다가 그들의 코드는 공개되어 있지도 않다.

이더리움이란?

현재 세계에서 가장 유명한 알트코인은 비트코인이나 비트코인을 둘러싼 내전과는 거의 관련이 없다. 이더리움Ethereum이라는 이 알트코인은 암호화폐를 단순한 결제나 투자 수단 그 이상으로 본다.

이더리움은 러시아계 캐나다인인 컴퓨터 과학자 비탈릭 부테린Vitalik Buterin이 2013년 발표한 백서[22]를 통해 처음 소개되었다.[23] 당시 19세에 불과했던 부테린은 블록체인이 거래 기록 이상의 일을 할 수 있다는 원대한 생각을 가지고 있었다. 블록체인은 코드를 실행하고, 앱을 운영하고, 데이터를 저장하는 등 실제로 모든 부문에 적용될 수 있었다.[24]

스마트 계약이 추가된다면

이더리움은 블록체인 기반의 기존 암호화폐에 스마트 계약Smart contracts, 즉 미니 앱mini-apps의 개념을 추가한다. 스마트 계약은 정해진 규칙을 지키며 그에 따라 자금과 데이터, 기타 자산을 옮길 수 있다.[26] 스마트 계약은 사람들처럼 주소를 갖고 있어서 우리는 이들에게 (적은 수수료와 함께) 명령을 보내 그러한 명령을 이행하도록 할 수 있다.[27] 이런 면에서 스마트 계약은 돈을 넣으면 예상한 대로 물건이 나오는 블록체인상의 자동판매기와 비슷하다.

도박을 예로 들어보자. 슈퍼볼 경기 전날, 도박꾼들이 한 스마트 계약 주소로 어느 팀이 이길 것 같다는 메시지와 함께 20달러 치의 이더ether(이더리움에서 사용되는 통화, ETH라고도 한다)를 보냈다고 가정해보자. 슈퍼볼이 끝난 후, 스마트 계약은 ESPN과 어떤 팀이 이겼는지 확인할 것이다.* 그러면 이긴 팀을 응원한 도박꾼들은 특정 액수의 돈을 벌 것이고, 내기에 진 팀은 돈을 벌지 못할 것이다. 그리고 스마트 계약은 계약을 만든 사람을 위해 얼마간의 돈을 남길 것이다.

혹은 보험에 적용되는 스마트 계약을 상상해보라. 플로리다의 한 오렌지 농부가 겨울에 서리로 농작물 피해를 입으면 1000달러를 지급 받고, 그러지 않으면 100달러를 내는 계약을 보험사 직원과 맺는다고 해보자. 농부는 그 계약 앞으로 100달러치의 이더를, 보험사는 1000달러 치의 이더를 보낼 것이다.

겨우내 스마트 계약은 날씨 채널의 기상 소식을 확인할 것이다. 그러다 온도가 섭씨 0도 이하로 내려가면, 스마트 계약은 보관해두 었던 1100달러(약간의 수수료가 빠질 것이다)를 농부에게 보낸다. 하지만 기온이 내려가지 않고 겨울이 무사히 지나가면, 스마트 계약은 보험사 직원에게 1100달러(수수료를 제외하고)를 보낼 것이다.

경매, 투표, 크라우드펀딩 등 스마트 계약을 적용할 수 있는 분야는 이외에도 얼마든지 있다.[28] 스마트 계약의 주목할 만한 특징은 그것이 늘 의도대로 작동한다는 것이다. 일단 작동이 시작되면 인간

---

* 그렇다. 이 도박 스마트 계약이 인간의 기관을 전적으로 배제하지는 못한다. 스마트 계약이라 해도 점수를 알려면 ESPN에 확인해봐야 한다. 이 예에서의 ESPN처럼 스마트 계약이 신뢰해야 하는 비블록체인 기반 기관Non-block-chain-powered institutions을 오라클oracles이라고 한다.

은 이를 방해할 수 없다. 또한 많은 스마트 계약이 오픈소스로 이루어지기 때문에 누구나 해당 코드를 확인할 수 있다.[29] 스마트 계약은 투명한 자동판매기와 같다. 우리는 기계에서 무엇이 나올지뿐만 아니라 어떻게 나오는지도 알고 있다.

스마트 계약을 이용하면, 자못 의심쩍은 도박 중개업자[30] 같은 사람이나 헷갈리는 정책으로 자기 잇속만 챙기는 보험 회사 같은 기관에 의지할 필요가 없어진다.[31] 스마트 계약은 '중개인을 배제'하는 비트코인의 개념을 한 단계 더 진전시킨다.[32]

더 넓게 보자면 기업이나 기관을 의지하지 않아도 된다는 것은 우리가 일상적인 제약에서 좀 더 자유로워질 수 있음을 뜻한다. 우리가 한 번도 들어본 적이 없는 인터넷 쇼핑몰에서 멋진 신발 한 켤레를 발견했다고 상상해보자. 그 쇼핑몰이 진짜로 신발을 배송할지 확신할 수 없기 때문에 사이트에서의 결제를 망설일 수 있다. 그런데 그 사이트에 스마트 계약이 적용되고 있다고 생각해보라. 일단 돈을 내지만, 그 돈은 페덱스FedEx나 UPS가 집에 택배 도착을 알리는 경우에만 상점으로 지급될 것이다(여전히 페덱스나 UPS를 신뢰해야 하므로 탈중앙화 면에서 허점이 있긴 하나, 미심쩍은 사이트를 신뢰하는 것보다는 낫다).

그렇다고 스마트 계약이 완벽하다는 말은 아니다. 한 비평가의 말대로 스마트 계약은 똑똑하지도 않고 계약이라고 할 수도 없다. 다시 말해 '똑똑한smart' 것은 예기치 못한 상황을 처리할 수 있어야 한다. 그러나 기계적으로 실행되고 입력된 코드대로만 상황을 처리하는 스마트 계약은 융통성이 없다.[33] 만약 어떤 이유로든 슈퍼볼이 연기된다면 어떻게 될까? 만약 부정 행위에 대한 믿을 만한 근거가 있어서 라스베이거스가 모든 베팅을 취소하기로 한다면? 스마트 계약은 이러한 문제들이나 다른 모든 발생할 수 있는 문제들을 처리하지 못할 것이다.

그리고 '계약'에는 법적 구속력이 있다. 우리는 계약상 분쟁이 생기거나 누군가 계약을 어겼을 때 그 누군가를 법정에 세울 수 있다. 하지만 앞서 말한 오렌지 농장 보험의 경우에서처럼 스마트 계약은 온도를 섭씨 0도로 확인했지만, 보험 회사는 온도를 섭씨 0.55도로 확인했다면 어떻게 될까? 즉 스마트 계약은 보험금을 청구하기로 했지만, 보험사가 원하지 않는다면? 분쟁을 해결할 방법은 없을 것이다. 스마트 계약은 프로그래밍된 대로 작업을 수행할 뿐이다.[34]

따라서 스마트 계약으로 인해 변호사나 법원(혹은 유감스럽게도 도박꾼들)이 없어지진 않겠지만,[35] 스마트 계약은 일종의 새롭고 흥미로운 컴퓨팅 모델로서 법적 또는 금전적으로 부담이 적은 일에 유용하게 사용될 수 있을 것이다.

더 정교해진 앱, 댑

이러한 스마트 계약들을 조합해 이더리움 기반의 보다 정교한 앱들을 만들 수도 있는데, 우리는 이를 탈중앙 앱decentralized apps 또는 댑DApps('맵map'과 운이 맞는다)이라고 한다.[36]

예를 들어 유튜브의 댑 버전을 만든다고 가정해보자. 우리는 최고의 가격을 제시한 광고주에게 광고 자리를 내주는 스마트 계약, 시청률을 기준으로 영상 제작자에게 돈을 주는 스마트 계약, 저작권을 침해한 영상에 표시를 하는 스마트 계약 등을 만들 수 있다.

이 댑은 서로 소통하는 자율 스마트 계약들의 조합에 불과하므로 인간이 개입하지 않는 시계장치처럼 작동할 것이다. 이를 거대한 자판기라 생각하자. 우리는 유튜브의 대다수 기능을 다시 만들 수 있지만, 여기에 유튜브 회사는 필요 없다. 댑은 유튜브 회사를 배제함으로써 소규모 제작자들을 자주 혼란스럽게 하고 사업에 위협을 가하는 빈번한 정책 변경을 막을 수 있다.[37]

이와 비슷하게 우리는 스마트 계약을 이용해 탈중앙 앱스토어를 만들 수도 있다. 리뷰와 등급을 확인하고, 개발자들이 새로운 앱을 올리게 하고, 광고주로부터 돈을 받아 그들의 앱을 상위 랭킹에 올려놓고, 사용자가 개발자에게 앱에 대한 비용을 지불하도록 하는 것이다. 이 앱스토어 역시 자동으로 실행된다. 스마트 계약은 앱스토어를 운영하는 회사들을 배제할 것이다. 이 회사들은 대개의 경우 사용자와 개발자에게 불리한 새로운 정책들을 도입한다. 예를 들어 앱스토어에서 웹페이지 광고를 차단하는 특정 프로그램을 금지하고,[38] 모든 인앱in-app 매출에 대해 30%의 수수료를 떼기 시작해 많은 개발자가 부당하다고 비난했던 애플과 같은 회사 말이다.[39]

물론 중개인을 배제하는 것이 항상 좋게 작용하는 것은 아니다. 유튜브, 페이스북, 트위터와 같은 플랫폼들*은 개입을 통해 효과적으로 가짜 뉴스를 차단한다.[40 41] 아마존은 바가지 가격과 사기성 제품을 엄중히 단속한다.[42] 수천 명에 이르는 유튜브의 인간 중재자들

---

* 다른 플랫폼들보다 정도가 좀 더 하지만, 적어도 이들은 노력하고 있다.

은 유튜브에 폭력적이고 잔인한 콘텐츠, 아동 포르노와 같은 매우 끔찍한 콘텐츠들이 올라오지 못하도록 막는다.[43] 그리고 앱스토어 운영 방식 때문에 그 모든 욕을 받아먹는 애플도 특히 스토킹[44]과 청소년 전자담배 흡연[45]을 부추기는 앱은 차단한다.

게다가 알고리즘은 사람만큼이나 잔인할 수 있다. 우버나 리프트의 요금 폭등을 경험한 적이 있다면 우리가 무슨 말을 하는지 알 수 있을 것이다(우버와 리프트는 수요에 따라 가격을 조정하는 알고리즘에 기반해 요금을 조정한다-옮긴이). 감시할 사람이 없다면, 알고리즘은 부당하다고 느껴지는 일들을 할 수 있다.

예를 들어 2020년 1월 시애틀 시내에서 총격 사건이 벌어졌을 때 대중교통이 마비되자, 우버와 리프트의 요금은 앞 다투어 그 지역을 빠져나가려는 사람들로 인해 자동으로 급등하기 시작했다.[46] 사람들은 시내를 빠져나가기 위해 100달러나 내고 우버를 이용해야 했다고 한다.[47] 우버는 이 일로 엄청난 비난을 받았고,[48] 정말 그럴 만했지만, 이들은 비싼 요금을 치른 사람들에게 재빨리 초과 요금을 환급해 주었다.[49] 만약 우버나 리프트가 댑을 적용했다면, 이 문제를 바로잡을 방법이 없었을 것이고, 알고리즘의 냉혹한 논리는 계속되었을 것이다.

경제 문제와 마찬가지로, 중개인에는 비용과 이득costs and benefits이 따른다. 중개인을 없애는 것이 항상 바람직한 것은 아니지만, 적어도 그들이 없는 것이 타당한 상황에서 댑은 그에 대한 대안이 될 수 있다.

앱 생태계

실제로 이더리움을 바탕으로 한 몇 가지 흥미로운 댑이 존재한다. 스토리지Storj를 이용하면 기업은 사용자에게 비용을 지불하고 그들의 남는 컴퓨터 공간에 파일을 저장할 수 있다.[50] 또 골렘Golem을 통해 과학자들이나 예술가들은 일반인들의 컴퓨팅 자원을 공유받아 엄청난 양의 데이터를 고속 처리하고 영화용 컴퓨터 그래픽을 처리하는 등의 일을 할 수 있다.[51] 어거Augur는 탈중앙화된 (도박 중개업자가 없는) 예측 시장decentralized prediction market인데,[52] 사람들은 이를 이용해 예를 들면 다가오는 선거 결과나 올해 GDP 성장률을 두고 베팅할 수 있다.[53]

이러한 댑의 뒤에서 스타트업들은 플랫폼에서 발생하는 거래량을 줄이기도 하지만, 그 외에는 플랫폼에서 발생하는 일에 간섭하지 않는다(많은 경우 할 수도 없다).[54] 앞에서 언급한 앱들은 해를 끼칠 일이 거의 없는 앱들이기 때문에 중개인이 없는 것이 큰 문제가 되진 않는다.

최초의 이더리움 댑, 크립토키티

이쯤에서 헤드라인을 장식한 최초의 이더리움 댑이자 아마도 역대 가장 인기 있는 댑일 크립토키티CryptoKitties라는 가상의 고양이 육성 게임을 그냥 지나칠 순 없을 것이다.[55]

크립토키티에서 사용자는 고양이를 이더로 사고팔 수 있으며, 고양이 두 마리를 교배하여 부모의 특징을 일부 물려받은 새끼 고양이를 만들 수도 있다.[56] 크립토키티는 2017년에 선풍적인 인기를 끌었

판매 중인 크립토키티. 당시 0.01이더가 약 2.5달러에 해당했으므로, 이 고양이들의 가격은 마리당 15달러에서 100달러 사이였다. 출처: 그렉 맥뮬런Greg McMullen[60]

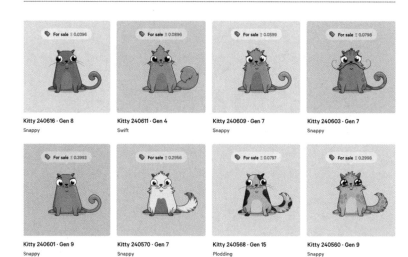

고, 한때 크립토키티의 스마트 계약은 전체 이더리움 거래량의 15%를 차지하기도 했다.[57] 실제로 게임의 엄청난 인기 때문에 이더리움 네트워크[58]가 먹통이 되면서 다른 거래들의 처리가 늦어지는 일도 생겼다. 또 어느 시점에는 3만 건의 이더리움 거래가 크립토키티 때문에 처리 대기 상태로 있어야 했다.[59]

크립토키티를 둘러싸고 활발한 거래가 이루어졌고, 팬들은 온갖 지침을 만들어 어떻게 고양이의 번식을 최적화하고 돈을 최대한 벌 수 있는지 설명했다.[61] (이들의 전략은 0세대 고양이를 구해 '존버'하는 것으로 보인다.[62] 우리가 그 옛날 빈티지 야구 카드를 갖고 그렇게 했듯이 말이다.) 그러다 고양이 한 마리가 11만 3000달러[63]에 팔리자 언론은

제네시스, 최초의 크립토키티. 2017년 11만 3000달러에 팔렸다.[65]
출처: '크립토키티Cryptokitties' 트위터[66]

Genesis

Kitty #1 · Gen 0 · Fast Cooldown ⓘ

 Stimpson J. Cat
Owner

이 유행에 '디지털 비니 베이비Digital Beanie Babies(비니 베이비는 타이 Ty라는 완구업체에서 만든 인형으로, 1990년대 말에 한창 인기를 끌었다-옮긴이)'라는 이름을 붙이기도 했다.[64]

크립토키티의 번식 알고리즘과 그 거래 시스템이 좀 복잡하긴 하지만, 정말로 흥미로운 것은 크립토키티의 소유 방식이다. 포트나이트Fortnite와 같은 일반적인 게임에서는 게임 소유주가 서버에 있는 플레이어의 아이템을 추적할 수 있다. 만약 게임이 종료되거나 게임 소유주가 어떤 이유로든 플레이어의 물건을 가져가기로 결정하면, 플레이어의 모든 가상 아이템은 사라진다.[67]

하지만 크립토키티에서는 플레이어의 소유권이 블록체인에 저장되므로, 이더리움 블록체인이 살아 있는 한(다시 말해 누군가 어딘가에서 이더리움 소프트웨어를 실행하고 있는 한), 플레이어는 고양이를 '소유'할 수 있다. 크립토키티의 소유주는 플레이어의 고양이를 빼앗을 수 없다. 결정적으로, 누군가 크립토키티를 포크fork한다 해도 사용자는 기존의 고양이를 새로운 앱으로 불러올 수 있다. 하지만 오늘날의 게임은 이것이 불가능하다(이런 경우 포트나이트라면 사용자가 갖고 있던 아이템을 불러올 수 없다).

이러한 특성 때문에 예술 비평가들은 블록체인을 예술과 문화의 잠재적 미래라 일컫는다. 마침내 자신, 오로지 자신만이 어떤 디지털 작품의 주인임을 증명할 방법이 생겼기 때문이다.[68]

탈중앙 투자자금펀드, 더 다오

하지만 이더리움의 역사에 재미와 고양이만 있던 것은 아니다. 이더리움도 나름의 논란을 겪었다. 이 논란은 2016년 4월 출범한 일종의 탈중앙 투자자금펀드인 '더 다오The Decentralized Autonomous Organization, The DAO'●(탈중앙 자율 조직)를 중심으로 벌어졌다. 여기 참여한 잠재적 투자자들은 '더 다오'로 돈(이더 형태로)을 보내고 그 대가로 투표 토큰voting token을 받았다.[69]

이더리움 토큰은 스마트 계약(또는 댑)이 만들어 사용자에게 나눠줄 수 있는 가상의 장신구virtual trinket다. 사용자는 토큰을 거래할 수

● '다오'는 탈중앙화된 기업이나 단체에 대한 일반적인 용어다. 대문자 'The'로 시작하는 '더 다오The DAO'는 가장 유명했던 다오를 말한다.

있는데, 경우에 따라 스마트 계약으로 토큰을 '교환redeem'할 수도 있다.[70] 이에 대한 좋은 예로 크립토키티의 고양이를 들 수 있다. 고양이 역시 토큰으로 표현된다.[71] 이러한 토큰들은 ERC-20 기술 표준으로 구현되기 때문에 일반적으로 'ERC-20 토큰'으로 불린다.[72]

어쨌든 투자자들은 투표 토큰을 이용해 투자하고 싶은 스타트업에 투표했고, 다수의 득표로 투자에 선정된 스타트업은 자동으로 모금액의 일부를 넘겨받았다. '더 다오'는 근본적으로 벤처 기업 투자의 새로운 모델이라 할 수 있었다. 투자 파트너와 계급이 사라지고 민주적인 의사결정이 이루어졌기 때문이다.[73]

'더 다오'는 빠르게 성공하여 28일 만에 1만 1000명의 투자자에게서 1억 5000만 달러를 끌어모았다.[74] 그렇지만 '더 다오'의 스마트 계약은 버그와 보안상의 허점으로 가득했다.

2016년 6월, 한 해커가 알 수 없는 버그[75]를 악용해 '더 다오'의 금고에서 당시 5000만 달러에 해당하는 360만 개의 이더를 빼돌렸다.[76] 그때까지 채굴된 전체 이더의 약 14%에 해당하는 엄청난 액수였다.[77]

일반적으로 한 번 기록된 과거의 거래 내용을 변경할 수 없다는 것은 블록체인의 신념이다. 그에 따르면 '더 다오'의 해킹을 되돌릴 다른 방법이 없었기 때문에 이 경우는 매우 심각한 사태에 해당했다. 해킹을 되돌릴 유일한 방법은 이더리움을 하드포크해 새로운 블록체인, 그러니까 새로운 화폐를 만드는 것이었다.[78]

사람들은 포크에 찬성하는 진영과 반대하는 진영으로 나뉘었고 이들 사이에 심각한 철학적 논쟁이 벌어졌다. 포크에 반대하는 사람들은 암호화폐 계에서 상식으로 통하는 '코드는 법이다code is law'를 주창했다.

다시 말해 스마트 계약의 코드에 결함이 있긴 했지만, 어쨌든 스마트 계약은 프로그램된 대로 정확히 실행되었다. 따라서 그들의 주장은 스마트 계약의 실행 결과가 마음에 들지 않더라도, 스마트 계약은 따라야 할 모든 규칙을 따랐기 때문에 우리는 그것이 잘못되었다고 말해서는 안 된다는 것이었다. 블록체인상의 거래 기록은 변경되어서는 안 된다. 요컨대 우리는 이 시스템을 특정한 방식으로 설계했으며, 맘에 들지 않는 결과가 나왔다고 해서 그것을 뒤집으려 해선 안 된다.[79]

다른 한쪽은 블록체인이 사람들에게 이롭게 작용해야지 그 반대가 되어선 안 된다고 주장했다. 그들은 도난은 비윤리적인 것이며, 이더리움 커뮤니티는 거래 기록을 되돌려 그러한 행위가 용납될 수 없음을 알려야 한다고 강조했다. 과거의 법이 더는 우리의 필요를 충족시키지 못할 때 그것을 개정할 수 있는 것처럼, 이더리움의 규칙이 나쁜 결과로 이어진다면 그것 역시 고칠 수 있어야 한다는 주장이었다.[80]

2016년 7월, 포크에 찬성하는 사람들은 도난당한 돈을 투자자들이 돌려받을 수 있도록 마침내 이더리움 블록체인을 하드포크하기로 하고 새로운 버전의 화폐를 만들었다. 이 새로운 버전의 화폐는 혼란스럽게도 기존 이름인 이더리움을 고수했다.

포크에 반대하던 사람들은 계속해서 원래의 변경되지 않은 블록체인을 공식 블록체인으로 인정했고, 이 화폐는 이더리움 클래식

Ethereum Classic이란 이름을 갖게 되었다.[81]•

격렬한 논쟁이 펼쳐지긴 했으나, 어쨌든 평화롭고 건설적인 해결 방법은 존재했다. 다시 말하지만, 블록체인의 하드포크 능력은 이 경우 매우 유용했다.

브레이브와 BAT

이더리움의 ERC-20 토큰••은 상당히 강력하다. 사용자에게 제한된 수의 토큰을 나눠줄 스마트 계약만 있으면, 실제로 이 토큰으로 완전히 새로운 화폐를 만들 수도 있다. 그러니까 토큰을 이더(혹은 달러)로 또는 이더를 토큰으로 교환하려는 사람이 있는 한, 우리는 거래될 수 있고 다른 형태의 돈으로 바뀌거나 바꿀 수 있는 희소한 자산을 가질 수 있다. 즉 고유의 화폐를 갖게 되는 것이다![82]

이러한 토큰 암호화폐token-cryptocurrencies는 채굴될 수 없다는 점을 제외하면 자체 블록체인이 있는 일반적인 암호화폐와 매우 유사하다. 보통 이 토큰들은 일부 기관이나 알고리즘에 의해 배포된다.[83]

토큰 암호화폐에서 가장 유명한 토큰 중의 하나는 '베이직 어텐션

• 기존 이더리움은 이더리움 클래식이 되었고, 하드포크된 버전이 이더리움이 되었다.

•• 비non ERC-20 토큰도 있기는 하지만, ERC-20 토큰이 훨씬 대중적으로 사용되기 때문에 거의 모든 면에서 '이더리움 토큰'은 'ERC-20 토큰'과 같은 것으로 통한다.

광고를 보면 사용자에게 무료로 BAT(즉 돈)를 주는, 개인정보 보호에 특화된 웹브라우저.
출처: 브레이브[85]

토큰Basic Attention Token, BAT'이다. BAT는 모질라(Mozilla, 인기 브라우저 '파이어폭스Firefox'를 개발한 비영리재단)의 공동 설립자인 브렌던 아이크Brendan Eich가 2017년에 만든 것으로, 역시 아이크가 2015년에 만든 개인정보 보호에 특화된 '브레이브Brave'라는 웹브라우저에서 사용된다.[84]

아이크가 BAT를 만든 이유는 온라인 광고의 현실이 마음에 들지 않았기 때문이다. 끝없는 광고가 사용자의 배터리와 모바일 데이터를 잡아먹었고, 추적자 군단이 인터넷 사용자들을 계속 쫓아다녔으며, 구글과 페이스북이 시장 대부분을 점유했고, 타깃 광고ad targeting 기술은 여전히 형편없었다. 그는 이러한 안타까운 상황이 중개자(구글과 페이스북의 광고 거래 방식) 때문이라 생각했다.[86]

아이크의 아이디어는 중개자를 배제하고 광고주가 광고 게시자

(《뉴욕타임스The New York Times》처럼 광고를 게시하는 사이트)와 사용자에게 BAT로 직접 비용을 지불하게 하는 것이었다. 주류 웹브라우저는 암호화폐 결제를 지원하지 않았기 때문에, 아이크는 그 기능을 브레이브 브라우저에 구현하기로 했다.[87]

비용 지불의 기준은 사용자의 관심도였다. 브레이브 사용자는 광고에 얼마나 많은 관심을 기울이느냐에 따라 BAT를 지급받았고, 광고 게시자는 브레이브 사용자가 게시된 광고에 얼마나 많은 관심을 기울이느냐에 따라 BAT를 지급받았다.[88](BAT는 채굴될 수 없다는 점에 유의하자. 사용자는 브레이브를 통해 BAT를 받을 수 있다.)

짐작할 수 있겠지만, 이 지불 시스템은 스마트 계약을 기반으로 구축되었다. 광고주는 광고를 만들 때 스마트 계약에 BAT로 얼마간의 돈을 보내놓는다. 그리고 브레이브 사용자가 해당 광고를 보면 스마트 계약이 '열리면서unlocked' 그 안의 돈이 지불된다. 즉 일부는 사용자에게, 일부는 광고 게시자에게, 일부는 브레이브로 간다.[89] 아이크와 그의 회사는 이 시스템이 사기를 줄이고, 광고주와 광고 게시자에게 주어지는 데이터를 개선하며, 지금의 광고 시스템보다 사용자의 개인정보를 더 잘 보호한다고 주장한다.[90]

BAT가 대중적 인기를 얻을 수 있을지는 좀 더 두고 봐야겠지만, 새로운 웹 비즈니스 모델에 대한 BAT의 비전은 일리가 있다.

광고를 둘러싼 지금의 장려책은 모두 잘못되어 있다. 광고주들은 광고를 가능한 거슬리고 짜증나게 만들도록 장려되고 있고, 광고 게시자들은 웹페이지에 점점 더 많은 광고를 집어넣도록 장려되고 있으며, 광고에서 고통밖에 얻는 것이 없는 소비자들은 광고 차단 프로그램을 설치하도록 장려되고 있다.

시스템이 어떻게 망가졌는지는 터무니없는 광고 차단 경쟁만 봐도 알 수 있다. 광고 차단 프로그램이 등장하자, 웹사이트들은 이 프로그램을 사용하는 사람들이 웹페이지를 보지 못하도록 막는 도구를 설치하기 시작했다.[91] 하지만 지금의 광고 차단 프로그램은 웹사이트들이 그러한 방법을 사용하지 못하게 하는 추가 도구를 갖추고 있다.[92] 처음에 광고 차단 프로그램이 나타나자 곧 그 프로그램을 없애는 도구가 나타났고, 다음으로 그 도구를 다시 없애는 도구가 나타난 것이다.*

하지만 BAT는 그 장려책을 적절히 쓸 수 있을 것으로 보인다. 사용자가 광고를 보면 모두가 이득을 보고, 광고가 웹사이트 경험을 기분 나쁘게 만들면 모두가 손해를 보기 때문이다. 이 이론에 따르면 사용자들은 광고 차단 프로그램을 설치하고 싶어 하지 않을 것이고(누가 공짜 돈을 마다할까?), 광고주들은 사람들이 실제로 좋아할 만한 광고를 만들 것이며,** 광고 게시자들은 사용자가 떠날 정도로 웹사이트를 광고로 채우지 않을 것이다. 앞으로는 정말 그렇게 될지도 모른다.

---

* 　우리는 이 광고 차단 프로그램을 없애는 도구를 다시 없애는 도구를 사용하는 사람을 또다시 차단하는 웹사이트가 나타나길 기대하고 있다.
** 　만약 그렇지 않더라도 너무 미워하지는 말라.

결제 수단이 되고픈 스테이블코인

비트코인은 투자 수단, 이더리움은 앱 플랫폼이 되는 것을 목표로 하는 한편, 또 다른 암호화폐인 스테이블코인Stablecoins은 그야말로 대표적인 결제 수단이 되는 것을 목표로 한다.

안정성을 추구한다

앞에서 살펴보았듯, 비트코인이 실용적인 결제 수단이 되지 못하도록 막는 세 가지 요인은 수수료와 대기 시간, 그리고 변동성이다. 처음 두 가지는 다양한 기술적 해결책(세그윗과 라이트닝을 생각해보자)을 동원하거나 채굴 규칙을 바꾸는 것만으로도 비교적 쉽게 해결될 수 있다. 예를 들어 비트코인 캐시는 이를 해결하기 위해 블록 크기를 늘렸다. 라이트코인Litecoin, LTC이라는 또 다른 알트코인은 비트코인과 매우 유사한 기능을 제공하지만, 거래 속도가 더 빠르고 (블록 채굴에 10분이 아닌 2.5분이 소요된다) 수수료도 더 저렴하다(작성 시점을 기준으로 약 20배 더 저렴하다[93] [94]). 따라서 수수료와 대기 시간은 해결이 가능한 문제들이다.

하지만 비트코인의 안정성은 더욱 근본적인 문제다.[95] 안정성과 성장성 사이에는 트레이드 오프tradeoff가 존재하는데, 암호화폐가 성장성에 초점을 맞추는 한 안정성은 기대하기 힘들다. 화폐가 안정되지 않으면 사용자는 엄청난 가격 변동을 겪게 된다(비트코인 가격이 단 하루 만에 10%가량 폭등[96]하거나 폭락[97]할 수 있다는 것을 기억하자). 변동성이 심하면 사람들은 이러한 코인들로 지불하거나 지불받기를 주저하게 될 것이다. 예를 들어 우리가 무언가에 대한 비용으로 100달러를 냈는데 좀 더 기다렸다면 그 돈이 110달러가 될 수 있었을 거란 사실을 깨달았을 때, 혹은 100달러를 벌었는데 하루 만에 그 가치가 10%나 떨어졌을 때, 우리의 기분은 엉망이 될 것이다.

고정 환율을 유지하는 페그제

반면 스테이블코인은 무엇보다 안정성에 초점을 맞춘다. 이러한 코인은 달러나 유로와 같은 법정화폐와 고정 환율을 유지한다.[98] 대표적인 스테이블코인으로 테더Tether라는 코인이 있는데, 각 테더 코인USDT(US Dollar Tether의 약칭)은 항상 1달러에 거래된다.[99] 그밖에 엔, 유로, 중국 위안화의 테더 버전도 있다.[100]

경제용어로 이처럼 고정 환율을 유지하는 것을 '페그제Peg'라고 한다. 자국 경제의 안정을 추구하는 많은 정부가 자국 통화를 더 크고 안정된 통화에 고정시켜 자국 통화와 더 큰 통화 사이의 환율을 일정하게 유지한다. 예를 들어 요르단의 0.709디나르dinar는 항상 미국의 1달러에 해당하고, 네팔의 1.6루피는 항상 인도의 1루피에 해당한다.[101]

페그제는 쉽게 화폐를 거래할 수 있는 곳을 제공함으로써 구현된다. 즉 중앙은행(또는 테더사)이 누구나 미리 정해진 환율로 화폐를 교환하기 위해 방문할 수 있는 일종의 은행 창구인 통화위원회currency board를 만든다.[102] 예를 들어 네팔에는 1인도 루피를 1.6네팔 루피에 사거나 팔 수 있는 통화위원회가 있다. 테더의 경우에는 누구나 1USDT를 언제라도 1달러로 교환할 수 있는 통화위원회가 있다.

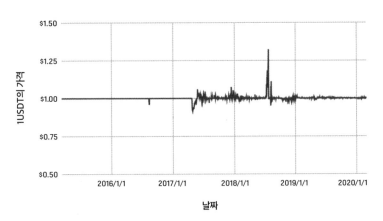

시간에 따른 테더USDT의 가격

이러한 거래를 가능하게 하면 시장 환율은 일정하게 유지될 수 있다. 만약 USDT의 시장 가격이 1.01달러로 오르면, 사람들은 테더의 통화위원회에서 USDT를 각 1달러에 모조리 사들인 다음, 코인당 1센트의 이윤을 남기고 시장에 판매할 것이다. 코인이 모두 팔리면 가격은 결국 다시 1달러가 된다. 반대로 USDT의 시장 가격이 0.99달러로 떨어지면, 사람들은 시장에서 USDT를 모조리 사들인 다음, 코인당 1센트의 이윤을 남기고 테더의 통화위원회에 코인을 팔 것이다. 그러면 수요에 따라 결국 가격은 다시 1달러가 된다.[103]

페그제의 문제는 통화위원회가 기준 통화reference currency로 알려진 더 큰 나라의 통화를 충분히 보유하고 있어야 한다는 것이다. 네팔은 사람들이 언제든 네팔 루피를 인도 루피로 바꿀 수 있도록 은행에 인도 루피를 많이 가지고 있어야 한다. 만약 은행에 인도 루피가 없으면, 페그제는 무너질 것이다. 마찬가지로 테더사 역시 충분한 미국 달러를 금고에 갖고 있어야 한다.

수년 동안 테더사는 유통되는 USDT와 보유고에 있는 달러 양이 같도록 모든 USDT에 대해 1달러씩 보유하기로 약속했다.[105] 100% 통화 지원 페그backed currency peg로 알려진 이 접근 방식을 통해[106] 테더사는 언제든 약속한 환율을 지킬 수 있음을 보장했다. 심지어 모든 USDT 보유자가 한 명도 빠짐없이 갖고 있는 코인을 모두 달러로 바꾼다 해도 말이다(물론 이런 일이 일어날 가능성은 매우 적지만, 만약 페그제가 무너진다면 USDT 보유자들에게 이는 엄청난 충격일 것이다).

2018년 즈음, 분석가들은 테더사가 실제로 100% 통화 지원이 안 되고 있다고 의심하기 시작했다. 즉 회사가 유통되는 모든 USDT에 대해 1달러씩을 보유하고 있지 않다는 것이었다[107](일단 이는 어려운 일이다. 이 글을 쓰는 시점을 기준으로 현재 유통 중인 USDT는 45억 개에 달한다. 따라서 테더사가 100% 통화 지원을 하기 위해서는 45억 달러를 갖고 있어야 한다).[108] 그해 테더사는 외부 로펌이 자사가 100% 달러 지원을 하고 있음을 확인했다고 발표함으로써 이러한 의혹을 일축하려 했다.[109]

하지만 2019년 테더사는 많은 이들이 오랫동안 의심해왔던 것, 다시 말해 100% 통화 지원이 안 되고 있다는 사실을 인정했다. 그리고 그해 3월, 테더사는 USDT가 현금과 현금 등가물(단기 유동 자산), 그리고 애매하게 정의된 '예치금reserves'에 의해 100% 지원된다며 조용히 웹사이트 내용을 바꿨다.[110] 회사의 변호사는 테더사가 유통되는 USDT의 74%에 해당하는 현금과 현금 등가물을 보유하고 있다고 밝혔다.[111] 이는 곧 나머지 26%가 정체 모를 '예치금'임을 뜻했다.

그런데 '예치금'(여기에는 대출과 주식이 포함되는 것으로 보인다)에 의존하는 것 자체가 테더의 안정성을 큰 폭으로 떨어뜨리지는 않았다. 사람들을 당황하게 한 것은 테더사가 아무 말 없이 약속을 번복했다는 것이다.

이는 테더가 가진 보다 근본적인 문제를 드러냈다. 테더의 안정성이 사기업(말하자면 중개인)의 행동에 따라 결정된다는 것이다. 테더사가 없다면 테더 코인은 무너지고 말 것이다. 이는 블록체인과 암호화폐의 정신, 즉 이러한 기술들은 인간의 개입 없이 실행될 수 있어야 하고, 그 미래는 민주적으로 결정되어야 하며, 소수의 신뢰성에 의존해서는 안 된다는 정신에 위배된다.[112]

테더만큼 안정적인 다이

그러나 테더에 대한 탈중앙화된 대안으로, 메이커다오MakerD-AO[113]*라는 단체가 만든 스테이블코인인 다이Dai가 있다. 다이 코인(기술적으로, ERC-20 토큰[114])은 항상 1달러의 가치를 유지하지만, 테더와 달리 메이커다오는 어떠한 예치금도 보유하지 않으며 자체 통화위원회도 운영하지 않는다. 대신, 메이커다오는 자동으로 다이코

---

*　우리가 '더 다오'에서 봤던 것과 같은 약어이다. 하지만 관련은 없다.

시간에 따른 다이의 가격

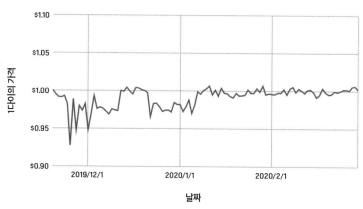

날짜

인을 계속해서 약 1달러로 거래하는 영리한 경제 시스템을 구축했다.[115]

다이 코인은 '부채 담보부 포지션Collateralized Debt Position, CDP'을 생성하는 스마트 계약을 통해 얻을 수 있다.[117] 사용자가 스마트 계약으로 얼마간의 이더리움 코인(다시 말하지만, 이더라고 한다)을 담보로 보내놓으면 다이 코인을 빌릴 수 있는 것이다. 이더를 돌려받으려면 스마트 계약으로 약간의 수수료를 얹어 코인을 상환하면 된다.[118] 다시 말해 사용자는 자신의 이더를 담보로 다이 코인을 빌리며, 이러한 대출을 CDP라고 한다.

** 이 그래프는 다이DAI 코인으로 알려진 새로운 버전의 다이만 고려한다. 2019년 이전의 다이는 현재 사이SAI로 알려져 있다.

1다이의 가치를 1달러로 유지하기 위해 이들이 쓰는 시스템(목표율 피드백 메커니즘target rate feedback mechanism으로 알려져 있다)은 다이의 가격이 상승하면 필요한 담보의 양을 줄이고 가격이 하락하면 필요한 담보의 양을 늘린다.[119]따라서 다이 가격이 1.05달러로 오르면, 사람들은 싸게 많은 다이를 얻게 될 것이다. 그러면 시장이 다이로 넘쳐나면서 가격은 다시 내려간다. 반대로 다이 가격이 0.95달러로 떨어지면, 사람들은 이득을 보기 위해 다이를 상환하고 담보를 돌려받을 것이다. 그러면 결국 다이의 공급이 줄어들면서 가격은 다시 올라간다.[120]

이처럼 다이의 페그제는 통화위원회와 매우 비슷하게 기능한다. 통화위원회 아래에서 시세 차익을 노리는 중개인들은 환율의 오르내림을 이용해 돈을 벌지만, 어쨌든 그러한 행위로 인해 환율은 다시 고정 환율로 돌아간다. 그러나 다이의 페그제는 회사가 아닌 스마트 계약을 통해 유지되므로 탈중앙화되어 있다.

다이의 목표율 피드백 메커니즘을 설명하는 그림. 목표는 다이의 가격을 자동으로 안정화하는 것이다. 출처: 시드 셰카르Sid Shekhar[121]

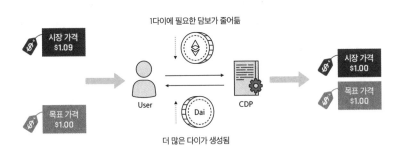

다이 코인은 이 시스템의 일부에 불과하다. 메이커다오는 메이커 MKR라는 또 다른 통화를 운영하는데, 이는 다이처럼 ERC-20 토큰 으로 구현된다.[122] 메이커는 그 가치가 안정적이지 않고 변하며, 대출CDP에 대한 수수료를 지급하는 용도로만 쓰인다.[123] 따라서 이론적으로는 사람들이 다이를 많이 쓸수록 메이커의 수요가 늘어나 가격이 오를 것이다. 즉 메이커에 투자하는 것은 다이의 인기가 높아질 것이라는 데 베팅하는 것과 같다.

세계에서 가장 인기 있는 암호화폐 거래소, 바이낸스

2017년에 설립된 암호화폐 거래소 바이낸스Binance는 빠르게 세계에서 가장 인기 있는 거래소 중의 하나가 되었고,[124] 현재 하루 12억 건의 거래를 지원한다.[125] 바이낸스의 성장을 견인한 것은 규모는 작지만 전도 유망한 암호화폐(사용자 투표로 결정)를 상장시키는 정책과 더불어, 바이낸스에 데려온 사람들이 하는 모든 거래에 대해 추천인에게 두둑한 수수료를 챙겨주는 매력적인 추천 프로그램이었다.[126]

바이낸스는 BNB라는 자체 코인도 운영한다.[128] 거래소에서 BNB로 결제하면 수수료를 할인해주는 식으로 코인을 홍보하고 있다.[129] 그러니까 BNB에 투자하는 것은 바이낸스의 인기가 앞으로 높아질 것이라는데 베팅하는 것과 같다. 추세를 눈치챘는가? 많은 암호화

바이낸스의 추천 프로그램. 사용자가 데려온 사람들이 거래를 할 때마다 최대 40%의 거래 수수료를 추천인에게 제공한다. 출처: 바이낸스[127]

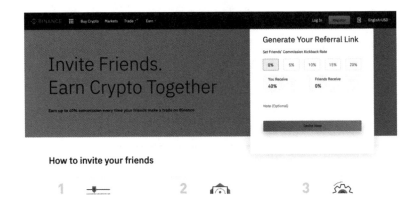

폐 스타트업들이 직접적으로든 간접적으로든 그 가치가 회사의 성공과 연결된 암호화폐를 내놓는다. 이때 이 암호화폐들은 일반 회사로 따지자면 주식과 같다고 할 수 있다. 투자자들에게서 돈을 모아 직원들에게 보상하는 수단으로도 쓰이기 때문이다.

세상은 충분하지 않다

바이낸스는 엄청난 인기를 끄는 암호화폐 거래소에 만족하지 않는다. 바이낸스는 런치패드Launchpad라는 일종의 투자 유치 프로그램도 운영하고 있는데, 이는 신생 기업들이 자신들의 암호화폐를 바이낸스 사용자에게 판매함으로써 자금을 조달할 수 있게 하는 프로그램이다(이때 허용되는 지불 수단은 BNB가 유일하다[130]). 이러한 암호화폐 자금 조달 방식을 '암호화폐공개Initial Coin Offerings, ICO'라고 한 바이낸스의 런치패드에서 자금을 구하는 많은 스타트업 중 일부. 인도의 암호화폐 거래소, '크로스 블록체인cross-blockchain' 금융 플랫폼, 블록체인 도박 플랫폼 등이 포함되어 있다.
출처: 바이낸스[132]

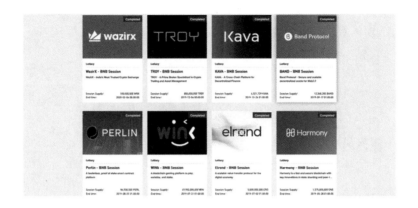

다.[131] 비상장기업이 주식시장에 상장할 때 하는 '기업공개Initial Public Offerings, IPO'와 비슷하다.

또한 바이낸스는 바이낸스 체인Binance Chain이라는 자체 블록체인 플랫폼도 운영하는데,[133] 암호화폐 스타트업은 이를 통해 자신들의 암호화폐를 생성하고 발행할 수 있다.[134] 탈중앙 암호화폐 거래소인 바이낸스 덱스Binance DEX(바이낸스사가 운영하는 일반적인 중앙집중식 거래소와 대조된다[135])는 이 바이낸스 체인을 기반으로 한다. 덱스에서 암호화폐를 사려고 할 때 일반적으로 쓸 수 있는 코인은 무엇일까? 그렇다. 바로 BNB다.[136]

바이낸스는 또 아프리카의 자연재해 피해자[137]와 결식아동들에게 돈을 기부하는 자선 단체도 운영한다.[138] 짐작할 수 있겠지만, 그 돈

은 BNB 형태로 기부된다.[139●]

바이낸스는 암호화 생태계를 구축하고 BNB를 이용해 모든 것을 연결하는 데 탁월한 능력을 보였다. 그렇다면 (작성 시점을 기준으로) BNB가 전체 암호화폐 중에서 시가 총액이 아홉 번째로 높은 것은 놀랄 일도 아니다.[140]

완전한 익명성을 보장하는 모네로

앞서 말했듯 비트코인에는 사실상 익명성이 없다. 하나부터 열까지 모든 거래가 블록체인에 공개되고 영구적으로 저장되기 때문에, 누구나 사람들이 얼마나 많은 돈을 갖고 있고, 누가 누구와 거래를 하고, 돈이 어디로 흘러 들어갔는지 알 수 있다.[141] 만약 어떤 사람의 비트코인 주소를 알아낸다면, 그 사람의 전체 거래 내역을 확인할 수 있다. 이처럼 비트코인은 사생활 보호 차원에서 보면 신용카드보다 더 나쁘다. 신용카드를 쓸 때는 최소한 인터넷을 어슬렁거리는 사람들로부터는 자신의 정보를 숨길 수 있기 때문이다.

평범한 사람들은 사용자의 비트코인 주소를 알아내기 힘들 수 있지만, 암호화폐 거래소는 분명히 알 수 있고, 따라서 거래소에 통제권을 행사할 수 있다면 어떤 정부라도 사용자의 주소를 알 수 있다.

● 바이낸스가 직원들에게 BNB로 급여를 주는지 분명 궁금할 것이다. (실제로 BNB는 바이낸스 직원의 급여로도 사용된다-옮긴이)

2017년 미국 국세청Internal Revenue Servicem, IRS은 비트코인 거래소인 코인베이스Coinbase에 비트코인을 대량으로 사거나 판 사람들의 비트코인 주소와 이름을 넘길 것을 강제했다. IRS는 이 정보 덕분에 탈세자들을 찾아 뒤쫓을 수 있었다[142](이 경우는 어쩌면 잘된 일일 수도 있지만, 정부가 너무나 쉽게 '익명성'을 무시할 수 있다는 것은 심히 걱정스러울 정도다. 이렇게 되면 악의를 품은 정부가 권력을 휘두르며 시민의 자유를 탄압할 수도 있을 것이다).

그래서 비트코인 생태계는 사람들이 거래 때마다 새로운 주소를 사용하게 하고,[143] 사용자의 코인과 다른 사람의 코인을 섞어 임의의 코인을 내놓음으로써 코인의 실소유주가 누구인지 알 수 없게 만드는 비트코인 텀블러Bitcoin tumblers를 사용하게 하는 등 몇 가지 프라이버시 보호 장치를 마련했다.[144] 하지만 이는 선택적인 미봉책에 불과했고, 비트코인 설계에 프라이버시는 반영되지 않았다는 점을 기억해야 한다. 비평가들은 이러한 노력을 두고 '칼에 찔린 상처에 반창고 붙이는 격'이라고 했다.[145]

프라이버시 코인

그렇다면 사생활과 익명성을 중점적으로 추구하는 알트코인인 모네로Monero는 어떨까. 일반적으로 프라이버시 코인privacy coin으로 알려진 모네로는 크립토노트CryptoNote라는 기술을 이용해 모든 거래에서 발신자와 수신자의 신원을 감춘다.[146]

크립토노트는 두 가지 주요 기술로 이를 구현한다. 첫째, 각 거래의 잠재적인 송금인으로 여러 명이 나열된다. 링 서명ring signatures으로 알려진 이 기술은 진짜 송금인의 신원을 감춘다. 둘째, 스텔스 주소stealth addersses를 이용해 수신인의 신원을 감춘다. 모든 수신인은 각 거래에 대해 자동으로 일회성 주소를 갖게 된다. 그리고 일단 스텔스 주소를 가진 사람만이 발생한 거래를 확인할 수 있다.[147]

따라서 모든 모네로의 거래 기록이 실제로 블록체인에 저장되긴 하지만, 일반인이 송금인이나 수신인을 확인할 방법은 없다. 또 거래를 추적해볼 방법도 없기 때문에 누군가에게 돈을 보내도 그들이 돈을 쓰는지, 또는 언제 쓰는지 알 수 없다.[148] (비트코인을 쓰면 이 두 가지를 모두 알 수 있다.)

물론 완전한 익명성에는 단점이 따른다. 이러한 익명성은 범죄자들이 이전보다 훨씬 더 효과적으로 단속을 피할 수 있도록 돕는다.[149] 랜섬웨어를 퍼뜨리는 자들이 피해자들에게 비트코인이 아닌 모네로를 요구하기 시작하고,[150] 슈퍼컴퓨터를 차지한 해커들이 그 컴퓨터로 비트코인이 아닌 모네로 채굴을 선호하는 것은 어쩌면 당연한 일이다.[151]

브라우저 내 채굴을 조종하는 크립토재킹

아마도 가장 유명하고 은밀한 모네로의 용도는 브라우저 내 채굴in-browser mining일 것이다. 사용자는 짧은 자바스크립트JavaScript 코드(스포티파이나 구글독스Google Docs와 같은 웹사이트를 동적으로 만드는 코드와 같은 종류)를 실행해 웹브라우저가 모네로를 채굴하도록 할 수 있다.[152]

이는 모네로의 채굴 알고리즘이 ASIC에 저항력이 있기 때문에 가

엔비디아Nvidia의 지포스GeForce GTX GPU로 구동되는 강력한 게임용 컴퓨터. 이러한 컴퓨터는 비트코인 채굴에는 어려움이 있지만, 모네로와 같은 ASIC 저항력이 있는 암호화폐 채굴에는 상당히 능하다.[156] 출처: 위키미디어Wikimedia[157]

능하다. 비트코인의 채굴 알고리즘이 오직 채굴기가 초당 몇조 개의 해시를 생성할 수 있는지 연산에만 신경 쓰는 반면, 모네로의 알고리즘은 채굴을 할 때 컴퓨터가 많은 메모리RAM를 쓰게 한다. 요점은, ASIC 채굴기는 단순 연산을 반복적으로 수행하는 데 탁월한 능력을 발휘하지만, 컴퓨터가 여러 앱과 창, 게임을 동시에 돌리는 데 일상적으로 사용하는 램RAM 성능은 부족하다는 것이다.[153]

따라서 적당한 CPU와 GPU를 갖춘 평범한 컴퓨터가 모네로를 충분히 채굴하는 동안 ASIC 채굴기는 상당히 나쁜 성능을 보일 것이다.[154] 이는 무조건적인 규칙이 아니다. 채굴 회사들은 실제로 언젠가 모네로의 채굴 알고리즘을 무력화한 ASIC 채굴기를 개발했다. 모네로는 긴급히 알고리즘을 수정해야 했고, 그 결과 군비 경쟁이

촉발되었다. 그래도 최소한 모네로는 비트코인보다는 ASIC 저항력이 강하다.[155]

모네로의 채굴 알고리즘은 일반 컴퓨터에서 실행하기 매우 쉽기 때문에 사용자는 웹브라우저에서도 XMR이라는 모네로 코인을 채굴할 수 있다. 그래서 2017년 코인하이브CoinHive라는 스타트업은 웹사이트 소유주들이 그들의 웹사이트에 자바스크립트로 작성된 짧은 모네로 채굴 코드를 심을 수 있게 했다. 사용자가 브라우저에서 XMR을 채굴하면, XMR은 웹사이트 소유주에게 전달되었다.[158]

이는 이론상으로는 흥미로운 발상이다. 웹사이트 소유주들은 이제 짜증나고 거슬리는 광고에 의존하지 않고도 자신의 웹사이트를 통해 수익을 창출할 수 있었다.[159] 게임 사이트들 또한 사용자에게 여분의 생명이나 금화와 같은 가상의 선물을 제공해 사용자가 얼마간 게임 사이트에 더 머물게 함으로써 또 다른 수익원을 찾을 수 있었다.

문제는 코인하이브의 기술이 독창적인 웹 비즈니스 모델을 구축하는 데 사용되지 않았다는 것이다. 대신 이들의 기술은 비윤리적인 방법으로 돈을 벌려는 보다 수상쩍은 사람들에게 선택되었다. 2017년, 대표적인 불법 다운로드 사이트였던 '파이러트베이The Pirate Bay'는 사이트 방문자들에게 따로 알리거나 대가를 제공하지 않고 방문자의 브라우저에서 코인하이브를 실행하기 시작했다.[160] 채굴 작업으로 방문자의 컴퓨터가 뜨거워지고, 팬이 최고 속도로 돌아가고, 배터리가 방전되었기 때문에 이는 무해한 속임수가 아니었다.[161]

운영자들이 뒤에서 방문자의 브라우저를 코인 채굴에 이용하는 이러한 수법을 크립토재킹cryptojacking이라고 하며, 이는 빠르게 인터넷에서 골칫거리가 되고 있다.[162] 이 수법은 수익성도 아주 좋아서 한 추정에 따르면 웹사이트 운영자는 크립토재킹을 통해 월 30만 달러가 넘는 돈을 벌 수 있다고 한다.[163]

해커들 역시 크립토재킹을 이용했다. 2017년 미국의 인기 TV채널인 쇼타임Showtime의 웹사이트를 해킹해 조용히 채굴 코드를 심은[164] 해커들은 쇼타임을 방문한 수백만 명 각각으로부터 XMR을 확보했다. 그리고 2018년에는 《로스앤젤레스 타임스Los Angeles Times》의 웹사이트로 몰려가 비슷한 공격을 감행했다.[165] 해킹이 광범위하게 확산되자 사이버보안 분석가들은 크립토재킹을 추적 중인 악성소프트웨어 중에서도 최악의 악성코드로 분류하기 시작했다.[166]

이제 해커들이 모네로를 좋아하는 이유를 알 수 있을 것이다. 모네로는 브라우저에서 쉽게 채굴될 수 있고 완전한 익명성을 보장하기 때문에, 사기꾼들은 어떠한 증거도 남기지 않을 수 있다. 이는 암호화폐가 가진 근본적 문제 중의 하나를 보여준다. 프라이버시와 익명성을 위해 설계된 것(보통은 좋은 것들)은 무엇이든 결국 다른 누구보다 범죄자들을 돕게 되어 있다.

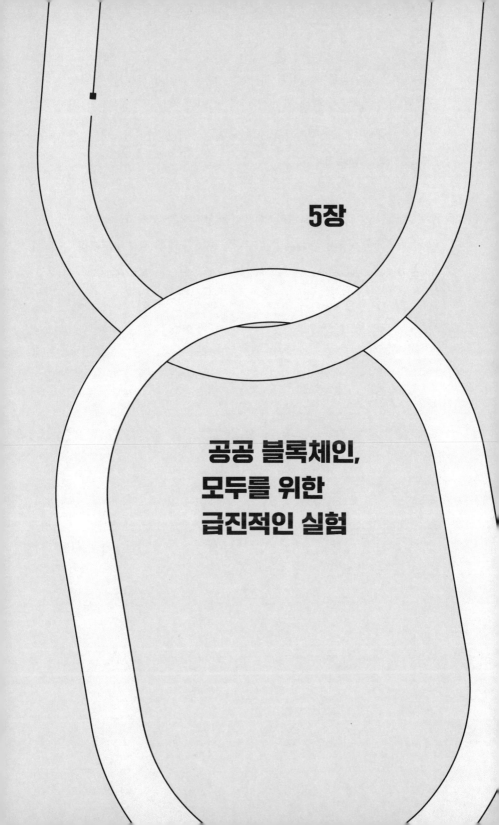

5장

**공공 블록체인,
모두를 위한
급진적인 실험**

블록체인은 (…) 컴퓨터 과학이 이룬 가장 큰 혁신이다. 그 기본 개념은 분산형 데이터베이스로, 이곳에서 신뢰는 인증과 결제를 수행하는 강력한 기관이 아닌 대규모 협업과 정교한 코드를 통해 구축된다.

돈 탭스콧, 『블록체인 혁명』 저자[1]

수년간 끊임없이 노력하고 수십억 달러를 투자했지만, 통화 투기와 불법 거래 외에는 아무도 블록체인을 실제로 사용할 방법을 찾지 못했다.

카이 스틴치콤베Kai Stinchcombe, 트루 링크 파이낸셜True Link Financial 공동 설립자[2]

자, 지금까지 암호화폐 세상에 푹 빠져보았으니 이제는 블록체인으로 초점을 옮길 때다. 그중에서도 누구나 대중적 앱을 구축할 수 있는 플랫폼인 공공 블록체인에 대해 먼저 살펴보자(다음 장에서는 그 반대로 회사나 조직에서 내부 목적으로 사용하는 전용private 블록체인에 대해 살펴본다). 공공 블록체인은 아직 초기 단계에 있지만, 이를 이용한 앱들은 이미 주목할 만한 몇 가지 결과를 보여주었다.

온라인 투표에 활용되는 블록체인

투표 집계기를 해킹하기 쉽다는 것은 누구나 알 만한 사실이다.[3] 전문가들은 수많은 보안상의 허점을 이용해 대부분의 투표 집계기를 단 몇 분 만에 뚫고 들어갈 수 있다. 그런 다음 이 해커들은 기계를 켜거나 끄고, 표를 보고, 심지어 마음대로 표를 바꿀 수도 있다.[4] 더욱이 미국 내 많은 주의 투표 집계기가 투표 기록을 종이로 보관하지 않기 때문에, 기계가 해킹되었는지 알 방법도 없다.[5]

투표 집계기가 투표 결과를 제대로 집계하지 못하는 경우도 상당히 많다. 2000년 플로리다 주의 볼루시아 카운티Volusia County에서 한 투표 집계기는 갑자기 한 후보에게 −1만 6000표를 '주기도gave' 했다(그렇다. 반대표다).[6] 지금까지 많은 정권이 선거에서 부정한 표로 득표 수를 늘리거나 반대표를 실제보다 적게 셌다[7]는 비난을 받아왔다.

투표 방식 자체도 과거에 머물러 있는 것 같다. 주식 거래부터 쇼핑까지 모든 것을 온라인으로 할 수 있다면, 왜 우리는 투표소까지 힘들게 걸어가 몇 시간 동안 줄을 서서 투표해야 하는 걸까? 에스토니아는 온라인 투표 도입에 성공했지만,[8] 온라인 투표는 해킹이 쉽기 때문에 모든 곳으로 확산되진 않았다.[9] 한 번은 워싱턴 DC에서 온라인 투표 실험이 이뤄진 적이 있는데, 이 실험에서 한 무리의 연구원들은 온라인 투표 소프트웨어를 완전히 장악한 후, 표들을 모조리 바꾸고, 최종 확인 페이지에 미시간대학University of Michigan의 응원가까지 나오게 했다. 모두 48시간이 채 되기도 전에 벌어진 일이었다.[10]

이상적으로 말하면, 우리에게는 각 후보가 얻은 표의 수를 엄격하고 투명하게 유지하며 조작할 수 없는 온라인 투표 시스템이 필요하다. 이 모든 것이 마치 블록체인이 제공할 수 있는 것처럼 들린다면, 맞게 생각했다.

블록체인과 선거

이러한 이유로 지금까지 많은 스타트업과 연구원들이 블록체인을 활용한 선거를 검토해왔다.[11] 지금부터 그것이 무엇을 의미하는지 살펴보자.

블록체인 투표를 위해서는 토큰이 필요하다. 토큰은 블록체인에 그 움직임이 기록되는 디지털 자산이다. 사람들이 가장 많이 쓰는 공공 블록체인 플랫폼인 이더리움 기반의 모든 앱은 사용자에게 토큰을 발행할 수 있으며, 이 사용자들은 이더(다시 말하지만, 이더리움 암호화폐를 말한다)를 보내는 것처럼 이 토큰들을 다른 사람에게 보낼 수 있다.

가치가 있는 모든 것은 토큰으로 나타낼 수 있다. 예를 들어 금 거래 댑Dapp은 사용자가 얼마간의 금을 연동시켜놓으면 금 토큰을 발행할 수 있다. 사용자는 이 토큰을 가지고 거래할 수 있으며, 누구든지 댑에서 토큰을 금으로 바꿀 수도 있다[12](누구나 토큰을 생성하고 원하는 만큼 발행할 수 있지만, 이더리움의 유일한 공식 화폐 형태인 이더는 채굴을 통해서만 생성될 수 있다. 이것이 토큰과 이더의 큰 차이다[13]).

투표에 블록체인을 활용한다면, 정부는 투표권이 있는 모든 사람에게 투표 토큰을 발행할 것이다. 그리고 각 유권자는 표를 주고 싶은 사람을 나타내는 주소로 자신의 토큰을 보낼 것이다. 각각의 투표 토큰 '지불payment'은 표를 나타내며 블록체인에 저장된다. 모든 표가 블록체인에 공개적으로 저장되기 때문에 명백한 증거가 존재하게 된다. 또한 누구라도 표를 셀 수 있고 누가 이겼는지 확인할 수 있으므로 투표 집계에서 오류와 부정부패의 가능성은 사라질 것이다.[14]

블록체인의 다른 이점들도 여기서 한몫을 한다. 블록체인은 거의 조작이 불가능하기 때문에[15] 블록체인을 해킹해 표를 더하거나 빼는 것 역시 거의 불가능하다. 게다가 회복력도 매우 뛰어나서(컴퓨터 한 대에만 복사본이 있어도 회복이 가능하다) 투표 명부도 잃어버릴 일이 거의 없다. 또 블록체인은 탈중앙화되어 있으므로, 정부가 마음에 들지 않는다고 선거 결과를 삭제할 수도 없다.

블록체인 투표의 문제들

블록체인 투표의 주된 문제는 우선 누구에게 투표 토큰을 주어야 하는지부터 시작한다. 이를 위해서는 사람들이 아마도 온라인에서 신분을 증명해야 할 텐데, 여기에는 위험이 따른다. 사실상 미국인들의 고유 식별장치인 사회보장번호Social Security numbers는 불안하게도 누군가의 생일을 알고 있다면 쉽게 추측이 가능하다.[16] 마찬가지로 등록된 유권자 명단도 상대편에게 쉽게 해킹될 수 있다.[17] 더욱이 누가 투표할 것인지 결정하기 위해서는 정부에 의존해야 하는데, 이는 탈중앙화의 목적에 반하는 것으로, 부패한 정부가 여전히 선거를 좌지우지할 수 있게 된다.

에스토니아는 시민들에게 스마트폰과 연동된 전자 신분증, 즉 모바일 신분증을 나눠줌으로써 신분 확인 문제를 해결했다. 에스토니아인들은 웹사이트에 이 신분증 번호를 입력해 자신이 누구인지를 증명한다. 전체 에스토니아인의 94%가 이처럼 확실한 디지털 신분증을 갖고 있으므로, 온라인 투표가 가능하다.[18] 그런데 이러한 접근 방식은 인구 150만 명 미만의 작은 나라인 에스토니아에서는 잘 통할지 몰라도, 모든 국민의 신분을 확인하기 어려운 보다 큰 나라에서는 잘 통하지 않을 것이다.

또 다른 큰 문제는 익명성 유지다. 모든 투표가 블록체인에 공개적으로 저장되기 때문에 누구든지 어떤 이더리움 주소가 어떤 후보에 투표했는지 알 수 있다. 정부는 투표 토큰을 받을 주소를 선택해야 하므로 실제 신분을 주소와 일치시켜야 할 것이다. 이는 정부와 (아마도) 해커들이 어떤 유권자가 어떤 주소를 갖고 있고 어떤 후보에게 투표했는지 알 수 있음을 뜻한다.[19]

익명성 문제에 대한 한 가지 가능한 해결책은 동형 암호homomor-phic encryption*라는 기술로, 이 기술은 각 개인이 던진 표를 암호화한다. 이렇게 하면 사람들은 누가 누구에게 표를 던졌는지는 알 수 없으면서도 득표수를 세어 누가 이겼는지는 확인할 수 있다.[20]

블록체인 투표를 채택한 나라들

블록체인 투표는 가능성은 있지만, 현재로서는 아직 탐색 단계에 있다. 에스토니아는 온라인 투표를 최초로 도입한 나라임에도 불구하고 여전히 투표에 블록체인을 활용하지 않는다.[21] 스위스의 추크Zug(스위스 추크 주의 주도-옮긴이)시[22]와 콜롬비아[23]는 블록체인에 기반한 투표를 성공적으로 시범 운영한 적이 있지만, 이러한 프로젝트들이 더 광범위한 견인력을 발휘할지는 아직 불확실하다.

• 동형 암호화에 관한 자세한 설명은 이 책의 범위를 벗어난다. 이는 대학 컴퓨터 수업에서나 배우는 것이지만, 20번 주를 통해 내용을 확인할 수 있다.

불멸의 인터넷

1990년대 후반, 지오시티GeoCities는 세계에서 세 번째로 방문자가 많은 웹사이트였다.[24] 지오시티는 누구나 무료로 웹사이트를 만들 수 있게 해주는 서비스를 제공했는데, 전성기에는 포켓몬, 음악 밴드, 가족 휴가 사진, 그리고 셀 수 없이 많은 주제를 다루는 수백만 개의 웹사이트가 이를 이용해 탄생했을 정도였다.[25] 야후는 1999년에 당시 전례 없던 가격인 40억 달러에 지오시티를 인수했다.[26] 하지만 2009년 점점 심각해지는 재정난에 직면하면서 야후는 지오시티 서비스를 중단하기로 했고, 이로 인해 엄청난 시간을 들인 창의적 결과물들이 모두 공중 분해될 위험에 처하게 되었다.[27] 지오시티 사이트들은 모든 사이트가 오프라인으로 전환되기 전에, 지원자들이 900기가바이트GB에 이르는 사이트 데이터를 단시간에 그러모으며 초인적 힘을 발휘한 덕분에 간신히 보존될 수 있었다.[28]

마이스페이스MySpace는 운이 좋지 않았다. 2000년대 초 세계 최고의 인기를 누렸던 이 소셜 네트워크는 2019년에 있었던 사고 때문에 12년 치에 해당하는 사용자 업로드 음악, 사진, 영상을 분실했다.[30] 마이스페이스는 많은 밴드들에게 도약대가 되어주었지만, 그들이 마이스페이스에 올려놓고 백업하지 않은 음악들은 말 그대로 영원히 사라져버렸다.[31]

느리고, 허술하며, 태만하다

더 나아가 인터넷에서 본 무언가를 몇 년 후에도 얼마든지 볼 수

지오시티에서 운영된 사이트의 예. 출처: 플리커를 통한 제드 캐롤Ged Carrol[29]

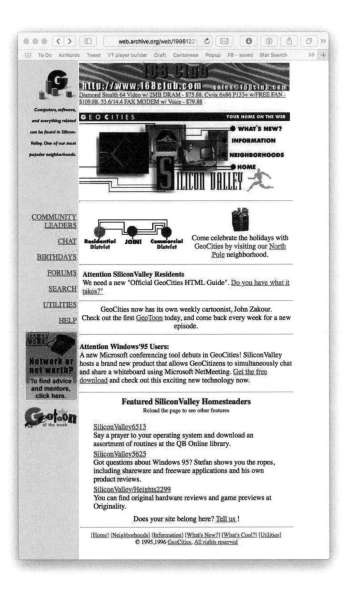

있을 것이라는 생각은 접어두는 것이 좋다. 한 연구에 따르면 웹 링크의 반감기는 단 7년에 불과하다. 즉 책이나 문서, 웹페이지에 링크를 삽입하고 7년이 지나면 그것이 작동하지 않을 확률은 50%에 달한다(그러니까 링크를 눌러도 더는 사용자가 의도한 페이지로 이동하지 않는다는 말이다).[32] 우리는 2000년도 더 전에 쓰인 호메로스의 《오디세이》는 편하게 인용할 수 있다.[33] 사람들이 우리가 말하는 책을 언제라도 찾아볼 수 있다는 것을 알기 때문이다. 하지만 10년 동안만이라도 웹링크가 살아 있기를 바라는 것은 위험한 생각이다.

인터넷 아카이브Internet Archive처럼 과거 버전의 웹페이지를 보관하는 서비스도 있긴 하지만, 보관 범위가 고르지 않고 군데군데에 한정되어 있어서 생성되는 모든 웹페이지를 보관하진 못한다. 이 '링크 로트link rot'(사이트 중단 또는 이전으로 인해 사용할 수 없게 된 웹사이트의 링크-옮긴이) 문제는 현재 너무나 만연해 있다.[34]

사실, 문제는 구조적인 것에 있다. 브라우저는 《뉴욕타임스》의 홈페이지와 같은 웹페이지를 불러올 때마다 서버에 페이지의 최신 버전을 요청한다. 대개 서버는 해당 콘텐츠가 있는 유일한 곳이다. 만약 서버가 페이지를 폐쇄하거나 삭제하면 사용자는 다시 그 콘텐츠를 이용할 수 없다. 이는 중앙화의 전형적 예로, 이때 웹 서버는 단일 장애점Single Point of Failure(어느 한 시스템이 잘못되면 전체 시스템이 다 잘못되는 지점-옮긴이)이 된다.

콘텐츠 중앙화의 또 다른 문제는 속도다. 예를 들어 우리가 현재 미국에 있고, 가장 가까운 서버가 오스트레일리아에 있는 한 웹사이트를 방문한다고 가정해보자. 이때 해당 서버에서 웹페이지를 불러오는 데는 0.3초 이상이 걸릴 것이다.[35] 이때쯤에는 이미 사용자의 80%가 접속 지연을 인지한다.[36] 접속 지연을 줄이려면 전 세계에 걸쳐 서버를 구축해야 하지만 이러한 인프라에는 수천, 수백만 달러의 비용이 들 것이다.[37]

《테크크런치TechCrunch》에 나온대로, 인터넷은 (주로 중앙화된 웹페이지 방식 때문에) '느리고, 허술하며, 태만하다'.[38]

IPFS가 바꾼다

'분산형 파일 시스템Inter Planetary File System, IPFS'으로 알려진 한 블록체인 프로젝트는 이를 변화시킬 수 있다고 생각한다. IPFS는 새로운 인터넷 모델을 제안한다. IPFS에서 웹페이지는 중앙 서버에만 있지 않다(전 세계의 모든 사람이 사본을 보관할 수 있다).[39]

한 가지 비유로, 기원전 334년에 세워진 이집트의 고대 알렉산드리아 도서관을 생각해보자. 오랫동안 세상의 지식과 배움의 중심으로 여겨져온 이 도서관은[40] 귀중한 정보가 담긴 두루마리를 자그마치 4만 개 이상 보유하고 있었다. 하지만 기원전 48년 도서관이 불타버렸을 때 수천 개의 두루마리가 소실되었다. 두루마리의 백업 사본이 없었기 때문에 두루마리에 있던 지식은 영원히 사라지고 말았다.[41] 알렉산드리아 도서관이 전 세계의 다른 도서관에 두루마리 사본을 보관하도록 했다면, 두루마리에 있던 지식이 오늘날까지 무사했을 가능성은 훨씬 더 클 것이다. IPFS는 지금의 인터넷을 (중앙화된 장소에 너무 많은 정보가 보관된) 알렉산드리아 도서관으로 생각하며, 여러 '도서관'에 정보를 퍼뜨리는 것을 목표로 한다.

모든 IPFS 사용자는 각자의 컴퓨터에 파일이나 웹페이지를 저장할 수 있는 폴더를 갖고 있다. 해시hashes로 알려진 이러한 파일들의 고유 지문은 블록체인에 저장된다. 파일을 원하는 사람은 블록체인에서 해당 해시가 있는 파일을 가진 사람을 확인하기만 하면 된다. 적절한 사람을 찾으면 그 사람의 IPFS 폴더에서 파일을 복사할 수 있다. 핵심은 다른 사람의 컴퓨터에서 파일을 가져와 자신의 컴퓨터에 사본을 저장하는 것이다. 이렇게 하면 원본이 삭제된다 해도, 사본은 유지된다.

이러면 일반적으로 많이 쓰이는 파일과 웹페이지들이 전 세계 수십만 대의 컴퓨터에 보관되어 오늘날 인터넷에 해를 끼치는 링크 로트 문제를 피할 수 있을 것이다. 게다가 파일이 전 세계로 퍼져나가 모든 사람이 자신과 지리적으로 더 가까운 컴퓨터에서 저장된 파일을 찾을 수 있으므로 파일에 더 빠르게 접근하는 것이 가능해진다.[42]

IPFS 폴더를 공용 드롭박스Dropbox(웹 기반 파일 공유 서비스로, 클라우드와 로컬에 있는 컴퓨터 사이에 데이터 공유 및 동기화가 가능하도록 지원한다–옮긴이)나 구글 드라이브Google Drive 폴더로 생각해보라. 누구나 다른 사람으로부터 파일을 찾고, 다운로드하고, 복사할 수 있다. IPFS의 블록체인은 단순히 디렉토리로서의 역할만 하면서 사용자가 찾고 있는 파일의 사본을 누가 가졌는지 보여준다.

또한 파일이 바뀔 때마다 변경 사항이 블록체인에도 반영된다. 파일의 이전 버전을 가진 사람은 파일을 그대로 유지할 수 있고, 파일의 새 버전은 네트워크를 통해 따로 전파될 수 있다. 즉 누구나 파일의 이전 버전(워드 문서의 '변경 내용 추적track changes' 기능처럼)을 확인할 수 있으므로, 파일의 내용은 실제로 영구히 사라지지 않는다. 누군가 감추고 싶은 몇 가지 정보를 지우기 위해 웹페이지 내용을 바꾼다 해도, 파일의 이전 버전은 살아남을 것이다. 서버에서 웹페이지의 최신 버전만 불러올 수 있는 오늘날의 인터넷에서는 불가능한 일이다.[43]

현재 IPFS는 자체적으로 미니 인터넷을 운영하고 있다. 누구든지 IPFS에 가입하면 파일을 저장하고 네트워크에 있는 다른 사람들의 파일에 접근할 수 있다.[44] IPFS는 언젠가는 지금의 인터넷이 물러나고 그 자리를 자신들의 '더 빠르고, 안전하고, 개방된' 기술이 차지하길 바란다[45](링크 로트를 줄이는 것은 매우 바람직하지만, 이처럼 검열을 받지 않는, 분산된 파일 공유 시스템은 디지털 불법 복제를 더욱 쉽게 만든다는 사실에 유의하자).

하드 드라이브용 에어비앤비

한 가지 문제는 사람들이 낯선 사람들의 파일을 굳이 자신의 하드에 저장하고 싶어 하지 않을 수 있다는 것이다. 이를 해결하기 위해 파일코인FileCoin(암호화폐 이름이기도 하다-옮긴이)이라는 프로젝트는 컴퓨터에 IPFS 파일 사본을 저장하는 사람들에게 그에 대한 보상을 제공하는 것을 목표로 한다.

핵심은 다른 사용자의 IPFS 폴더에 있는 파일에 접근하고자 하는 사람은 누구든 파일코인을 지불해야 한다는 것이다. 파일코인은 사용자가 파일 저장 공간을 대여하거나 시장에서 구입하는 방법으로 얻을 수 있다. 파일코인은 훌륭한 시민 정신(다른 사람들의 파일에 더 많이 접근할수록 자신도 더 많은 파일 공간을 대여해야 한다)을 장려하고, 여분의 저장 공간을 가진 사람들이 파일코인을 지급받아 판매함으로써 돈을 벌 수 있게 한다. 이처럼 파일코인은 남는 공간을 빌려주고 돈을 버는 하드 드라이브 버전의 에어비앤비 같은 것이라고 할 수 있다.[46]

파일을 저장하는 대가로 돈을 받으면 사람들은 더욱더 많은 파일을 저장할 것이다. 이는 IPFS에게는 더없이 좋은 일이다. 그 효과는 많은 사람이 파일의 사본을 저장할 때 발휘되기 때문이다[47](한 사람만 파일을 저장한다면, IPFS는 지금의 인터넷과 다를 게 없을 것이다).

레스토랑이 블록체인 기반의 보상을?

2018년 (일부 후터스를 포함해 여러 프랜차이즈 레스토랑을 소유한) 노스캐롤라이나의 챈티클리어Chanticleer라는 한 회사가 모비비티 Mobivity라는 블록체인 기업과 손을 잡고 블록체인에 기반한 보상 프로그램을 시작하겠다고 발표했다. 챈티클리어에서 식사를 한 모든 사람은 다른 챈티클리어 소유의 식당에서 무료로 식사를 하거나 다른 사람에게 선물로 줄 수 있는 (블록체인에 저장된) 가상의 코인을 지급받게 된다는 것이었다. 모비비티의 CEO는 다음과 같은 말을 자랑스레 발표했다. "햄버거를 먹는 것이 이제는 암호화폐를 채굴하는 방법이다!"[48] 챈티클리어의 주가는 발표 후 41%가 치솟았다.[49]

모비비티의 CEO가 채굴의 개념을 우습게도 잘못 이해했다는 사실을 무시한다 쳐도, 우리는 스스로에게 물어봐야 한다. 블록체인을 후터스의 보상 프로그램에 사용하는 것이 과연 가치 있는 일인가? 인터넷이 지닌 문제를 해결하거나 민주주의 재창조에 블록체인을 활용하는 것은 물론 가치 있는 일이다. 그런데 햄버거라고?

지나치게 사용된다면

앱에 블록체인을 적용하는 데는 비용이 든다. 이더리움을 기반으로 할 때, 거래마다 약 5~10센트의 수수료가 붙고,[50] 이는 조금씩 쌓이게 된다. 게다가 블록체인은 그 자체가 너무나 많은 공간을 차지한다. 작성 시점을 기준으로 이더리움 블록체인의 크기는 현재 200기가바이트가 넘는다.[51] 또한 어떤 블록체인을 쓰든 일단 블록체인은 느리다. 마이에스큐엘MySQL이라는 대표적인 중앙집중식 데이터베이스는 이더리움(비트코인보다 초당 다섯 배 더 많은 거래를 처리할 수 있음)보다 초당 6만 배나 더 많은 거래를 처리할 수 있다![52]

따라서 블록체인은 오직 블록체인만의 강점이 필요한 곳에 활용되는 것이 타당하다고 할 수 있다. 우리가 생각하는 블록체인의 최대 강점은 탈중앙화되어 있고, 신뢰할 수 있는 중개인이 필요하지 않으며, 투명하고, 조작이 어렵다는 것이다. 그런데 챈티클리어의 블록체인 기반 보상 시스템에는 다음에서처럼 이러한 강점들이 필요하지 않다.

- 탈중앙화는 단일 장애점으로 기능하며 수수료와 제약을 수반하는 중개인에게 의존할 필요가 없음을 의미한다. 하지만 챈티

클리어의 경우, 문제는 이 식당에서만 보상으로 받은 포인트를 쓸 수 있다는 것이다. 따라서 챈티클리어가 망하면 보유한 포인트는 아무 쓸모가 없어진다. 이 시스템은 중개업자인 챈티클리어로 인해 중앙화되었다. 블록체인은 탈중앙화를 가능케 하지만, 이는 시스템이 탈중앙화될 수 있는 경우에만 해당한다. 챈티클리어가 어느 식당에서든 보상받은 포인트를 쓸 수 있도록 허용하지 않는다면, 시스템은 계속 중앙화된 상태로 있을 것이고 블록체인은 아무런 가치도 더하지 못할 것이다.

- 블록체인은 무신뢰성trustlessness을 가능케 한다. 즉 시스템이 작동하는 데 신뢰할 수 있는 다른 사람은 필요하지 않다. 예를 들어 비트코인을 사용하면 지불 처리를 위해 은행이나 정부에 의존할 필요가 없다. 사용자는 단지 비트코인 소프트웨어가 의도한 대로 동작할 것이라고 믿기만 하면 된다. 그러나 챈티클리어의 경우에서, 블록체인이 적용됐든 안 됐든 사용자는 챈티클리어가 보상으로 준 포인트에 관한 약속을 지킬 것이라고 믿어야 한다. 만약 믿지 않는다면, 쓸데없는 토큰 다발만 손에 쥔 꼴이 될 것이다. 이는 무신뢰성과는 거리가 멀다. 따라서 챈티클리어의 프로그램은 블록체인의 강점을 전혀 활용하지 못한다고 할 수 있다.(모비비티 CEO의 발언에 따르면 그의 프로그램은 '전통적인 소비자 보상을 소비자가 통제할 수 있는 무언가로 변화시키는'[53] 것이었다. 하지만 사용자가 보상으로 받은 포인트를 식당에서 받아주기를 바라야만 한다면, 그것은 실제로 보상을 통제하지 못하는 것이다.)

- 블록체인은 모든 거래를 공개하고 내용을 바꿀 수 없게un-changeable(또는 변경할 수 없게immutable)하기 때문에 특히 투명하다. 비트코인으로 이루어진 모든 불법 거래는 (이론적으로) 누구라도 발견할 수 있다. FBI가 실크로드를 체포할 때 바로 이 점이 유용했음을 기억할 것이다. 그러나 토요일에 후터스에서 누가 포인트로 닭 날개를 시켜먹었는지 아닌지는 아무도 궁금해하지 않을 것이다. 이런 경우 블록체인이 제공하는 투명성은 별 가치가 없다.

- 마지막으로, 작업 증명과 같은 메커니즘은 기본적으로 블록체인을 조작할 수 없게 만들기 때문에 보안에 매우 유용하다. 하지만 우리는 노스캐롤라이나 식당에서 햄버거를 훔쳐 먹기 위해 포인트를 조작할 사람은 없을 거라고 생각한다. 따라서 이 경우에도 블록체인의 장점이 낭비된다.

요컨대 이러한 보상 프로그램에 블록체인을 도입하는 것은 못을 박는 데 50달러짜리 골프 클럽을 사용하는 것과 비슷하다. 물론 효과는 있겠지만, 그 도구의 특별한 능력은 전혀 활용되지 않으므로 돈이 낭비된다고 할 수 있다. 차라리 단순 작업에 특화된 좀 더 싼 도구를 사용하는 것이 낫다. 예를 들면 10달러짜리 망치나 표준 데이터베이스standard database 같은 것 말이다. 우리가 말하는 표준 데이터베이스는 단순히 개념적으로 거대한 엑셀 스프레드 시트이다. 이는 탈중앙화되어 있거나, 신뢰하지 않아도 되거나, 투명하거나, 변조 방지가 되거나 하진 않지만, 그저 정보를 저장하는 데 매우 능하다. 챈티클리어는 전에 언급한 MySQL 같은 표준 데이터베이스에 모든 보상 포인트를 기록하는 것만으로도 좋은 성과를 내고 비용도 낮출 수 있었다.

하지만 물론 챈티클리어가 거대한 엑셀 시트를 쓰고 있다고 발표 했다면 주식이 41%나 치솟진 않았을 것이다. 블록체인은 그 프로그램에 지나친 것이었지만, 챈티클리어는 그저 과대 선전으로 돈을 벌고 싶었을 뿐이다.

블록체인에서 상표 등록이 지닌 의미

2016년 런던에 기반을 둔 한 모임은 뮤지션들이 밴드 이름을 상표화하는 데 골머리를 앓고 있다는 것을 알게 되었다.[54] 같은 이름을 가진 밴드들이 누가 먼저 그 이름을 지었는지를 두고 다투었다.[55] 그래서 이들 무리는 15달러만 내면 블록체인에 밴드 이름을 등록할 수 있게 해주는 밴드네임볼트BandNameVault라는 스타트업을 시작했다.[56]

이들에 따르면, 사용자는 밴드를 만들고 나서 블록체인에서의 거래를 통해 자신이 생각한 밴드 이름을 등록할 수 있다. 만약 누군가 자신의 밴드 이름과 같은 이름을 쓰려고 한다면, 사용자는 자신의 거래 기록을 가리켜 자신이 이미 그 이름을 등록했음을 보여줄 수 있다.

기술적 관점에서 보면 이는 썩 괜찮은 해결책이다. 블록체인은 선형적이고 사실상 변조가 불가하므로 어떤 거래가 다른 거래보다 먼저 발생했음을 쉽게 증명할 수 있으며, 그 순서가 조작되지 않았다는 것을 확실히 할 수 있다. 또한 블록체인에서의 모든 거래가 공개되기 때문에 당연히 누구나 등록 순서를 확인할 수 있다. 이러한 과정은 그러니까 미국 특허청US Patent and Trademark Office, USPTO에 공식 상표를 제출하는 것보다 훨씬 빠르고 비용도 저렴하다.[57]

하지만 밴드네임볼트가 하고자 한 일은 좀 더 자세히 살펴보면 수포로 끝날 수밖에 없다. 사용자는 지칠 때까지 블록체인에 밴드 이름을 등록할 수 있지만, 이는 법정에서 아무런 의미가 없다. 자신의 밴드 이름을 사용했다고 새로 나온 밴드를 고소하고 그 증거로 블록체인을 제시할 수 있겠지만, 법원은 별 볼 일 없는 이 작은 스타트업의 블록체인을 증거로 인정하지 않을 것이다(밴드가 악의를 품고 그들의 이름이 먼저라고 말하는 가짜 블록체인을 만들 수도 있지 않겠는가?). 밴드 이름에 대한 소유권 주장을 실제로 할 수 있는 유일한 방법은 미국 특허청과 같은 정부기관을 통해 상표를 등록하는 것이다.

밴드네임볼트의 설립자도 스스로 이 사실을 인정했다. "제대로 된 상표 등록은 당사의 단순 등록 서비스가 제공하지 않는 완전한 법적 보호 및 라이선스 기회를 제공합니다."[58]

자, 만약 특허청이 공공 블록체인에 상표를 등록하겠다고 발표한다면 이야기는 달라질 것이다. 하지만 어떤 스타트업이 임의로 그러한 일을 한다면 그 해결책은 효력이 없고 거의 아무런 가치도 제공하지 못한다. 블록체인에 데이터를 저장하면 보통은 큰 효율성을 얻을 수 있지만, 중요한 것은 효율성만이 아니다. 더 중요한 것은 해결책이 기존의 권력 구조와 통합되는 것이다. 블록체인은 기술이 이룬 훌륭한 혁신이지만, 사회적 변화를 주도하기에는 충분치 않다(우리는 다른 사람들이나 어떤 기관이 변화를 꾀하도록 하는 것에 대해 신중히 생각해야 한다). 이 경우, 밴드네임볼트는 상표청이나 법원의 동의를 구한 후 해당 소프트웨어를 발표했다면 더 좋았을 것이다.

한 가닥 희망?

영국의 기술 소식지 《더 레지스터The Register》가 독자들에게 밴드네임볼트가 '들어본 중 최악의 블록체인 아이디어'가 아닌지 물어본 것은 그리 놀랄 일도 아니다.[59]

하지만 결점투성이라 해도, 밴드네임볼트 프로젝트는 우리에게 흥미로운 의문을 제기한다. 그 일이 언제 있었는지 어떻게 증명할 수 있는가? 다시 말해 특정한 시간에 무엇을 알았고, 무엇을 말했고, 무엇을 했는지 어떻게 보여줄 수 있는가? 요즘은 사진, 오디오, 심지어 비디오까지 위조할 수 있다.[60] 트윗과 웹페이지도 삭제가 쉽다.

그렇다면 언제 그러한 일이 있었는지 증명하는 기존의 방법은 완전하지 않다. 블록체인은 선형적 특성과 변조되지 않는 특성 덕분에 무슨 일이 언제 일어났는지 증명할 수 있는 몇 안 되는 믿을 만한 방법 중의 하나를 제공한다.

제대로 된 블록체인에 무언가를 기록했다면, 여러분이 그것을 기록했다는 데는 의심의 여지가 없다. 여기까지만 해도 상당한 성공이라 할 수 있다. 하지만 밴드네임볼트가 보여주듯, 여기서 문제는 사람들이 당신이 기록했다는 사실에 관심을 갖게 하는 것이다.

웹사이트의 탈중앙화가
놓치고 있는 것들

브라우저의 주소창에 'google.com/maps'와 같은 웹페이지 주소를 입력할 때, 브라우저는 사실 그걸로 뭘 해야 하는지 잘 알지 못한다. 대신, 브라우저는 도메인 이름 서비스(Domain Name Service, DNS)라는 방대한 주소록을 참조해 도메인 이름('google.com/maps'에서 'google.com'과 같은 주소의 기본 부분)을 IP주소로 알려진 일련의 숫자로 변환한다. 그러면 브라우저는 IP주소를 바탕으로 웹페이지를 불러올 수 있게 된다.[61]

우리는 이 과정을 다른 사람에게 전화하는 것에 비유할 수 있다. 전화기는 이름으로 사람들에게 전화하는 법을 알지 못한다(전화기에다 그냥 '빌 게이츠Bill Gates'라고 입력한 다음 그와 연결되길 바랄 순 없다). 그래서 전화기는 자신이 이해하는 방법으로, 주소록에서 이름을 찾아본 후 전화번호를 알아낸다.

여기서 문제는 DNS가 상당히 중앙화되어 있다는 것이다. 일반적으로 DNS는 버라이즌Verizon이나 컴캐스트Comcast와 같은 인터넷 서비스 공급자Internet Service Provider, ISP가 공급한다. 만일 ISP가 특정 웹사이트의 도메인 이름과 해당 IP 주소를 쌍으로 제거한다면, 우리는 그 웹사이트를 결코 방문할 수 없을 것이다.[62] ISP의 DNS가 마음에 들지 않는 경우 구글이 무료 DNS를 제공하긴 하지만, 가능한 DNS 수는 매우 적다.

이러한 중앙화는 2011년 미국 의원들이 온라인해적행위금지법

Stop Online Piracy Act, SOPA를 발의함으로써 더욱 힘을 얻게 되었다. 이 법안의 목적은 모든 미국 ISP에 문제가 되는 웹사이트의 DNS를 없애도록 강제함으로써 불법 복제를 단속하는 것이었다. 해당 웹사이트들은 아직 존재하겠지만, 미국인이 그곳에 접속하는 것은 불가능하다.[63]

SOPA는 통과되지 않았다. 하지만 인터넷 사용자들은 인터넷 검열이 얼마나 쉬워졌는지에 놀라움을 금치 못했다. 국가는 소수의 ISP에게 DNS에서 특정 웹사이트를 없애도록 강요해 아무도 해당 웹사이트를 볼 수 없게 할 수 있었다(이는 단지 이론에 그치지 않는다. 중국의 '만리방화벽Great Firewall'은 같은 방법으로 승인되지 않은 웹사이트를 차단한다[64]). 이 모든 것은 DNS가 중앙화되어 있기 때문에 가능한 일이다. ISP는 단일 장애점이고, 단일 장애점은 검열을 쉽게 만든다.

탈중앙 DNS의 탄생

DNS 중앙화가 맘에 들지 않았던 한 무리의 블록체인 지지자들은 네임코인Namecoin이라는 알트코인을 만들었다.[65] 누구든지 웹사이트의 IP 주소를 일종의 DNS 역할을 하는 네임코인 블록체인에 등록할 수 있었다. 그리고 컴퓨터에서 네임코인 소프트웨어를 실행하면 ISP의 차단 여부와 상관없이 블록체인에 등록된 웹사이트의 IP 주소를 확인할 수 있었다.[66]

블록체인은 탈중앙화되어 있고 P2Ppeer to peer(개인과 개인이 직접 연결되어 데이터를 공유하는 것-옮긴이) 방식이기 때문에 트집 잡기 좋아하는 정부가 공격할 수 있는 단일 장애점이 없다. 또한 블록체인은 보안이 철저하므로 정부는 이 탈중앙화된 DNS에서 기록들을 지울 수 없다.

일단 아이디어는 좋았다. 하지만 이들은 닭이 먼저냐 달걀이 먼저냐의 문제chicken-and-egg problem로 골머리를 앓았다. 웹사이트 소유주들은 사람들이 네임코인을 통해 자신들의 사이트를 방문할 것을 알지 않는 한, 굳이 네임코인에 웹사이트를 등록하지 않을 것이었다. 그리고 소비자들도 아주 관심 있는 웹사이트가 그곳에 등록되어 있다는 것을 알지 않는 한, 네임코인을 다운로드하지 않을 것이었다. 초기 네임코인 후원자였던 마이클 딘Michael Dean의 말에 따르면, 가장 치명적인 문제는 소비자들이 네임코인의 번거로움을 견딜 만큼 검열에 신경 쓰지 않는다는 것이었다.[67] 그렇게 해서 탈중앙 DNS는 결국 성공하지 못했다.

탈중앙 웹사이트 등록 방법의 한계

이후 네임코인은 역시 중앙화되어 있던 웹사이트 등록 절차를 바꾸겠다는 더욱 야심 찬 아이디어를 냈다. 웹사이트를 시작하려면 우리는 도메인 대행업체registrar로 알려진 회사에서 도메인 이름을 구입해야 한다. 각 도메인의 끝(.com, .org, .de, .jp, and so on)은 또 다른 도메인 대행업체가 관리한다. 하지만 각 도메인 대행업체는 궁극적으로 아이칸The Internet Corporation for Assigned Names and Numbers, ICANN이라는 기구의 관리를 받는다. 즉 이론적으로 봤을 때, 아이칸은 어떤 웹사이트든 도메인 이름을 삭제하고 오프라인으로 전환시

킬 수 있다.[68]

그래서 네임코인은 탈중앙화된 새로운 도메인 끝 이름으로 .bit을 선보였다. 누구나 네임코인의 블록체인에 .bit 웹사이트를 등록할 수 있었고, 네임코인 소프트웨어를 실행하는 사람이면 누구나 .bit 웹사이트를 방문할 수 있었다.[69]

문제는 네임코인의 소프트웨어를 실행하지 않으면 .bit 웹사이트를 방문할 수 없다는 것이었다. 다시 말해 닭이 먼저냐 달걀이 먼저냐의 문제가 이제 더더욱 심각해지고 말았다. 게다가 네임코인 소프트웨어는 설치하기에 너무 번거로웠고 광범위한 환경 설정을 필요로 했으며,[70] 웹사이트 설정은 불필요하게 복잡했다.[71]

아니나 다를까 .bit은 성공하지 못했다. 마이클 딘은 지금까지 실제로 만들어진 .bit 도메인 이름은 약 30개에 불과하며, 이들은 모두 '기존의traditional' 도메인 끝 이름을 가진 사이트들을 그대로 반영했기 때문에, 다른 도메인 이름으로 같은 웹페이지를 보여줄 뿐이라고 말했다[72](따라서 네임코인 사이트에는 사용할 수 있는 새로운 콘텐츠가 없었다). 그리고 단 5000명만이 .bit 사이트를 보기 위해 해당 소프트웨어를 설치했다.[73]

한편, .bit 웹사이트를 등록하는 비용은 매우 저렴했기 때문에, 사람들은 일단 무작정 도메인을 점유해 웹사이트를 등록하기 시작했다.[74] 즉 이들은 나중에 이득을 보고 팔 수 있기를 바라며 인기 있는 이름을 우선 차지한 것이다. 예를 들어 'facebook.bit'이나 'disney.bit'을 5달러에 사서 .bit이 성공하면 500만 달러에 판다고 생각해보라. .bit은 대부분 의심쩍은 목적으로 사용되었다고만 해두자.

네임코인 실패의 궁극적 원인은 팀의 형편없는 결속력과 전략이었다. 한때 그들은 자신들이 '무너뜨리려고' 했던 아이칸, 구글과 제휴하려고까지 했다. 딘은 이를 두고 '정부를 피해 가는 기술을 만들어놓고 다시 그걸 정부에게 바치는 꼴'이라고 말했다.[75]

결론은 네임코인이 실패했다는 것이다. 도메인 이름과 DNS 항목을 사고파는 데 사용하는 암호화폐인 네임코인NMC은 시가 총액, 즉 유통되는 모든 코인의 총가치로 봤을 때 상위 200개 암호화폐에도 들지 못한다.[76] 게다가 딘이 말했듯 제품 자체의 사용률도 낮다.

네임코인 실패의 또 다른 주된 원인은 사람들의 무력증을 과소평가했다는 데 있다. 그들의 솔루션은 지금의 시스템보다 더 탈중앙화되었고 기술적으로 더 괜찮았을지 모르지만, 특히 .bit이 사용자가 쓰기에 너무 어려웠을 때 이러한 유형의 양면 시장two-sided market(한쪽에는 소비자가 있고 다른 한쪽에는 웹사이트 제작자가 있는)을 만든다는 것은 엄청나게 어려운 일이었다.

네임코인이 사람들의 이러한 문제에 대해 진지하게 생각해봤다는 증거는 찾아보기 힘들다. 그들은 어떻게 하면 사람들이 실제로 그 제품을 사용할지는 생각하지 않고 단순히 멋지고 기술적으로 강한 제품을 만드는 데만 집중한 것 같다. 이 장에서 살펴본 것처럼 블록체인 앱들이 가진 공통적인 문제는 사람들의 문제는 생각하지 않고 기술적인 문제에만 너무 집중한다는 것이다.

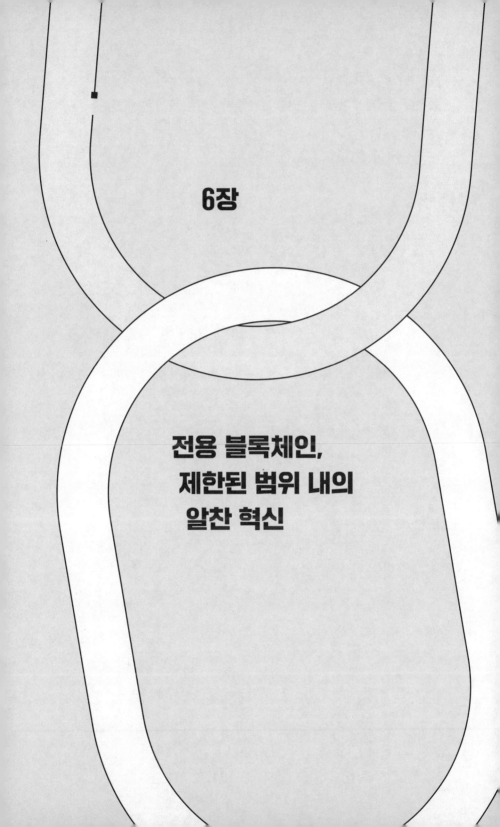

6장

전용 블록체인,
제한된 범위 내의
알찬 혁신

블록체인은 공급망supply chain으로 간주할 수 있는 것은 무엇이든 그 효율성을 엄청나게 높일 수 있다. 그것이 사람이든, 숫자든, 데이터든, 돈이든 말이다.

버지니아 로메티Ginni Rometty, IBM CEO[1]

공공 블록체인을 구축하는 사람들은 민주주의 재정립이나 검열 폐지, 상표 등록의 현대화 같은 보다 큰 규모의 일을 생각해왔다. 그런데 고려해야 할 또 다른 유형의 블록체인이 있다. 바로 '전용 블록체인private blockchain'이다. 전용 블록체인은 모두를 위한 야심 찬 새로운 서비스를 구축하려 하는 대신, 기업 내부의 복잡하고 비효율적이며 대부분 수동인 시스템을 자동화하고 개선하고자 한다.

월마트가 식중독을 예방한 방법

2018년 대장균에 오염된 상추 소식이 미국을 충격에 빠뜨렸다. 이로 인해 200명 이상의 사람들이 병에 걸렸고, 다섯 명이 사망했다. "지금껏 농산물 산업을 강타한 사건 중에서 가장 광범위하게 영향을 미친 치명적인 사건이었다."[2]

문제는 전체 농산물 공급망(상추를 재배한 농장에서 그것을 판매한 슈퍼마켓에 이르기까지)이 너무 불투명하고 비효율적이어서 오염된 상추를 공급받은 사람 중에서 그 누구도 재배 농장까지 유통 경로를 추적할 수 없었다는 것이다. 전체 시스템이 문서 기반으로 돌아갔고, 공급 과정에 참여하는 각 기업은 제품의 '전 단계와 다음 단계'만 추적할 수 있으면 되었다. 즉 어떤 물건을 여러 단계 뒤로 추적하려면 여러 회사와 따로 이야기해야 했다.[3]

상황이 이렇다 보니 농산물 하나가 어디서 왔는지 추적하는 데는 일주일 이상이 걸릴 수 있었다. 확인 결과, 오염된 상추는 애리조나주 유마Yuma시의 한 운하에서 물을 당겨쓴 농장에서 나온 것이었는데, 당국이 이러한 사실을 알아내기까지 자그마치 3개월 이상이 걸렸다.[4] 오염의 원인이 밝혀졌지만, 상추의 출처를 추적하기는 매우 어려웠기 때문에 여전히 아무도 자신들이 공급받은 상추의 오염 여부를 확실히 알 수 없었다.[5]

얼마 후 월마트는 잎채소를 판매하는 모든 회사가 공급망에 블록체인을 적용하게 함으로써 공급망을 개혁할 것이라고 발표했다.[6] 각 회사는 월마트가 IBM과 공동 개발한 월마트 소유의 블록체인에 제품의 이동을 기록해야 했다.[7] 각 이동은 IBM 푸드 트러스트Food Trust라는 블록체인에 하나의 거래로 입력될 것이었다. 각 거래는 제품의 고유번호, 날짜와 시간 그리고 제품의 원산지와 도착지 같은 메타데이터를 인코딩(데이터를 부호화하고 압축하는 처리방식-옮긴이)할 것이었다.[8]

작동 방식

월마트는 이 솔루션을 이더리움 댑을 만들 듯 공공 블록체인 위에 구축할 수도 있었다. 하지만 여기에는 많은 대가가 따른다. 공공 블록체인을 이용하면, 누구나 거래를 확인할 수 있고(비밀로 해두기 위해 거래 데이터를 암호화한다 해도), 거래당 약 5~10센트의 수수료를 지불해야 하며,[9] 블록체인의 규칙을 정할 수도 없고, 블록체인에 누가 참여할지도 결정할 수 없다. 이는 전체 비즈니스 시스템을 완전히 새로운 시스템으로 바꾸고자 하는 기업에게 장애 요인으로 작용한다. 위험성도 크고 비용도 많이 들기 때문이다.

하지만 IBM 푸드 트러스트와 같은 전용 블록체인은 월마트의 공급망과 관련된 거래들만 저장하고 선별된 사람들만 거래를 확인할 수 있는 맞춤형 블록체인custom-built blockchain이다.[10] 월마트와 IBM은 이 전용 블록체인을 소유하기 때문에 제3의 채굴자third-party miner[11]를 확보할 필요가 없으며(공공 블록체인에서는 네트워크 참여에 대한 보상이 필요하지만, 전용 블록체인은 이미 사람들이 특정 목적을 가지고 네트워크에 참여하기 때문에 별다른 보상이 필요하지 않다-옮긴이), 세분화된 접근 통제access control나 인가permissioning를 통해 정확히 어떤 정보에 누가 언제 접근할 수 있는지 정할 수 있다.[12]

동시에 전용 블록체인은 탈중앙화(많은 컴퓨터에 블록체인 사본이 보관된다), 변조 방지(작업 증명으로 해커가 블록을 위조하는 것이 어렵다), 투명성(모든 허가받은 참여자는 회사 전체에서 사람들을 찾지 않고도 필요한 정보를 정확히 얻을 수 있다)과 같은 공공 블록체인의 많은 이점을 그대로 유지한다.[13]

비효율성을 제거하다

월마트가 새로운 잎채소 공급망을 도입한 후 향상된 효율성은 믿기 어려울 정도였다. 공급망 프로세스가 디지털화되고, 데이터가 표준화된 형식(단일 블록체인을 사용하면 데이터는 특정 구조가 될 수 있다)으로 저장되었으며, 모든 것이 한 자리에 있게 되었다. 월마트는 이제 공급받은 농산물의 재배 농장을 단 2.2초 만에 추적할 수 있었다.[14] 기존보다 10만 배 이상 빨라진 속도였다. 게다가 월마트는 단계마다 누가 참여했고 물건이 어디에 있는지 정확히 알 수 있게 되었다.[15] 이러한 시스템은 월마트가 선반에서 오염된 식품을 즉시 가려내는 데 도움이 되었을 뿐 아니라, 당국이 오염된 식품을 생산하는 농장을 더 빨리 찾고 폐쇄하는 데도 도움이 되었다. 또한 어디에서 공급망이 느려지고 어디에서 먹거리가 낭비되는지도 확인할 수 있게 했다.[16]

간단히 말해 이 해결책은 식중독, 먹거리 낭비, 공급망의 비효율성을 막을 수 있는 강력한 방법을 제시했다. 이는 큰 성공을 거두었다. 얼마 후 월마트의 식품 안전 부사장은 잎채소 공급업자뿐 아니라 월마트의 모든 신선 과일 및 채소 공급업자가 IBM의 푸드 트러스트 기술을 적용할 수 있도록 하겠다고 발표했다.[17] (블록체인 적용을 시도했지만, 이 중에서 90%가 현실화되지 않았기 때문에 이 프로그램으로 성공을 거둔 사례는 드물다고 볼 수 있다.[18])

그렇다면 왜 블록체인일까? 월마트는 왜 공급업자에게 공급망 정보를 그냥 거대한 데이터베이스나 엑셀 시트에 입력하도록 요구할 수 없었을까? 이전 장에서 후터스를 운영하는 챈티클리어의 경우,

블록체인의 강점을 제대로 활용하지 않기 때문에 표준 데이터베이스를 쓰는 것이 나았지만, 이 경우 월마트는 다음과 같이 블록체인의 강점을 효과적으로 활용했다.

- 블록체인의 탈중앙화는 기업이 데이터를 안전하게 보관해야 할 때 매우 유용하다. 월마트가 모든 공급망의 데이터를 한 컴퓨터의 한 데이터베이스에 저장한다면, 중요한 파일을 암호화하고 돈을 주지 않으면 키를 버려버리겠다고 위협하는(그 결과 파일을 영원히 쓸 수 없게 만드는) 해커들과 랜섬웨어 업자들에게 아주 좋은 먹잇감이 될 것이다.[19] 또한 중앙화된 단일 출처는 자연재해, 정전 등 다른 모든 종류의 재난에 취약하다. 블록체인은 수많은 당사자가 자체적으로 블록체인 사본을 보관하고 있으므로 이러한 보안 문제에 훨씬 덜 취약하다.

- 블록체인의 투명성은 내·외부 감사에 적합하다. 자격을 갖춘 사람은 누구든 농장에서 식탁까지 먹거리가 이동한 경로를 즉시 살펴볼 수 있다. 도입 전에 이들은 아마 많은 회사를 일일이 찾아다니며 장부를 펼쳐보라고 요청해야 했을 것이다. 전용 블록체인의 세분화된 접근 통제 덕분에, 미국 FDA나 일반 대중과 같은 외부 감사인에게 일부 데이터를 공개하면서도, 다른 데이터는 비공개로 유지할 수 있다.

- 공급망만큼 중요한 무언가를 위해서는 블록체인의 변조 방지 특성이 필수적이다. 해킹과 같이 공급망에 문제가 발생하면 소비자의 목숨이 위험해질 수 있고, 월마트도 엄청난 손해를 입을

수 있다.

- 앞에서 언급했듯이 모든 것을 단일 블록체인에 기록하면, 모든 데이터가 동일한 표준화된 형식으로 저장되어 여러 데이터베이스에 흩어진 데이터를 가지고 작업하는 것보다 일이 훨씬 쉬워진다.

이러한 이점 중에서 어느 것도 먹거리에만 해당하는 것은 없다는 사실에 주목하자. 모든 공급망은 블록체인이 제공하는 효율성, 보안, 속도, 투명성이라는 이점을 누릴 수 있다.[20] 우리는 공급망이 블록체인의 킬러앱killer app(등장과 동시에 시장을 완전히 재편하는 제품이나 서비스-옮긴이) 중 하나라고 생각한다(모든 대안보다 블록체인이 우선되어야 하는 이용 사례라는 말이다).

주식과 블록이 만나면?

오래된 책을 팔거나 희귀한 야구 카드를 사고 싶을 때 친구부터 찾는 사람은 많지 않을 것이다(개인적으로 아는 누군가가 정확히 자신이 생각하는 가격에 그러한 물건들을 사거나 팔 가능성은 거의 없다). 대신 우리는 아마존이나 이베이eBay와 같은 사이트를 이용하는데, 이러한 사이트들은 해당 책을 사거나 카드를 팔고 싶어 하는 소수의 사람들을 전 세계에서 효과적으로 찾아준다.

주식, 선물 또는 다른 금융 상품의 경우에서도 이와 비슷한 일이 일어난다. 주식을 사거나 팔 때마다 주식은 마치 마법처럼 순식간에 나타났다 사라진다. 이때 사용자가 제너럴 밀스General Mills 주식을 사거나 UPS 주식을 팔고 싶어 하는 사람을 개인적으로 알고 있을 가능성은 별로 없다. 그래서 브로커나 주식 거래 사이트는 주식거래의 이베이라고 할 수 있는 청산소clearinghouse라는 제삼자에게 의존한다. 그들은 수백만 명의 매도자와 매수자를 서로 연결해 사람들이 빠르고 효율적으로 거래 파트너를 찾을 수 있게 한다.[21] 예를 들어 5000달러에 어떤 주식 100주를 팔려고 하는데 마침 5000달러에 100주를 사고 싶어 하는 사람이 이 세상 어딘가에 있다고 하면, 청산소에서 두 사람을 연결해준다.

또 청산소는 거래에서 발생할 수 있는 위험을 책임지기도 한다. 거래에서 어느 한쪽이 약속을 이행하지 않더라도 거래 이행을 보증하는 것이다. 예를 들어 여러분이 주식 100주를 5000달러에 팔았는데 무작위로 선택된 매수자가 채무를 이행하지 않더라도, 여러분은 청산소 덕분에 5000달러를 받을 수 있다.[22] 청산소는 또 매수자와 매도자가 재정적으로 튼튼한지 확인하고, 법적 서류를 처리하며, 매수자와 매도자에게 관련 데이터를 보낸다.[23] 전반적으로 궂은일과 위험요소는 청산소가 도맡아 책임지기 때문에, 모든 일이 순조롭게 진행될 것이라 믿고 누구나 클릭 한 번으로 주식을 사고 팔 수 있다.

청산소는 정당한 사유를 가지고 매수자와 매도자 사이에 있는 중개인이다. 따라서 효율성을 높이고 비용을 줄이기 위해 주식시장은 대개 자동 청산소Automated Clearing Houses, ACH라고 알려진 소프트웨어 기반의 청산소를 사용한다.[24]

2017년 호주 증권거래소Australian Stock Exchange, ASX는 기존 ACH 소프트웨어를 블록체인 기반 시스템으로 교체하기로 했다.[25] 청산소 가 스마트 계약과 비슷하게 작동하기 때문에 이 청산소와 블록체인 은 자연스러운 조합이라고 할 수 있다. 청산소는 매수자와 매도자에 게서 각각 돈과 주식을 받고, 몇 가지를 확인한 다음, 양쪽이 모두 검 증되면 자산을 교환한다.[26] 일반 ACH의 복잡한 논리를 스마트 계약 으로 바꾸면 효율성과 투명성 면에서 큰 성과를 얻을 수 있다.

ASX의 블록체인 기반 ACH에 대한 세부 사항은 공개되지 않았 지만, 우리는 그들이 구현하려는 것이 방금 설명한 것과 비슷하다고 생각한다. 모든 화폐와 주식은 토큰으로 표현되며 모든 주식 판매는 블록체인 거래로 표현된다. 모든 거래는 매수자와 매도자에게서 각 각 화폐 토큰과 주식 토큰을 받고, 몇 가지를 확인한 다음, 자산을 교 환하는 스마트 계약이 중재한다.[27]

여기서 스마트 계약의 이점은 매우 크다. 스마트 계약은 마치 매 번 거의 똑같이 실행되는 기계처럼 예측할 수 있으며, 모든 작업이 블록체인에 확실히 저장된다. 반면, ASX의 기존 솔루션은 상대적으 로 엉망이었고(비블록체인 앱은 정확성이 떨어지고 기록이 확실치 않아 도 얼렁뚱땅 위기를 모면할 수 있다), 취약했으며, 느렸다. 이 때문에 한 시장 전략가는 ASX가 블록체인 솔루션 덕분에 수수료 감소, 투명성 증대, 관료주의적 복잡성 감소를 가능케 하면서 수천만 달러를 절약 할 수 있을 것으로 예측했다.[28]

ASX만 필요한 것이 아니다. 전 세계에는 수많은 증권 거래소와 청산소가 있고, 많은 곳이 ASX와 마찬가지로 블록체인의 이점을 누릴 수 있다. 한 보고서에 따르면, 증권 거래 산업은 블록체인에 기반한 청산소로 200억 달러를 절약할 수 있다.[29] 게다가 이는 증권 거래소 청산소만 봤을 때의 이야기다. 다른 금융 시장(특히 선물 시장) 역시 청산소에 크게 의존하고 있다.[30]

하지만 ASX의 블록체인 도입에는 몇 가지 어려움이 따랐다. 블록체인 기술은 너무 새로운 것이어서 해당 솔루션을 개발하기까지 2년이 걸렸고,[31] 서비스 론칭도 6개월이나 지연되었다.[32] 이는 기술의 최첨단에 서기 위한 대가로, 일부 금융기관(보통 위험을 피하고자 하는 기관)에게는 감당하기 매우 벅찰 수 있다.

또 다른 문제는 법이 블록체인 기술을 따라갈 시간이 없었다는 것이다.[33] 블록체인은 금융과 같이 규제가 심한 산업에는 골칫거리가 될 수 있다. 현행 금융법과 규정에는 암호화 토큰crypto-tokens, 분산 장부distributed ledgers, 스마트 계약 등의 개념이 없으며, 이러한 도구들의 작동 방식은 대개 현행 법률 및 규정과 충돌한다. 이를테면 법원은 그들이 보기에 '비양심적인unconscionable' 계약을 기각할 수 있다. 이러한 경우는 어느 한쪽이 훨씬 더 많은 협상력이나 재정적 힘을 갖고 있어서 계약이 불공정한 경우다.[34] 하지만 스마트 계약은 자동으로 실행된다. 일단 실행되면 물리적으로 이를 변경하거나 무효로 할 수 없다(실제로 이는 스마트 계약이 가진 매력 중의 하나다). 따라서 불공정한 스마트 계약을 방지할 새로운 방법을 찾기 위해서는 법이 바뀌어야 하며, 기존의 일반적 계약이 아닌 스마트 계약을 이용하려는 사람들은 모두 스마트 계약을 준수할 방법을 찾아야 한다.

요컨대 블록체인과 스마트 계약은 증권 거래소와 같은 금융기관들의 지원부서back-office에 엄청난 효율성 향상을 가져다줄 수 있다. 하지만 이는 단순히 새로운 소프트웨어 하나를 쓰는 것만큼 쉬운 일이 아니다. 이러한 최신 도구들의 도입에는 성장통과 잠재적인 법적 어려움이 따라오기 마련이다.

엑스박스의 효율성을 올린
게임 로열티 지급 기술

만약 여러분이 엑스박스Xbox 게임을 출시한다면, 여러분은 음악가, 특수 효과 스튜디오, 캐릭터 디자이너 등 소규모 부대는 될 법한 외부 업자들과 함께 일해야 한다. 이 각각의 업자들과 복잡한 로열티 계약을 체결해야 하는데, 예를 들어 "이 리뷰 사이트에서 최소 O개의 별을 얻으면, 최초 매출 O백만 달러를 달성한 후, 전체 수익의 O%를 음악가에게 지불한다"[35]와 같은 조항을 만드는 것이다. 이와 같은 계약은 일반적인 게임에 수백 개씩 있을 수 있으며, 간단한 계약이라 해도 그 기준과 문구는 몇 페이지에 달한다.[36]

이처럼 복잡한 계약 조항들을 관리하는 것은 대규모의 회계팀이 서류 더미들을 팩스로 보내고, 엑셀 시트를 수없이 살피고, 이메일을 끝없이 처리해야 하는 아주 끔찍한 일이다.[37] 만약 실제 지급액이 예상 지급액과 다르기라도 하면 회계 담당은 오랜 시간이 걸리고 오류도 발생하기 쉬운 조정 작업을 거쳐야 한다. 관련된 모든 서류를 샅샅이 찾고, 모든 문서를 읽고, 일치하지 않는 내용을 찾아 바로 잡아야 하는 것이다.[38] 또한 엑스박스 게임 출시자가 모든 로열티를 지급하는 데는 최대 45일까지 걸릴 수 있다.[39] 이는 빠르게 변화하는 게임 세계에서는 생각할 수 없을 정도로 느린 속도다.

문제를 이렇게 정리할 수 있겠다. '로열티 지급을 위해서는 회계 담당이 복잡한 조항에 따라 수작업으로 로열티를 계산해야 하는데, 그러한 계산에 필요한 모든 데이터가 다양한 곳에 흩어져 있다.' 엑스박스는 로열티 계산을 자동화하고 모든 데이터를 한 곳으로 모으고 싶었다. 그래서 엑스박스는 블록체인 기반 로열티 지불 시스템을 구축하기로 했다.[40]

엑스박스는 모든 난해한 법률 용어를 정확한 수식으로 바꾸어 모든 복잡한 로열티 계약을 스마트 계약으로 전환했다. 앞서 예로 제시한 조항("이 리뷰 사이트에서 최소 O개의 별을 얻으면, 최초 매출 O백만 달러를 달성한 후, 전체 수익의 O%를 음악가에게 지불한다")이 매출액·평가와 같은 입력 데이터에 기반해 적절한 로열티를 계산하는 스마트 계약으로 바뀌었다.[41]

자동화된 스마트 계약은 회계 담당이 종이 계약서를 검토하는 것보다 훨씬 효율적이기 때문에 몇 초 만에 로열티를 계산할 수 있다. 또한 누구나 스마트 계약의 코드를 확인할 수 있으므로 모든 계약자가 자신이 받아야 할 돈을 정확히 받고 있는지 확인할 수 있고, 그에 따라 조정 작업의 고통도 줄일 수 있다. 실제로 로열티 지급 절차는 간소화되었다. 각 계약자와 게임 출시자가 자신의 '주소'를 갖게 되어, 판매가 이루어질 때마다 스마트 계약은 자동으로 이 주소 간에 돈을 옮기기 시작했다.[42]

그 결과 엑스박스는 로열티 지불 시간을 45일에서 분 단위로 단축했고, 게임 출시자는 실시간으로 상황을 확인하고 계약을 그때그때 조정할 수 있었다. 엑스박스의 회계팀 또한 작업량을 70%가량 줄일 수 있게 되어 새로운 게임 출시자를 수용하는 데 필요한 시간을 며칠에서 15분으로 단축했다.[43] 요컨대 이 블록체인 솔루션은 엑스박스, 게임 출시자 그리고 계약 자체 모두에게 이롭게 작용했다.

클라우드 블록체인과 빅데이터

하지만 엑스박스는 전체 블록체인을 자체적으로 구축하진 않았다. 자체 노드를 구성하지 않았고, 블록체인을 저장할 서버를 설치하지 않았고, 필요한 모든 코드를 작성하지 않았다. 대신 이들은 마이크로소프트의 클라우드 컴퓨팅 서비스인 '애저'로 눈을 돌려 애저의 서비스형 블록체인Blockchain as a Service, BaaS를 사용했다.[44] 엑스박스는 애저의 미리 구축된 블록체인 코드를 사용했고, 애저의 슈퍼컴퓨터에 블록체인을 저장했으며, 애저의 보안 기능과 신뢰성을 활용했다. 이렇게 엑스박스는 블록체인 운영으로 드는 간접비와 유지보수 문제를 피할 수 있었다. 이미 있는 것을 다시 만드느라 시간을 낭비할 필요 없이 말이다!

더구나 모든 데이터를 하나의 블록체인에 저장하면 데이터는 하나의 구조화된 형식이 될 수 있다. 예전에는 정보가 무수히 많은 서류와 문서에 흩어져 있어 분석이 거의 불가능했고, 데이터를 찾고 정리하는 데만 오랜 시간이 걸렸다(세 개의 다른 엑셀 시트 사이에서 데이터를 상호 참조해본 경험이 있다면 모든 데이터를 같은 형식으로 두는 것이 얼마나 편리한지 잘 알 것이다). 이제 데이터가 단일 형식이 되었으므로, 게임 출시자는 데이터 분석 도구와 시각화 소프트웨어로 쉽게 데이터를 불러와 음악 결제대금이 시간에 따라 어떻게 증가했는지, 어디서 비용을 절감할 수 있는지 등을 확인할 수 있다.[45] 또한 이와 같은 구조화된 데이터를 많이 보유하고 있으면 기계 학습machine learning이 훨씬 쉬워져 상황을 보는 능력도 더 좋아질 수 있다.[46]

보다시피 블록체인 기술은 클라우드 컴퓨팅, 빅데이터, 기계 학습과 같은 다른 첨단 기술들과 놀라울 만큼 많은 부분이 겹친다. 이는 우연이 아니다. 이러한 각각의 기술은 다른 기술들을 기반으로 하며, 함께 사용될 때 가장 좋은 상승효과가 나타난다.

전용 블록체인의 주인은 누구인가

그런데 이처럼 전용 블록체인으로 성공을 거둔 사례들을 한 걸음 물러나 좀 더 넓은 시각에서 보면 한 가지 놀라운 사실이 드러난다. 전용 블록체인을 통해 큰 성공을 거둔 조직들은 소규모의 스타트업이 아니라 월마트, IBM, 마이크로소프트, 주식 거래소와 같은 거대 조직이다. 만일 소규모의 식료품점이나 스타트업이 자신들의 공급망에 블록체인을 적용하겠다고 발표하면 아무도 눈 하나 깜짝하지 않겠지만, 같은 발표라도 월마트가 하면 세계인이 주목한다.

이는 암호화 업계가 스타트업과 기존 집단의 붕괴를 얼마나 강조하는지를 생각하면 특히 이상하게 느껴진다. 왜 움직임이 느린 기존의 큰 집단들이 전용 블록체인과 같은 '파괴적disruptive' 기술로 그처럼 많은 이득을 얻는 걸까?

우리는 그 이유가 전용 블록체인을 구현하는 것은 실제로 기술적 과제가 아닌 사회적 과제이기 때문이라고 생각한다. 월마트, ASX, 엑스박스가 사용하는 블록체인은 비트코인이나 이더리움보다 훨씬 덜 복잡하며, 애저와 같은 클라우드 블록체인 서비스를 이용하면 사전 지식이 거의 없어도 쉽게 블록체인을 구현할 수 있다. 블록체인을 구축하는 것은 쉬운 부분이었다. 우리가 살펴본 세 가지 사례에서 어려운 부분은 사람이었다. 월마트는 모든 공급업자가 테스트해본 적 없는 새로운 기술을 도입하도록 해야 했고, ASX는 새로운 시스템으로 바꿀 때 법률 준수를 유지하고 거래자들을 진정시켜야 했으며, 엑스박스는 모든 게임 출시자와 회계 담당자에게 블록체인 기반 도구에 관해 가르쳐야 했다.

대기업은 새로운 기술을 받아들이는 속도는 느리지만, 이처럼 사람들에 관한 문제를 다루는 데 아주 능숙하다. 이들은 많은 사람이 행동을 바꾸게끔 하는 것을 스타트업보다 훨씬 잘한다. 월마트는 공급업자가 블록체인상에서 농산물을 추적하도록 강제할 수 있지만, 작은 신생 식료품점은 아마 그렇게 할 수 없을 것이다. 대기업은 ASX의 경우처럼 규정을 확실히 준수할 수 있도록 충분한 변호사를 확보하고 있지만, 스타트업은 보통 이들을 따라가지 못한다.[47] 게다가 대기업은 새로운 기술을 채택해도 초기 비용을 상쇄할 수 있을 만큼 충분히 광범위한 규모로 그 기술들을 사용할 수 있다. 예를 들어 블록체인에 기반한 로열티 지급 솔루션을 도입한다고 했을 때,

엑스박스는 스타트업보다 훨씬 더 높은 효율을 올릴 수 있다.

스타트업은 더 나은 블록체인 기술을 갖고 있을 수 있지만, 대부분의 전용 블록체인 프로젝트에서 중요한 것은 기술이 아니다. 중요한 것은 기술이 채택되도록 하고, 사람들이 변화를 편하게 받아들일 수 있게 하고, 앞으로 발생할 모든 법적, 재정적 어려움을 해결하는 것이다. 이 장에서 살펴본 것처럼, 전용 블록체인은 기성 선수들이 우위를 점하는 구역이다.

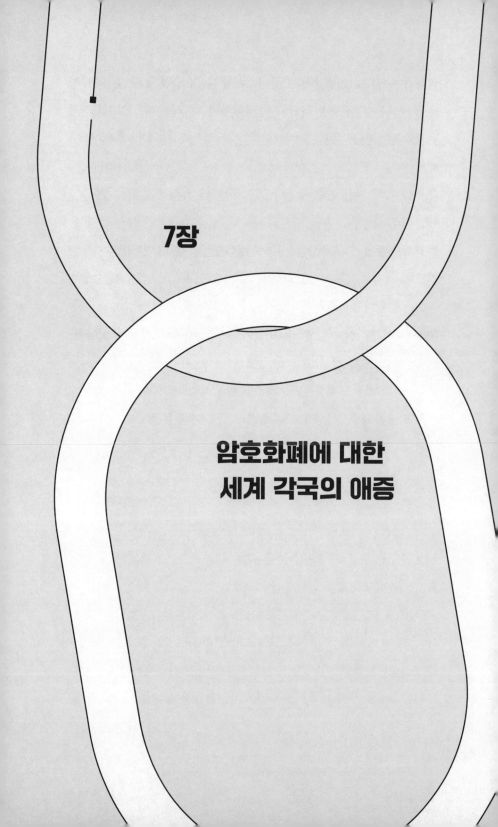

7장

**암호화폐에 대한
세계 각국의 애증**

비트코인 화폐가 화폐에서 현금으로 바뀔 때, 그 접점interface은 어느 정도 규제력을 지닌 보호 장치 아래 있어야 한다. 나는 비트코인 세계의 알고리즘이 정부의 기능을 대체한다는 사실이 (…) 실제로 꽤 멋지다고 생각한다.

앨 고어Al Gore, 전 미국 부통령[1]

놀랍게도 불법 행위와 사기, 정부에 대한 불신과 크게 연관된 기술들이 신뢰할 수 있는 블록체인으로 가는 길은 통치governance와 규제, 법률을 통하는 것이다.

케빈 베르바흐Kevin Werbach, 『블록체인과 새로운 신뢰 아키텍처The Blockchain and the New Architecture of Trust』 저자 [2]

일찍이 암호화폐에 사람들이 크게 끌린 이유 중의 하나는 규제가 전혀 없다는 것이었다. 사람들은 어느 정도의 익명성을 유지하고, 세금을 피하고,[3] 서류를 제출할 필요 없이 투자하고,[4] 불필요한 요식을 거치지 않고 어느 곳이든 돈을 보낼 수 있었다.[5]

하지만 그것은 암호화폐가 규제 범위를 벗어나 있기 때문이 아니었다(사실, 암호화폐는 규제가 심한 금융 업계에 영향을 미치기 때문에 주요한 규제 대상이다[6]). 암호화폐는 몇 년 동안 암암리에 운영되다가 대중의 눈에 어느 순간 들어오게 된 것뿐이었고, 당시 입법자들은 무방비 상태였다. 하지만 시간이 지남에 따라 이제 입법자들은 이러한 빠른 기술 발전이 시사하는 바를 이해할 수 있게 되어, 암호화폐를 둘러싼 정책을 만들고 강제하기 시작했다.[7]

암호화폐 사용을 금지한 나라들

의도적으로 암호화폐는 정부가 금융 시스템에 세심하게 마련해 둔 여러 규제를 무시한다. 신용카드, 수표, 주식, 부동산 매입 등 돈을 보유하고 옮기는 전통적 방법들은 항상 거래를 할 때 당사자의 이름을 표기한다. 하지만 암호화폐는 그렇지 않다.

이는 돈세탁을 훨씬 쉽게 만든다. 돈세탁을 하려면 대개 껍데기뿐인 회사들로 이루어진 긴 연결 고리를 만들거나[8] 대규모 부동산 매입과 같은 복잡한 작업을 해야 하지만,[9] 암호화폐를 이용하면 신분 확인을 요구하지 않는 거래소를 찾는 것만큼이나 돈세탁이 쉽다. 단지 '더러운dirty' 돈으로 코인을 산 다음, 그러니까 그 돈을 몇 가지 다른 암호화폐들로 바꾼 다음, 다시 '깨끗한clean' 돈으로 현금화하면 된다. 또 앞서 언급한 '텀블러'를 이용해 돈을 보낼 수도 있다. 텀블러는 사용자의 코인과 다른 사람의 코인을 섞어 임의의 코인을 내놓음으로써 돈의 이력을 추적하기 어렵게 만든다.[10]

암호화폐를 이용하면 거래에 이름이 붙지 않기 때문에 탈세가 쉬워지고[11] 거래 추적이 훨씬 어려워진다. 그래서 사이버 범죄자들은 암호화폐로 돈을 요구하고[12] 불법 마약 거래를 한다.[13]

이러한 규제 문제에 대한 가장 간단한 해결책은 암호화폐를 전면 금지하는 것으로, 많은 나라가 정확히 그렇게 해왔다. 2010년대 중반 러시아,[14] 태국,[15] 베트남,[16] 에콰도르,[17] 볼리비아,[18] 방글라데시,[19] 키르기스스탄[20]은 비트코인이 자금 세탁,[21] 마약 밀매, 탈세[22]에 빈번히 사용되는 점에 주목하고 암호화폐의 사용을 전면 금지했다. 대만은 범죄자들이 홍콩의 한 재벌을 납치한 뒤 비트코인으로 수백만 달러를 요구했던 사건 이후 비트코인을 금지했다.[23]

그렇지만 이러한 반사적 대응에는 부정적 면이 따른다. 암호화폐는 적법하게 사용될 수 있는 방법이 많고, 적절하게 활용만 되면 경제에 도움이 될 수 있다. 그래서 보다 큰 나라들은 좀 더 섬세한 접근 방식을 취한다. 미국은 일반적인 접근 방식은 암호화폐를 다른 가치 저장소(달러, 부동산, 주식, 자동차 등)와 다를 바 없이 취급하고 같은 종류의 규제를 적용하는 것이었다.[24]

중국의 비트코인 드라마

중국이 흥미로운 연구 대상인 이유는 그들이 암호화폐와 애증의 관계를 갖고 있는 것처럼 보이기 때문이다. 이 책 전반에서 이야기 했듯이 중국은 비트코인 세계에서 막대한 영향력을 행사한다. 이 글을 쓰는 시점에서 중국은 비트코인의 80%를 채굴하고,[25] 가장 크고 영향력 있는 채굴 풀 중 일부를 보유하고 있으며,[26] 가장 인기 있는 ASIC 채굴기를 대량 생산한다.[27]

하지만 그와 동시에 중국은 비트코인 생태계의 많은 부분에 강력한 금지 조치를 취해왔다. 2013년 중국은 은행과 같은 금융기관들의 비트코인 취급을 금지했지만, 민간인은 사실상 여전히 비트코인을 사용할 수 있었다.[28] 그리고 2017년에는 암호화폐 거래소를 폐지했으나,[29] 사람들은 가상 사설망(Virtual Private Network, VPN)을 이용해 대신 일본이나 홍콩에 거점을 둔 거래소에 접속하기 시작했다.[30]

이어서 2018년, 중국은 정확한 일정은 밝히지 않았지만 정부 대책 위원회에 채굴 작업의 '셧다운을 유도guide the shutdown'하도록 지시하는 등 강한 압박을 가했다.[31] 그리고 같은 해, 외국 거래소를 통

한 거래를 비롯해 모든 국민의 암호화폐 거래를 금지했다.[32]

비트코인에 대한 중국의 접근 방식은 정말로 희한하다. 중국은 비트코인 세계를 지배해 큰 이득을 얻으면서도 한편으로는 그 세계를 폐쇄하고 싶어 한다.[33] 어떤 사람들은 그 이유가 중국이 자체 암호화폐 개발을 원하기 때문이라고 생각한다. 이 가상의 중국 암호화폐에 가장 큰 걸림돌이 될 비트코인을 무너뜨리면서 전반적으로는 암호화폐 계crypto space를 키우고 싶어 한다는 것이다.[34]

규제의 어려움

정부의 매우 강력한 규제에도 불구하고 중국에서 비트코인이 여전히 번성하고 있다는 사실은 암호화폐를 규제하는 것이 얼마나 어려운지를 잘 보여준다.

암호화폐 사용자들은 대개 규제기관보다 기술에 능통하다. 거래자와 채굴자들은 규제가 덜한 곳으로 쉽게 옮겨갈 수 있기 때문에 개별 국가의 단속 시도가 항상 통하는 것은 아니다. 2018년 미국이 암호화폐 스타트업에 대한 단속을 시작한 이후, 많은 관련 스타트업이 암호화폐에 훨씬 더 우호적인 규제 환경을 갖춘 스위스로의 이전을 고려했다.[35]

중국은 채굴자들을 못마땅해 했지만, 전기료가 싸고 채굴을 통해 경제적 부양이 필요했던 퀘백 북부[36]나 몽골[37]과 같은 지역은 채굴자들에게 좀 더 친절한 태도를 보였다.

우리 생각에 일방적인 암호화폐 규제는 채굴자들의 활동 장소를 다른 나라들로 이동시킬 뿐이다. 의미 있는 변화는 각 나라가 손을 잡고 다국적 합의를 거쳐 암호화폐를 단속할 때에야 가능할 것이다.

베네수엘라의 국영 암호화폐
사용에서 얻은 교훈

베네수엘라는 2018년 한 해에만 6만 퍼센트가 넘는 물가 상승률[38]을 기록하며 한창 정치적, 경제적 위기를 맞고 있었다. 매달 물가가 두 배 이상 올라 저축액은 의미가 없어졌고 사업체들도 파산했다. 빵 한 덩어리 가격은 1월 1일보다 12월 31일에 6000배 더 비쌌다. 동시에 니콜라스 마두로 대통령의 독재 정권이 국제 사회의 제재로 타격을 받으면서[39] 베네수엘라가 그 구멍을 빠져나오기는 더욱 어려워졌다.

2017년 12월 마두로는 베네수엘라의 석유와 광물 자원을 기반으로 페트로Petro라는 암호화폐를 만들겠다고 발표했다.[40] 그는 1페트로를 석유 1배럴의 가치로 고정하고 베네수엘라 외곽에 있는 아야쿠초Ayacucho 지역의 석유 자원을 그 담보로 하겠다고 약속했다.[41]

2018년 8월 본격적인 행보에 나선 마두로는 기존 화폐로 10만 볼리바르(베네수엘라의 화폐 단위-옮긴이)의 가치를 지닌 '소버린 볼리바르Sovereign Bolivar'라는 새 종이 화폐를 발표했다. 마두로에 따르면, 소버린 볼리바르 역시 페트로와 연동될 것이며 1페트로는 새 화폐 기준 3600볼리바르로 책정될 것이었다.[42]

완전한 사기

문제는 페트로가 완전한 사기라는 것이다. 우선 1페트로를 석유 1배럴과 교환할 수 없다는 점에서 페트로는 사실상 석유로 담보되지 않는다. 베네수엘라 국민은 유가로 결정되는 환율에 따라 페트로로 세금을 낼 수는 있을 것이다[43](베네수엘라가 페트로 토큰을 60% 할인된 가격에 사전 판매하는 계획을 세웠다는 점을 생각하면, 페트로가 정말 유가로 고정이나 될 수 있을지 의문이 들기 시작한다[44]). 이른바 페트로를 담보하는 석유 자원이 매장되어 있다는 아야쿠초 지역은 석유 관련 활동이 전혀 이루어지지 않고 있으며, 이 지역의 석유 굴착 장치는 모두 노화되어 버려져 있다.[45]

심지어 페트로는 제대로 기능하는 화폐도 아니다. 페트로는 한 번도 사용된 적이 없고, 주요 암호화폐 거래소도 페트로를 취급하지 않으며, 이를 받는 상점도 없다.[48] 페트로가 존재한다는 유일한 실낱같은 증거는 마두로가 전에 약속했던 개수와 같은, 즉 1억 개가 발행되었다는 '페트로Petro'라는 이더리움 기반의 토큰뿐이다. 하지만 이 토큰을 거래했다는 사람은 아무도 없으며, 이 토큰이 마두로가 언급한 것과 같은 페트로인지도 확실하지 않다.[49]

페트로는 사전 판매 때부터 이미 의심스러웠다. 화폐 백서에는 세부적인 내용이 담겨 있지 않았고 일관성도 없었다. 어떤 블록체인을 사용할지 이야기가 계속 바뀌었다. 어느 날은 페트로가 이더리움을 기반으로 ERC-20 토큰을 사용할 것이라 했고, 또 어느 날은 경쟁 플랫폼인 넴NEM 플랫폼을 사용할 것이라 했다.[50] 마두로는 페트로 사전 판매로 수십억 달러를 조달했다고 말했지만, 경제학 교수인 스아야쿠초는 여기 표시된 것처럼 베네수엘라의 오리노코Orinoco 산유 지역에 있다. 마두로는 여기 있는 석유가 페트로를 담보할 것이라고 주장하지만, 이곳은 버려진 상태다.
출처: 에너지 컨설팅 그룹Energy Consulting Group[46] 및 스크리블 맵Scribble Maps[47]

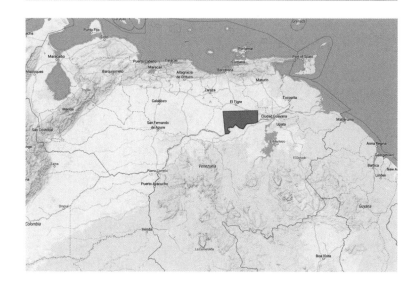

티브 행크Steve Hanke는 그러한 주장이 터무니없으며 검증된 적도 없다고 말한다.[51]

마지막으로 페트로는 끔찍한 투자 수단이다. 외국인은 페트로를 가지고 아무것도 할 수 없으며,[52] 베네수엘라 정부는 통화 가치를 절하하고 임의로 환율을 결정한 역사가 있다.[53]

제재를 회피한 이유

그렇다면 왜 마두로는 이처럼 명백히 사기성이 짙은 암호화폐를 내놓은 것일까? 이는 대체로 미국 주도의 제재를 우회하기 위한 방법일 가능성이 컸다. 페트로가 발표되었을 때 베네수엘라는 1400억 달러에 이르는 부채를 안고 있었지만,[54] 제재 때문에 외국인의 투자를 합법적으로 받을 수가 없었다.[55] 마두로는 암호화폐의 불추적성 untraceability을 이용하면 사람들이 제재 국가를 피해 베네수엘라에 돈을 투자할 수 있다는 것을 알았을 것이다. 마두로는 페트로를 통해 60억 달러를 조달하려고 했고,[56] 이는 부족하지만 국가 부채에 적지 않은 영향을 미쳤을 돈이었다.

물론 자금 조달은 실패로 돌아갔다. 《워싱턴포스트Washington Post》의 표현대로 "그것은 카라카스Caracas(베네수엘라의 수도-옮긴이)가 자신들보다 더 무지한 사람들로부터 자금을 조달하면서 제재를 회피하려는 방편일 뿐이었다."[57]

이 이야기가 주는 교훈은 암호화폐가 세계 각국 정부에 서로 다른 결과를 가져다줄 수 있다는 것이다. 암호화폐는 국가의 금융법을 어길 수도 있지만, 다른 나라들이 국제 금융법을 우회하도록 도울 수도 있다. 실제로 러시아, 터키, 이란 등 제재를 받는 다른 나라들 역시 국가가 발행한 암호화폐를 통해 자금을 조달할 방법을 검토해왔다.[58]

독자적으로 행동하는 정부가 암호화폐를 사용해 국제법과 조약을 피해 갈 수 있다는 것은 골치 아픈 문제다.[59] 다시 말하지만, 이러한 능력은 암호화폐가 가진 특성 때문에 가능하다. 암호화폐를 이용하면 누구나 쉽게 어디로든 돈을 보낼 수 있고, 고의로 거래 추적을 어렵게 할 수 있다. 이는 합법적인 송금을 편리하게 해주는 것은 물론, 제재 회피와 같은 불법적인 자금 이동에도 도움이 된다. 누구나 새로운 암호화폐를 만들 수 있으므로 국제 입법자들이 공격할 수 있는 하나의 암호화폐라는 것은 없다. 대신, 불법 행위를 막고 싶다면 국제 관리 기구들이 적극적으로 모든 암호화폐를 규제해야 한다.

ICO와 사기

새로운 회사는 큰돈을 조달하고자 할 때 기업공개, 즉 IPO를 통해 대중에게 주식 일부를 팔기 시작한다.[60] 주식을 소유하면 소유주는 회사 이익의 일부와 (때로) 의결권을 갖게 된다. 회사가 성장하면 할수록 이익에 대한 요구와 그에 따른 주가가 상승한다. 따라서 IPO를 통해 주식을 사는 것은 회사가 성장하고, 주가가 오르고, 이익을 얻을 것이라는 데 베팅하는 것과 같다.[61]

하지만 기업공개를 하기까지 거쳐야 하는 과정은 이루 말할 수 없을 정도로 힘들다. 이 과정에는 수년간의 서류 작업, 규제 및 감사 기관의 강도 높은 조사, 잠재적 투자자들을 대상으로 수없이 진행해야 하는 투자 설득이 포함된다.[62] 요즘의 기술 스타트업들은 점점 더 오랜 시간이 지나도 기업공개를 하지 않는데,[63] 이는 스타트업이 고성장을 거두는 초기 시절의 대부분 동안 오로지 벤처 투자가들만이 투자할 수 있음을 뜻한다(평범한 투자자들은 IPO가 열리고 나면 투자할 수 있지만, 그 시점에 이미 회사의 성장은 더뎌진 상태다).[64]

암호화폐 계도 IPO와 유사한 암호화폐공개, 즉 ICO라는 것을 만들었다. ICO는 블록체인 또는 암호화폐 기반 스타트업이 초기에 암호화 토큰을 판매할 수 있는 장을 제공한다. 이를 통해 스타트업은 자금을 조달하고 투자자들은 스타트업의 성공에 베팅하는 것이다.[65] 다시 말해 ICO는 토큰을 통해 암호화폐 스타트업에 자금을 조달하고, IPO는 주식을 통해 기존 스타트업에 자금을 조달한다.

보안과 유틸리티

ICO에는 크게 보안 토큰security token을 제공하는 ICO와 유틸리티 토큰utility token을 제공하는 ICO가 있다.[66] 보안 토큰은 주식과 거의 비슷하게 작동한다. 스타트업이 (블록체인에 기록되는) 이 토큰을 사용자에게 넘겨주면 사용자는 투표권과 이따금 회사 이익의 일부를 갖게 된다. 주식과 마찬가지로, 투자자들이 회사가 성장할 것으로 생각하면 보안 토큰에 대한 수요와 가격은 상승한다.[67]

유틸리티 토큰은 조금 다르다. 사용자는 스타트업의 서비스 비용을 지불하는 데 사용되는 토큰을 사게 된다(만약 해당 스타트업이 자체 암호화폐를 제공한다면 토큰 대신 암호화폐를 팔 것이다). 예를 들어 파일코인(앞서 설명한 탈중앙화된 파일 저장 서비스)은 ICO에서 다른 사용자의 저장 공간을 빌릴 때 사용되는[68] '파일코인FIL'을 내놓았다.[69] 그리고 이더리움은 ICO에서 댑을 운영할 때 사용되는 이더(ETH 코인)를 판매했다.[70] 서비스가 인기를 끌면 토큰이나 코인에 대한 수요가 증가하고 그에 따라 가격도 상승한다. 따라서 ICO를 통해 유틸리티 토큰을 산다는 것은 그 서비스가 더욱 인기를 끌 것이라는 데 베팅하는 것이다. 또 유틸리티 토큰을 보다 저렴한 가격에 선구매해서 좋은 점은 해당 서비스를 자주 사용할 경우 비용이 절약될 수 있다는 것이다.[71]

예를 들어 특정한 유형의 게임 토큰만 들어가는 풍선껌 기계가 있는데, 그 토큰이 한정된 수량만 있다고 가정해보자. 풍선껌 기계가 인기를 끌면, 토큰의 가격은 점점 더 많은 사람이 원하게 되면서 상승할 것이다. 여러분이 초기에 토큰 한 묶음을 토큰당 25센트에 샀는데, 토큰 가격이 결국 1달러까지 올랐다면, 운이 아주 좋았다고 할 수 있다. 여러분은 그 토큰들을 75센트씩 이득을 보고 팔 수도 있고, 또는 그 토큰들로 75센트씩 싸게 풍선껌을 살 수도 있다.

이 예에서 우리는 풍선껌 기계를 자주 사용하고 싶다거나 아니면 단순히 수익만을 바라고 투자하고 싶은 경우, 일찍부터 풍선껌 토큰을 구입한다(ICO와 동일). 이는 유틸리티 토큰의 가격이 서비스 자체의 가치와 회사의 성공 여부에 대한 투자자들의 의견, 이 두 가지 요인에 의해 결정됨을 의미한다.[72] 두 번째 결정 요인은 보안 토큰의 경우에도 적용된다. 이는 나중에 '적법인 약인legal consideration'(한쪽의 약속에 대해 다른 한쪽이 얻게 되는 이익. 즉 계약 당사자가 계약을 체결하게 하는 동기나 유인을 말한다. 영미법에서는 이 약인이 있어야 계약이 성립한다-옮긴이)에 중요하므로 잘 기억하자.

보통 유틸리티 토큰이 보안 토큰보다 더 일반적이긴 한데, 두 가지 유형의 ICO 모두 스타트업의 성공에 도움이 될 수 있다.[73] 그 이유는 아마도 ICO가 암호화폐 스타트업에 토큰이나 코인의 가격을 올릴 수 있는 두 가지 방법(서비스를 개선하거나 투자자들 사이에서 화제를 모으는 것)을 제공하기 때문일 것이다.

ICO를 시작하는 것은 놀라울 정도로 쉽다. 필요한 것은 스타트업 아이디어를 설명하는 백서[74]와 약간의 화제뿐이다. 여기에는 규제가 없으며, 누구나 어디서든 토큰을 구매함으로써 스타트업의 아이디어를 지지할 수 있다. ICO는 보안 토큰을 제공하든 유틸리티 토큰을 제공하든 보다 저렴하고, 빠르고,[75] 불필요한 요식 없이 자금을 조달할 수 있는 방법을 제공한다.[76]

또한 ICO는 일반 투자자들이 스타트업의 초기에 투자할 수 있게 함으로써 킥스타터Kickstarter(미국의 대표적인 크라우드펀딩 서비스로, 후원자로부터 필요한 프로젝트 자금을 조달한다-옮긴이) 프로젝트들처럼 투자를 개방적이고 접근하기 쉬운 것으로 만든다.[77] 이를 전통적 기업들과 비교해 생각해보라. 일반 투자자들은 IPO 이후에나 이 기업들에 투자할 수 있다.

하지만 누구나 쉽게 ICO를 시작할 수 있다는 것은 파멸의 원인이 되기도 한다. 광범위한 관리와 감독이 없으면, 그만큼 사기꾼들이 미쳐 날뛰기도 쉬워지기 때문이다. 조사에 따르면 지금까지 있었던 ICO 중에서 80%가 사기인 것으로 추정되며,[78] 2016년부터 2018년까지 ICO 사기꾼들이 평범한 투자자들로부터 가로챈 금액은 거의 1억 달러에 달한다.[79]

ICO에 투자할 때 우리가 보통 검토하는 것은 거의 백서뿐이다. 투자자는 해당 기업이 백서에 명시한 약속을 지킬 것이라 믿으며, 또 그래야만 투자자가 산 토큰도 가치를 갖게 될 것이다. 하지만 기업들은 약속을 지키지 못할 때가 많다. 더 나쁜 것은 사기 업체가

ICO로 돈만 챙긴 채 제품은 만들지도 않고 내빼는 것을 막을 방법이 없다는 것이다. 이러한 사기를 우리는 투자 회수 사기exit scam라고 부르는데,[80] 이는 기업이 백서를 바탕으로 자금만 모은 채, 실제 제품은 만들지도 않고 사라져버리는 것을 말한다.

지금까지 투자 회수 사기로 드러난 ICO는 수백 개가 넘는다.[81] 그 중 악명 높은 하나는 루프엑스LoopX라는 암호화폐 투자 스타트업이 벌인 사기극이었는데, 그들은 투자자들에게 '매주 이익을 보장'한다(음, 그렇다)는 막연한 '투자 플랫폼'을 내세웠다. 루프엑스는 ICO를 통해 450만 달러를 모금했지만, 2018년 2월에 돌연 자취를 감추고 말았다. 인터넷에서 회사의 웹사이트와 소셜 미디어가 모두 사라졌다.[82] 450만 달러짜리 이 사기 행각은 2018년에 벌어진 주요 ICO 사기 중에서 다섯 번째에 해당했는데, 때는 겨우 2월이었다![83]

심지어 기존의 암호화폐 스타트업들도 사용자에게서 돈을 받아 회사를 운영할 수 있으며, 이를 두고 뭐라 할 수 있는 사람은 아무도 없다. 이를 이용해 사기를 친 가장 유명한 암호화폐 스타트업은 비트커넥트BitConnect였다. 비트커넥트는 투자자들에게 매일 1%의 수익을 약속하고 매달 40%의 총수익을 보장하는 투자 플랫폼이었다. 즉 오늘 1000달러를 투자하면 3년 안에 그 돈은 5000만 달러로 불어나게 되어 있었다.[84]

이 비즈니스 모델은 곧바로 의심을 샀지만,[85] 비트커넥트가 2016년 ICO에 등장한 이후 시가 총액 26억 달러에 이르는 것을 막진 못했다. 2017년 내내 이 회사는 투자자들에게 가져다준 '이득'을 과시하며 공격적인 마케팅을 펼쳤다. 하지만 비트커넥트는 실제로 투자한 것이 없었다. 투자자들이 얻은 '수익'은 단순히 새로운 투자자들이 집어넣은 돈일 뿐이었다!(이는 전형적인 피라미드식 사기 수법이다.)[86]

2018년 1월 비트커넥트는 흔적도 남기지 않고 별안간 문을 닫았다. 비트커넥트가 만든 비트커넥트 암호화폐의 가치는 96% 급락했다. 많은 투자자가 평생 번 돈을 비트커넥트에 투자했지만, 모두 망하고 말았다.[87] 한편, 비트커넥트 소유주들은 회사 문을 닫기 직전에 갖고 있던 모든 코인을 팔아 엄청난 돈을 챙긴 다음, 바로 사라져버렸다.[88]

비트커넥트가 기존의 보통 회사였다면 결코 IPO를 통과하지 못했을 것이다. 규제 및 감사 기관들이 회사가 가진 모든 사기의 흔적을 발견했을 것이기 때문이다. 하지만 문지기가 없었고, 비트커넥트는 번창할 수 있었다.

또한 ICO를 둘러싼 규제의 부재는 보다 전통적인 범죄자들이 법망을 피해 돈을 버는 것을 가능케 한다. 2018년 완 콕코이尹國駒라는 악명 높은 마카오 조폭은 'HB' 코인을 내세워 ICO를 시작했다. 그리고 포커 대회에서 이 코인을 상으로 수여하겠다고 말했다. 불법 도박과 고리 대금업으로 14년을 복역한 완은[89] ICO가 시작되고 5분 만에 7억 5000만 달러가 넘는 금액을 끌어모았다.[90](이는 페트로의 사례와 약간 비슷하다. 합법적인 기관을 통해 돈을 빌릴 수 없는 사람이 의심스럽지만 새로운 암호화폐로 어쨌든 자금을 조달할 수 있게 된 것이다.)

요컨대 ICO는 문지기를 모두 없앰으로써 더 빠르고 쉬운 혁신을 가능하게 만들지만 그에 따라 사기꾼과 범죄자도 허용하게 된다는 악명 높은 마카오 조폭 완 콕코이, 미심쩍은 암호화폐를 론칭하고 5분 만에 7억 5000만 달러를 모았다. 출처: 클라이미티어 인베스팅Climateer Investing[91]

전형적인 암호화폐 문제를 안고 있다. ICO는 자금을 조달하는 흥미
롭고 새로운 방법이지만, 사기꾼이 우위를 점하고 있다는 생각은 떨
칠 수가 없다.

ICO 규제

ICO가 그토록 오랫동안 철저한 조사를 피할 수 있었던 이유는 암
호화폐와 토큰이 증권securities으로 취급되지 않았기 때문이다. 미

국의 증권거래위원회(Securities and Exchange Commission, SEC)는 증권 판매를 엄격히 규제한다. 주식은 증권으로 분류되기 때문에 IPO는 SEC로부터 많은 규제를 받는다.[92]

ICO와 관련해 충격적일 만큼 많이 벌어지는 사기와 범죄 행위 때문에 이제 그들이 더는 규제를 피할 수 없게 되었다. 하지만 이들을 규제할 법적 근거가 있을까?

증권

ICO 규제와 관련해 가장 중요한 질문은 이것이다. 토큰과 암호화폐는 증권인가? 그렇다면 ICO는 IPO처럼 규제될 수 있고 규제되어야 한다.[93]

SEC는 어떤 자산이 증권인지 확인하고 싶을 때 하위 테스트Howey test라는 오랜 역사를 가진 테스트를 시행한다. 이 테스트는 만약 '어떤 사람이 공동 기업에 투자한 뒤 오로지 발기인이나 제삼자의 노력에 의한 수익을 기대하는 경우' 그 투자는 증권에 해당한다고 규정한다.[94]

기본적으로 여러분이 어떤 회사의 성과로 이익을 얻길 바라며 그 회사에 투자하고 있다면, 여러분은 주식을 산 것이다.[95] 주식의 정의에 따라, 주식은 분명히 증권에 해당한다.

그렇다면 ICO는 어떨까? ICO는 보안 토큰과 유틸리티 토큰이라는 두 가지 유형의 토큰 중 하나를 판다는 사실을 기억하자. '보안 토큰security token'은 분명히 '증권securities'이다. 이름에서도 볼 수 있듯이 말이다. 보안 토큰은 주식처럼 작동하기 때문에(사용자는 회사가 성장하면 가치가 높아지는 코인이나 토큰을 산다) 분명히 주식처럼 규제될 수 있다.

유틸리티 토큰은 좀 더 복잡하다. 유틸리티 토큰을 사는 데는 크게 두 가지 목적이 있다는 사실을 상기하자. 하나는 요금이 더 비싸지기 전에 미리 결제를 진행한 뒤 서비스를 이용하기 위해서이고, 다른 하나는 서비스가 인기를 끌면 갖고 있던 토큰을 팔아 이득을 보기 위해서이다. 첫 번째 경우, 유틸리티 토큰은 증권이 아니다. 이때 사용자는 수익을 기대하기보다 그저 돈을 절약하고 싶을 뿐이기 때문이다. 두 번째 경우, 유틸리티 토큰은 보안 토큰이나 주식처럼 작동한다. 사용자가 회사의 성장으로 이득을 볼 수 있길 바라며 회사에 투자하기 때문이다.

그렇다면 법적으로 유틸리티 토큰은 어느 쪽에 속할까? 블록체인 전문 변호사 마르코 산토리Marco Santori는 선 판매pre-sale되는 유틸리티 토큰은 (IPO에서 사는 주식이 투자 수단인 것처럼) 주로 투자 수단으로 사용되기 때문에 증권에 해당한다고 말했다. 하지만 그는 유틸리티 토큰은 일단 출시가 되면 투자 수단이 아닌 주로 서비스를 이용하는 데 쓰이기 때문에 증권에 해당하지 않는다고 주장했다.[96] 하지만 우리는 사람들이 출시 후에도 여전히 유틸리티 토큰을 투자 수단으로 사용한다고 생각한다. 예를 들어 이더는 이더리움 댑을 운영할 때 쓰이므로 유틸리티 토큰이고, 몇 년간 그렇게 쓰여왔지만, 사람들은 여전히 이더를 투자와 투기 수단으로도 사용한다.[97]

따라서 우리는 두 가지 유형의 ICO 토큰이 모두 증권이라고 생각한다. 사람들은 이들을 언제까지든 투자 수단으로 사용할 것이기 때문이다. 그러므로 이들은 주식처럼 규제되어야 한다.

SEC의 단속

SEC도 이와 비슷한 결론을 내리고 2017년에 ICO 토큰이 증권에 해당하며 규제를 받기 시작할 것이라고 발표했다.[98] ICO는 미국에서 금지될 것이었고, 암호화폐 스타트업은 미국 투자자들을 유치하고 싶으면 증권형토큰공개Security Token Offering, STO를 통해야 했다. STO는 ICO와 비슷하지만 IPO와 비슷한 규제를 받았다.[99] 좀 더 일반적으로 말해, 암호화폐가 주식과 비슷하게 규제되는 것이었다.[100]

이는 ICO를 규제받지 않고 자금을 조달할 수 있는 방법으로 쓰기 좋아했던 스타트업들에게 나쁜 소식이었다.[101] 그들에게는 두 가지 안이 있었다. 하나는 ICO를 유지하되 미국인들의 참여를 금하는 것이었고, 다른 하나는 법적 규제를 받는 STO를 통하는 것이었다. 많은 스타트업이 그나마 덜 들볶일 수 있는 첫 번째 안을 택했다.[102]

암호화폐 스타트업은 다음과 같은 몇 가지 방법을 통해 STO 승인을 받을 수 있다.[103]

- SEC에 정식으로 해당 토큰을 등록한다. 이를 위해서는 IPO와 거의 같은 수준으로 철저한 검토가 필요하기 때문에, 과정 자체가 매우 어렵고 비용도 많이 든다. ICO를 준비하는 암호화폐 스타트업은 보통 IPO를 준비하는 일반 스타트업보다 훨씬 작기 때문에 대부분의 암호화폐 스타트업에게 이는 엄두도 낼 수 없는 선택지이다. STO를 통하고자 하는 대부분의 암호화폐 스타

트업은 SEC에 등록할 필요 없이 합법적으로 STO를 시작할 수 있는 면제 규정exemption을 찾는다.[104]

- D규정Regulation D 506(c)조(줄여서 D규정Reg D)을 이용한다. D규정은 공인된 투자자accredited investors에게만 판매할 경우 SEC에 신고서를 등록할 필요가 없다고 규정한다.[105] 이 조항에서 말하는 공인된 투자자는 SEC가 보기에 위험성이 있는 암호화폐 투자를 감당할 수 있을 만큼 충분한 부와 지식을 갖춘 투자자나 기업이다. 투자자는 연간 20만 달러의 소득을 벌 수 있고, 100만 달러 이상의 순자산이 있으며, 공인된 중개인 또는 투자 조언자이거나, 자신이 무엇을 하고 있는지 알고 있음을 증명할 수 있는 다른 전문적이거나 교육적인 경험이 있으면 투자 자격을 인정받을 수 있다.[106] D규정은 상당히 활용하기 쉽다. ICO를 원하는 기업은 그저 '미국 내 공인된 투자자들accredited investors only in the US'만 투자가 가능하다고 한정하면 바로 D규정 준수 STO를 승인받을 수 있다. 따라서 이는 아마도 가장 인기 있는 면제 규정일 것이다.[107]

- 크라우드펀딩 규정Regulation Crowdfunding, Reg CF을 이용한다.[108] 이 규정에 따르면 공인 여부와 상관없이 모든 투자자가 투자에 참여할 수 있지만, 해당 스타트업은 이 방법으로 연간 100만 달러까지만 자금을 모을 수 있다.[109] 모금 한도가 너무 낮아서 이 규정은 별로 유용하지 않다.

- 에이플러스 규정(Regulation A+, 줄여서 Reg A+)을 사용한다. Reg CF와 마찬가지로 누구나 투자에 참여할 수 있고, 모금 한

도가 5000만 달러이다. 그러나 이를 위해서는 SEC의 상당히 엄격하고 까다로운 승인을 받아야 한다.[110] Reg A+규정은 일반적으로 D규정보다 더 나은 것으로 간주되지만 승인받기가 어렵기 때문에 주로 대규모의 암호화폐 스타트업이 활용한다.[111]

STO를 시작할 때 대개 암호화폐 스타트업은 면제 규정 중에서 하나(주로 D규정)를 선택해 미국이 근거지인 투자자들에게 토큰을 판매하고, S규정Regulation S이라는 면제 규정을 별도로 선택해 해외 투자자들에게 토큰을 판매한다. S규정은 기본적으로 회사가 승인된 특정 관례certain approved practices를 따르는 한 해외 투자자들로부터 제한 없이 자금을 조달할 수 있다고 규정한다.[112] 이것이 아마도 여러분이 Reg D/S나 Reg A+/S STO에 대해 들어본 이유일 것이다.

거래소 역시 STO에 관한 일을 추가로 해야 하는데, STO 토큰이나 암호화폐를 판매하기 위해서는 KYCKnow Your Customer와 AML Anti-Money Laundering을 실시해야 한다. 기본적으로 로봇이 아닌 실제 사람이 토큰을 구매하는 것이 맞는지, 이 사람들이 범죄자는 아닌지 확인하는 것이다.[113] 거래소 입장에서 보면 시간도 비용도 많이 드는 일이지만,[114] 유명 거래소들은 이를 시행한다.[115] (부수적으로, 우리가 코인베이스나 다른 거래소에서 계정을 신청할 때 여권이나 운전면허증의 사진을 등록해야 하는 이유는 KYC와 AML때문이다.[116])

STO 검토
STO는 암호화폐 스타트업에게 선택권을 준다. 전통적 IPO처럼 미국에서 STO를 시작하는 주요 방법. 각자 단점이 있다.

	SEC 승인이 필요한가?	투자자 제한	모금 한도
SEC에 등록	네, 추가로 정밀조사 필요	없음	없음
Reg CF	아니오	없음	100만 달러
Reg D	아니오	공인된 투자자에 한함	없음
Reg A⁺	네	없음	5000만 달러

SEC에 정식으로 토큰 등록을 하든지, 아니면 등록하지 않고 자신이 뭘 하고 있는지 아는 사람들(공인받은 투자자들)에게만 토큰을 팔든지 결정하게 하는 것이다. 즉 공인받지 않은 미국인 투자자는 검증되지 않은 STO에 투자할 수 없는데, 이는 기본적으로 부유하지도 않고 정보도 없는 투자자들이 위험성이 큰 암호화폐 도박에 끼어드는 것(이는 정말로 큰 문제다. 많은 신규 투자자들이 단지 암호화폐를 사려고 신용카드를 사용한다. 그러니까 있지도 않은 돈을 가지고 도박한다는 말이다. 좋든 싫든 SEC 규정은 이러한 사람들을 보호하는 것을 목표로 한다[117])을 방지한다. 전반적으로 STO는 ICO를 전면 허용하는 것과 암호화폐 자금 조달을 완전히 막는 것 사이에서 공정한 중간 지대 역할을 하는 것으로 보인다.

한편, STO는 평범한 투자자들의 암호화폐 초기 투자를 불가능하게 만든다. 적어도 ICO는 이 문제를 해결했던 것으로 여겨진다. 이 점에서 보면 STO는 IPO보다 나을 것이 없다.[118] STO가 받는 또 다른 비판은 모든 국가가 자체적으로 STO 규칙을 적용할 경우 법적 부담이 가중될 수 있다는 것이다. 미국의 규제를 따르는 것만으로도 충분히 힘든데, 수십 개의 규제를 더 따라야 한다면 신출내기 암호화폐 스타트업으로서는 너무나 힘든 일이 될 것이다.[119]

우리는 시간이 흐를수록 암호화폐 모금이 전통적인 IPO 모금과 점점 더 비슷해질 것으로 예상한다. 다시 말해 기존 접근 방식의 모든 장단점(우리는 그중 일부를 여기에서 다루었다)이 암호화폐 계에 잇따라 나타날 것이다.

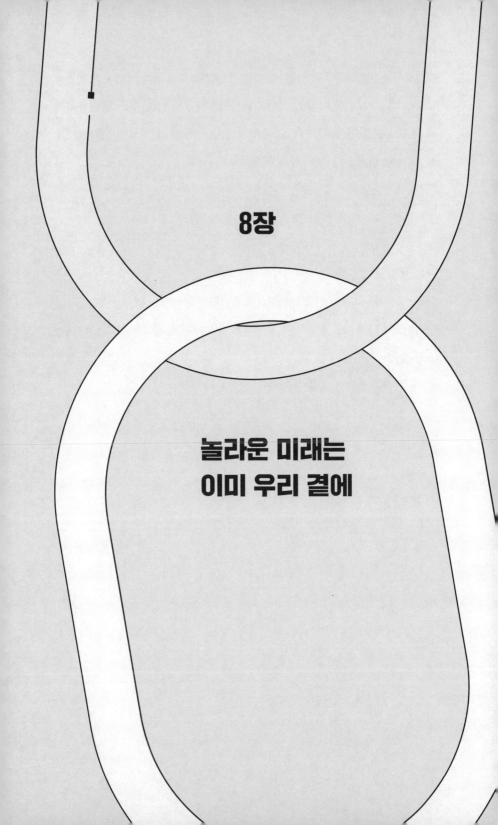

8장

놀라운 미래는 이미 우리 곁에

비트코인은 블록체인을 활용하는 한 예일 뿐이다. 그리고 암호화폐는 탈중앙화 기술의 한 예일 뿐이다. 기술에서 다음의 큰 물결은 탈중앙화된 네트워크가 될 것이다. (…) 블록체인은 스마트 기기들의 소통을 더 잘, 그리고 더 빨리 가능하게 한다.

멜라니 스완Melanie Swan, 『블록체인: 새로운 경제를 위한 청사진Blockchain: Blueprint for a New Economy』 작가[1]

나는 비트코인이 아주 맘에 든다. (…) 비트코인은 가치 저장소이자 분산된 장부다. 또 어느 정도의 위험을 감수할 수만 있다면 훌륭한 투자 수단이 된다. 하지만 변동성이 줄어들지 않는다면 통화로서는 기능하지 못할 것이다.

데이비드 마커스David Marcus, 전 페이팔 CEO[2]

요즘의 암호화 기술 업계는 주로 스타트업이 만드는 코인과 기업의 지원부서용 소프트웨어back-office tools가 지배한다. 하지만 언제까지나 이런 식은 아닐 것이다. 암호화 기술의 역할과 범위는 상당히 확대될 것으로 보이며, 흥미롭게도 여기에 더는 블록체인이 사용되지 않을지도 모른다.

페이스북의 디엠

2019년 6월, 전 페이팔 CEO이자 당시 페이스북의 암호화폐 책임자였던 데이비드 마커스는 비자, 이베이, 우버, 페이팔 등 27개 파트너와 함께 운영될 새로운 스테이블코인 '페이스북 리브라(나중에 디엠Diem으로 이름이 바뀌었다[3])'를 공개했다.[4]

소셜 네트워크 회사로서는 과감한 행보였지만, 놀랄 일은 아니었다. 페이스북이 왓츠앱WhatsApp[5]과 메신저Messenger[6]에 스테이블코인을 추가로 적용할 것이라는 소문이 몇 년 전부터 돌았기 때문이다.

모든 것을 위한 앱

디엠은 페이스북의 메신저(엄밀히 말하면 페이스북과 별개의 앱)에서 사용할 수 있도록 설계되었다. 상인들은 이를 결제 수단으로 받을 수 있었고, 사용자들은 거래소를 통해 이를 법정 통화로 바꿀 수 있었다. 그렇지만 소셜 네트워크 회사가 왜 암호화폐계에 뛰어든 것일까?

가장 확실한 이유는 페이스북이 디엠을 이용해 사람들이 돈을 어디에 쓰는지 정확히 파악할 수 있다는 데 있었다. 소비자의 구매 이력은 광고주들에게 매우 가치 있는 데이터다. 디엠은 페이스북이 광고를 더 잘 타깃팅하고 광고에 더 높은 가격을 매길 수 있도록 도울 것이었다.[7]

두 번째 이유는 페이스북이 단순한 소셜 네트워크를 넘어 모든 경제 활동을 아우르는 앱으로 발전하는 데 오랫동안 관심을 보여왔다는 것에 있다.[8] 여기서 그들이 본보기로 삼은 것은 위챗이라는 중국 앱이었다. 위챗은 원래 문자 앱이었는데, 2014년부터 친구들에게 돈을 보낼 수 있는 서비스를 제공하기 시작했다. 위챗은 중국의 전통문화(중국에서 붉은 봉투에 세뱃돈을 넣어주는 문화를 말한다-옮긴이)를 디지털화해 사람들이 음력 설날에 위챗으로 돈을 보낼 수 있게 하는 방법으로 사람들을 매료시켰다.[9] 수억 명의 결제 정보를 손에 쥐게 된 위챗은 택시 호출부터 청구서 결제, 영화표 구매,[10] 임대료 결제[11]까지 모든 서비스를 제공하기 시작했다(앱에 신용카드 정보를 이미 입력했다면 앱에서 영화표를 살 확률이 훨씬 높다!).

위챗은 모든 것을 위한 중국의 앱China's app for everything[12]이었고,

페이스북은 모든 것을 위한 세계의 앱world's app for everything이 되고 싶은 욕망을 감추지 않았다.[13] [14] 이 계획의 첫 번째 단계는 페이스북을 사용하는 모든 사람이 송금을 하도록 만드는 것이었다.

해외 송금에 강하다

디엠의 첫 번째 목표는 송금 수요를 만족시키는 것, 다시 말해 개발도상국 출신의 사람들이 다른 나라에서 고국으로 돈을 보낼 수 있도록 하는 것이었다.[15]

이는 일단 표면적으로는 타당하다. 왓츠앱은 송금 서비스를 가장 많이 사용하는 개발도상국에서 놀라울 정도로 인기가 많다. 왓츠앱의 최대 시장인 인도는[16] 송금 서비스를 통해 매년 700억 달러 이상이 들어온다.[17]

그런데 왜 암호화폐일까? 우리는 이미 꽤 오랫동안 메신저로 친구들에게 돈을 보낼 수 있었다.[18] 그리고 2019년에 페이스북은 페이스북, 왓츠앱, 인스타그램에서 사용할 수 있는 또 다른 결제 시스템인 페이스북 페이Facebook Pay를 발표하기도 했다.[19] 그런데 암호화폐가 무엇을 또 해줄 수 있을까?

이는 국내 송금과 해외 송금의 차이를 살펴보면 알 수 있다. 전통적 금융 시스템을 통한 국내(특히 미국) 송금은 상당히 효율적으로 진행된다. 송금을 할 때 드는 수수료는 벤모를 이용하면 무료, 미국 은행 간에는 최대 몇 달러,[20] 수표를 사용할 때는 장당 몇 센트,[21] 신용카드로 처리할 때는 3% 미만이다.[22] 그리고 이 모든 방법은 최악의 경우라 해도 영업일 기준 2~3일이면 처리가 완료된다.

하지만 국경을 넘어가는 송금 상황은 끔찍하다. 외국에 있는 은행에 돈을 보내는 데는 보통 몇 주가 걸리는데, 그 사이에 돈이 사라지거나, 보안과 규제 문제로 묶이거나, 형편없는 환율로 인해 대폭 줄거나, 50달러가 넘는 수수료가 붙는 일이 비일비재하게 일어난다. 예를 들어 영국에서 아프리카로 돈을 보내야 한다면, 현금으로 가득 채운 가방을 들고 날아가는 것이 보통 더 빠르고, 더 싸고, 더 쉽다.[23]

블록체인 전문가인 크리스 페리스Chris Ferris도 SXSWSouth by Southwest(미국 오스틴에서 매년 봄에 열리는 콘퍼런스로 영화, 음악, 기술을 종합적으로 아우른다-옮긴이) 강연에서 이와 비슷한 예를 이야기한 바 있다. 예를 들어 여러분이 미국에서 인도네시아로 1만 달러를 보낸다고 했을 때, 은행은 예상되는 비용이나 수령 날짜를 정확히 제시하지 못할 것이다. 어쩌면 여러분은 돈이 제대로 들어갔는지도 모를 수 있다. 가장 해볼 만한 방법은 UPS를 이용한 우편으로 현금 뭉치를 보내는 것이다. 그러면 일단 추적은 확실히 할 수 있게 된다. 그리고 얼마나 돈을 내야 하고 언제 도착하는지도 정확히 알 수 있다. 간단히 말해, 해외 송금은 끔찍하기 그지없다.

송금액을 기준으로 보면 문제는 더 심각하다. 해외로 200달러(송금 수수료 산정에 흔히 사용되는 기준)를 보내는 데 드는 수수료는 평균 14달러이지만, 500달러를 보내려면 약 25달러(5~7%의 수수료)가 든다. 이러한 수수료는 빠르게 쌓인다. 미국인들은 송금 수수료에 연간 300억 달러가 넘는 돈을 지출한다. 이 문제는 유엔이 송금 수수료를 5% 미만으로 인하하는 것을 최대 국제 발전 목표international development goals 중의 하나로 제시할 만큼 심각하다.[24]

미국 내 다양한 수단을 통해 송금 시 드는 대략적 비용

미국 내로 송금되는 금액	신용카드	은행 이체	비트코인
10달러	0.3달러	무료	1달러
1만 달러	300달러	무료	1달러
1000만 달러	불가능	무료	1달러

미국에서 인도네시아로 다양한 수단을 통해 송금 시 드는 대략적 비용

인도네시아로 송금되는 금액	UPS를 통한 현금 우편	은행 이체	비트코인
10달러	30달러	불가능	1달러
1만 달러	150달러	400달러	1달러
1000만 달러	불가능	40만 달러	1달러

이처럼 전통적 금융 시스템 안에서 국내 송금은 빠르고 저렴하게 처리되는 반면, 해외 송금 상황은 절망적일 정도로 엉망이다. 암호화폐가 중요한 이유는 얼마나 많은 돈을 보내든, 어디로 보내든 상관없이 똑같이 작동하기 때문이다. 이를테면 동네 카페에서 5달러짜리 커피를 사든 파푸아뉴기니로 100만 달러를 보내든, 비트코인을 이용하면 정확히 같은 시간(약 1시간[25])이 걸리고 같은 비용(약 1달러[26])이 든다.

현 상황에서 비교했을 때 이는 암호화폐를 통한 송금이 소액의 국

내 송금에는 별 영향을 미치지 못하지만, 큰 금액의 송금이나 해외 송금에서는 판도를 바꾸고 있음을 의미한다. 현재로서는 암호화폐가 해외 송금 면에서 월등히 낫다. 이 때문에 개발도상국에서 가파른 성장을 하고 있는[27] 페이스북이 송금 수단인 디엠에 그처럼 열을 올리는 것이다.

분투하는 페이스북

페이스북이 디엠으로 하려는 비즈니스는 납득할 만하다. 디엠은 흔히 암호화폐를 고꾸라뜨리는 많은 함정을 피할 만큼 잘 설계되어 있다. 디엠은 그 가치가 법정 통화에 고정되어 있으므로[28] 변동성을 줄일 수 있고, 그에 따라 적합한 지불 수단이 될 수 있다. 그리고 페이스북과 파트너들이 디엠의 미래에 대한 통제권을 거의 완전히 쥐고 있기 때문에 반대 세력으로 인한 위험이나 화폐를 쪼개는 하드포크의 위험을 줄일 수 있다.[29]

그러나 페이스북은 빠르게 문제에 봉착했다. 미국 상원의원들은 사람들의 돈을 다루는 문제에서 페이스북을 신뢰하는 것이 '이치에 맞지 않는다delusional'라며 디엠을 두고 마커스를 압박했다.[30] 페이스북이 사생활을 다루는 방식에 관해 광범위한 불신을 품고 있던 언론과 대중도 디엠에 회의적 반응을 보였다.[31] 게다가 최악인 것은 비자, 마스터카드, 스트라이프Stripe, 이베이, 페이팔 등 코인 출시를 위해 페이스북과 손잡은 굴지의 결제 기업들이 화폐 발표 후 불과 몇 달 만에 모두 발을 뺐다는 것이다.[32]

왜일까? 그 이유는 디엠이 모든 것을 가지려고 했기 때문일지 모른다. 암호화폐 지지자들은 디엠이 주요 기술 기업과 금융 기업의 손에 들어가 중앙화되는 순간, 관심을 껐다. 이는 암호화폐의 정신, 즉 민주화, 탈중앙화, 금융 중개인 배제에 정확히 어긋나는 것이기 때문이었다.[33]

한편, 결제 기업들은 디엠이 가능하면 피하고 싶어 했던 엄격한 사기 및 돈세탁 법fraud and money-laundering law에 저촉될까 두려워했다.[34] 의심할 여지없이 그들은 두 명의 미국 상원의원이 보낸 편지에 겁을 먹었다.

페이스북은 금융 서비스 회사로서 규제를 받아야 하는 책임에서 벗어나 금융 활동에 참여해 얻을 수 있는 이득만을 원하는 것으로 보입니다. (…)귀사에서 이 일을 계속 진행할 경우, 규제 당국으로부터 리브라 관련 활동뿐 아니라 모든 지불 업무에 대해서도 강도 높은 조사를 받게 될 것입니다.[35]

암호화폐의 설립 정신에 반하는 디엠

디엠은 야심 찬 프로젝트다. 특히 출시 당시의 상황이 감당하기에는 지나치게 야심적인 프로젝트다. 아직 규정이 없었고, 아무도 민간 기업이 암호화폐를 어떻게 사용하고 사용해야 하는지 올바른 모델을 제시할 수 없었으며, 페이스북의 대다수 금융 파트너들은 이일에 뛰어들 준비가 되어 있지 않았다. 좀 더 지켜봐야겠지만, 그 길이 쉽지 않을 것임은 분명하다.

큰 그림으로 보자면, 디엠은 암호화폐가 그 설립 정신에 반해 어떤 식으로 사용될 수 있는지를 보여주는 대표적인 예다. 비트코인은 중개인을 없애고, 은행을 통하지 않고, 거래를 투명하게 하고, 평범한 사람들이 (채굴을 통해) 돈을 벌고 통화의 미래에 기여할 방법을 제공하기 위해 발명됐다. 디엠은 이와 정반대다. 거대 기술 기업과 금융 기업에 의해 운영되는 디엠은 그 거래 내역과 데이터가 모두 페이스북을 통할 것이며,[36] 블록체인은 아마도 공개되지 않을 것이고,[37] 평범한 사용자들은 통화의 미래에 참여할 수 없을 것이다.[38]

이것은 암호화폐의 가치에 대한 배신일까? 아니면 단순히 주류가 되기 위해 치러야 할 대가에 불과할까? 판단은 각자 다를 수 있지만 이는 적어도 암호화폐가 모두 같지는 않다는 것을 보여준다.

토큰화가 초래할 것들

많은 사람이 화폐의 미래를 암호화폐와 법정 통화의 싸움으로 보지만, 이는 정확한 구분이 아니다. 사실 법정 통화는 토큰화tokenization라는 과정을 통해, 다시 말해 국가가 자국 통화를 암호화폐로 대신하기 시작할 때 암호화폐의 일부 요소를 채택할 수 있다.[39]

간단한 사고 실험은 이를 좀 더 명확히 이해하는 데 도움이 될 것이다. 연방준비제도Federal Reserve System, Fed(줄여서 연준)가 아메리코인AmeriCoin, AMC이라는 새로운 암호화폐를 발표한다고 가정해보자. 여러분은 이 코인을 각 1달러에 연준에서 사거나 반대로 연준에

1달러에 팔 수도 있다. 오늘날 은행, 카드사, 투자사, 기타 금융기관들은 계좌 잔액을 데이터베이스에 숫자로만 나타낸다. 하지만 우리가 가정한 세계에서 이러한 기관들은 실제로 AMC를 보유한다. 예를 들어 고용주가 여러분에게 돈을 지불한다면, 고용주는 여러분의 은행 계좌로 AMC를 보낼 것이고, 이 AMC는 은행 지갑에 보관될 것이다. 만약 여러분이 카드대금을 낸다면, 여러분은 은행이 AMC를 카드사로 보내도록 할 것이다. 또 다른 예로 자동차 구입 자금 대출을 받는다면, 대출기관은 여러분의 은행 지갑으로 AMC를 보내고 매달 자동으로 여러분의 은행 지갑에서 AMC를 공제하는 스마트 계약을 설정할 것이다.

좀 더 거시적으로 보자면, 연준은 유통되는 화폐의 양을 늘리거나 줄이고 싶을 때 은행에 채권을 팔거나 은행에서 채권을 산다.* 현재 연준은 각 참가 은행participating bank이 얼마나 많은 돈을 갖고 있는지 내부 장부를 갖고 있기 때문에, 채권을 사거나 팔 때 현금을 실제로 주고받지 않고 은행의 잔고 총액credit totals을 업데이트만 하면 된다.[40] 하지만 새로운 세상에서라면 연준은 채권(역시 암호화 토큰으로 대체될 수 있다)을 거래할 때 은행과 실제로 AMC를 주고받아야 할 것이다.

정부가 정말로 AMC 도입을 추진한다면, 미국인들은 국세청IRS에 AMC를 보내 세금을 낼 수도 또는 내야 할 수도 있을 것이다(이처럼 특정 화폐로 세금을 내도록 강제함으로써 정부는 화폐에 가치를 부여할 수

---

* 통화 정책 및 기타 거시 경제 개념에 대해 더 알고 싶다면 부록 B를 참조하자.

있다고 한다).⁴¹ 이 경우, 정부는 사람들이 AMC를 사용하도록 장려하거나 강요할 수 있다.

토큰화의 제한된 효과

토큰화된 미국 달러를 사용하는 이 새로운 세계는 표면 아래에서는 (암호화폐를 통한 거래가 이루어지며) 매우 다르게 돌아갈 수 있지만, 표면상으로는 큰 변화가 없을 것이다. 평범한 사람들은 효율성이 다소 향상되었다고 느낄 것이다. 모든 금융기관이 자동으로 연계되어 사람들이 돈을 은행 계좌, 투자기관, 대출기관 등 이리저리 옮기지 않아도 되기 때문이다.

정부 또한 몇 가지 이득을 얻을 수 있을 것이다⁴²(화폐 토큰화가 실제로 어떻게 작동할지 진지하게 생각해본 사람은 거의 없다. 따라서 이는 대부분 짐작이다⁴³). 아메리코인의 목적에 따라 정부는 더 많은 거래를 추적해 탈세를 줄이고 경제 상황을 더 잘 이해할 수 있게 될 것이다. 또한 여전히 코볼COBOL(1960년대에 등장해 인기를 끈 언어)이라는 구식 프로그래밍 언어로 구현되어 있어 변화가 절실한 정부와 산업 은행 시스템의 현대화가 강제로 이루어질 것이다.⁴⁴ 모든 사람이 블록체인을 사용하면 보안도 좋아지고 코볼의 노후화에 따른 심각한 장애도 방지할 수 있을 것이다.

한편, 토큰화는 어느 정도의 효율성과 보안 향상을 가져올 순 있지만 경제 구조를 바꾸지는 않을 것으로 보인다. 비슷한 예로 1933년에서 1971년 사이 미국의 통화 시스템이 금본위제(종이 화폐를 금과 교환할 수 있게 하는 제도)에서 법정 통화로 전환되었던 때를 생각해보자.[45] 정부가 금본위제에서 벗어나 경제 상황의 좋고 나쁨에 따라 자유롭게 돈을 만들거나 없앨 수 있게 되자, 경제는 상대적으로 더욱 안정을 찾게 되었다(난데없이 뚝딱 하고 금을 만드는 것보다는 채권을 만들어 파는 것이 훨씬 쉬웠다!) 하지만 그와 상관없이 대부분의 경제 구조는 그대로 유지되었다. 은행, 지폐, 연준, 대출, 신용카드 등은 여전히 존재했다.[46]

마찬가지로 모든 사람이 지폐나 계좌 이체 대신 AMC를 사용한다 해도, 금융기관들은 모두 계속 남아 있어야 할 것이다. 사람들은 여전히 대출을 받아야 할 것이고, 사기를 예방하고 싶을 것이고, 신용카드 대금에 이의를 제기할 수 있어야 할 것이다.[47] 연준은 경제 활성화를 위해 여전히 시중의 통화 규모를 조정(통화 정책)해야 할 것이다. 그리고 사람들은 여전히 은행과 주식 등을 통해 저축과 투자를 하고 싶어 할 것이다. 이러한 기관들이 취하는 형태는 변할 수 있으나, 기관 자체는 계속 남을 것이다.

10만 달러짜리 지폐

수십 년 이내에 국가들이 통화를 토큰화할 가능성은 매우 크다. 토큰화에는 많은 작업이 필요하지만, 토큰화 자체는 효율성과 보안을 향상시킬 수 있으며 큰 단점이 없다. 이 일은 사람들이 생각하는 것만큼 엄청난 일이 되진 않을 것이다. 금융 시스템의 구조는 지금과 상당히 비슷하게 유지될 것이다.

우리는 사고 실험에서 소비자들이 가상의 아메리코인을 취급하는 모습을 상상했지만, 그것이 실제로 실현 가능하다고는 생각하지

않는다. 평범한 사람이라면 지갑이나 기다란 개인키, 돌이킬 수 없는 거래의 번거로움을 감당하고 싶지 않을 것이다.[48] 지금의 금융 시스템도 이미 충분히 혼란스럽기 때문이다. 대신 암호화폐는 은행 간 거래나 기업 간 대금 결제 등 후방에서 주로 사용될 것이다.

이 경우 암호화폐는 1900년대 미국에서 사용된 적이 있는 10만 달러짜리 지폐와 아주 유사하다. 이 지폐는 일반 소비자들을 위한 것이 아니었다. 아무도 10만 달러짜리 지폐를 소유할 만한 정당한 이유가 없었고, 그만한 돈을 현금으로 갖고 있다는 것은 사고(또는 강도)가 일어나길 바라는 것이나 다름없었다. 대신 이 지폐는 연준이 채권을 매입한 후 참여 은행에 많은 돈을 보내야 하는 경우처럼 은행 간의 대규모 거래에만 사용되었다.[49]

다시 말해 통화에서 암호화폐의 역할은 후방에서 효율성은 높이지만 일반 소비자들이 사용하기에는 힘든 1900년대 10만 달러짜리 지폐와 비슷해질 것이다.

중국의 위안 토큰화

와튼Wharton 경영대학의 교수이자 블록체인 전문가인 케빈 베르바흐와 이야기를 나누었을 때, 그는 자국 통화의 토큰화에 앞으로 특히 관심을 두게 될 나라로 주저 없이 중국을 꼽았다.

우리는 그의 직관에 동의한다. 중국은 위안화를 세계 최고의 준비 통화reserve currency로 만들려는 계획을 감추지 않고 있다.[51] 준비 통화란 국제적으로 통용되는 통화로서, 세계 각국은 국제 부채를 갚거나, 금과 석유와 같은 물자를 구입하거나, 다른 나라들과 교역할 때 이 준비 통화를 사용한다.[52] 국제통화기금International Monetary Fund, IMF은 미국의 달러, 영국의 파운드, 일본의 엔 그리고 2016년 기준으로 중국의 위안을 세계 최상위 준비 통화로 간주한다.[53]

위안화가 이 준비 통화 목록에 오른 것은 중국에 좋은 소식이었다. 그것은 다름 아닌 (준비 통화 목록을 결정하는) IMF로부터의 승인이었기 때문이다. 덕분에 중국은 세계 금융 시장에 더 깊이 통합될 수 있었고,[54] 다른 나라와 더 쉽게 거래할 수 있게 되었다(이제 위안화를 달러로 바꾸지 않고 어느 나라든 바로 거래할 수 있게 되었으므로).[55] 하지만 여전히 우위를 지키고 있는 것은 미국의 달러다.[56] 중국은 이를 몰아내고 자국의 통화가 가장 인기 있는 준비 통화로 자리 잡길 원한다.

눈에 띄기

일반적인 화폐라면 달러의 그늘을 벗어나기 어렵겠지만, 중국이 누구보다 먼저 자국의 화폐를 토큰화한다면, 이는 남들과 다르다는 점에서 주목받을 만한 흥미로운 사례가 될 수 있다.

하지만 중국은 최근 몇 년 동안 자국의 통화를 평가절하한다는 나쁜 평판을 얻기도 했다.[57] 위안화는 통화 바스켓basket of currencies(여러 기축통화의 가치를 가중평균하여 하나의 바스켓으로 꾸린 것. 이를 참고해 자국 통화의 가치를 결정할 수 있다-옮긴이)에 연동되며, 그 환율은 중국 정부가 결정한다. 즉 중국은 환율을 임의로 조정해 다른 통화 대비 위안화의 가치를 떨어뜨릴 수 있다.[58] 이렇게 하면 같은 양의 달러로 더 많은 위안을 살 수 있고, 그에 따라 더 많은 물건을 살 수 있게 되기 때문에 수출이 증가한다.[59] 이는 중국의 수출 지향적 경제에는 도움이 되지만, 중국에 인위적인 우위를 제공하고 그와 같은 불공정한 조처를 하지 않는 다른 나라에 피해를 주기 때문에 매우 부당한 것으로 여겨진다.[60]

중국의 통화 가치 절하 조치는 많은 투자자와 국가들을 불편하게 했다.[62] 중국이 일방적으로 화폐의 평가 절하를 결정할 수 있는 한 이 문제는 계속될 것이다. 만약 중국이 정부가 실제로 평가 절하할 수 없는 토큰화된 위안화를 만든다면(즉 암호화폐의 소스코드에 평가 절하에 대한 메커니즘을 넣지 않는다면), 이는 통화가 신뢰를 얻는 데 도움이 될 것이다.

중국의 토큰화

중국이 대대적인 토큰화를 준비하고 있다는 징후는 이미 몇 가지가 드러나고 있다.

시간에 따른 미국 달러와 중국 위안화 환율. 2015년 8월(타원으로 표시한 구간) 중국은 느닷없이 자국의 통화를 평가 절하했다(화폐 가치가 절하된다는 것은 환율이 상승한다는 의미로, 타원 구간을 보면 환율이 상승했다-옮긴이). 작은 변화였지만, 이들의 일방적인 조처는 국제 사회의 많은 나라를 분노케 했다. 출처: 매크로트렌드MacroTrends[61]

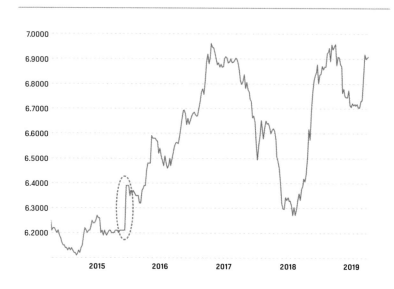

앞서 언급했듯이 중국 정부는 암호화폐 계가 중국에서 크게 번영할 만큼 암호화폐에 엄격하지 않았다. 하지만 중국은 비트코인 경제를 철저히 지배한다. 2010년대 중반 이후, 중국은 암호화폐를 엄중히 단속하며 ICO를 금지하고 암호화폐 콘퍼런스를 해외로 밀어내는[63] 등 비트코인에 공격적인 태도를 보이고 있다.[64]

대부분의 주류 암호화폐가 중국에서 금지된다면 중국의 암호화폐 지지자들과 기업들은 어디로 가게 될까? 만약 중국이 정부가 지원하는 자체 암호화폐를 만든다면, 이들은 정부의 열린 품으로 바로 몰려들 것이다.

중국은 이를 실현하는 데 필요한 기술에도 착실히 투자해왔다. 2016년 이후 중국의 중앙은행은 디지털 통화와 관련된 특허를 78개 이상 등록했는데, 그중에서 44개 이상이 블록체인과 관련된 특허다. 은행은 또한 새로 출범한 디지털 통화 연구소Digital Currency Institute 에서 일할 경제학자들과 개발자들을 적극적으로 고용해왔다.[65] 이 연구소의 목표는 '블록체인에 기반한 통화를 발행하고 유통하는 것' 이다. 중국이 이 목표를 진지하게 받아들이고 있다는 데에 이보다 더 명확한 징후는 상상하기 어렵다.

이보다 더 유일하게 명확한 징후는 중국이 이미 암호화폐에 대한 시험 작업을 시작했다는 것이다. 2017년 중국은 암호화폐 시뮬레이 션을 시작하고 중국의 주요 은행과 모의 거래를 테스트하기 시작했 다.[66]

중국은 자체적으로 통제할 수 없는 기술을 불안해하기 때문에 정 부의 통제를 받지 않는 모든 암호화폐는 결국 금지할 것으로 예상된 다. 대부분의 암호화폐는 현재 중국의 통제 밖에 있다. 중국 정부와 중국 기업들이 비트코인에 큰 영향력을 행사하고 있다 해도, 암호화 폐의 포크나 알트코인까지 막을 수는 없다.

그렇다면 중국은 토큰화된 위안의 원형prototype을 만들어 아프리 카에서 시험해볼 수 있을 것이다. 아프리카의 가장 큰 경제 파트너 인 중국은 대륙 전체에 걸쳐 기반 시설에 막대한 투자를 하고 있다.[67] 아프리카 통화의 변동성을 감안할 때,[68] 아프리카의 넓은 대륙은 토 큰화된 위안화의 상대적 투명성과 안정성을 반길지 모른다. 아마 중 국은 유럽의 유로화와 비슷하게 아프리카 전역에서 쓸 수 있고 위안화의 지원을 받는 '아프로Afro' 통화를 만들 것이다.

일단 아프리카에서 상황이 잘 풀리면, 중국은 토큰화된 위안화를 자국에서 발행하여 세계로 퍼뜨릴 수 있다. 이는 중국의 암호화폐가 디지털 결제에 대한 지배적 통화, 궁극적으로는 세계 최고의 준비 통화가 될 수 있는 장을 마련할 것이다. 모든 것은 추측에 불과하지만, 모든 점을 연결해보면 중국이 꾸미고 있는 것이 실제로 이러한 것일 가능성은 상당히 크다.

사물인터넷과 블록체인 너머

이처럼 페이스북과 중국은 우리가 아는 암호화폐를 새로운 시각으로 보고 있다. 우리가 가정과 산업 시설에서 사용하는 모든 스마트 기기를 일컫는 사물인터넷Internet of Things, IoT(좀 더 정확하게는 인터넷을 기반으로 모든 사물이 연결되어 서로 데이터를 주고받는 지능형 기술이나 서비스를 말한다-옮긴이) 또한 우리가 아는 블록체인을 다시 생각하게끔 하고 있다.

IoT의 전망과 약점

오늘날 우리 주위에는 필립스의 휴Hue 스마트 전구부터 인터넷이 연결된 심장 모니터, 스마트 칫솔에 이르기까지 온갖 종류의 스마트 기기들이 있다.[69] 스마트 기기에는 소비자 제품만 있는 것이 아니다. 스마트 센서가 부착된 IoT 기기들은 환경에 맞춰 엄청난 양의 데이터를 생성하는데, 이는 산업에서도 매우 유용하게 쓰인다. IoT는 제조, 운송, 자동차, 의료 등 여러 부문에 걸쳐 엄청난 잠재력을 갖고 있다.[70]

IoT 기기들의 가장 큰 단점은 취약한 보안이다.[72] 이들 기기에 대한 원격 해킹이 놀랄 만큼 쉽다는 것은 이미 밝혀진 바 있다. 그런데 이러한 장치들은 실제 세상에 직접적인 영향을 미치기 때문에 잠재적 위험이 배가된다. 해커가 인터넷이 연결된 카메라를 통해 아기를 훔쳐보고,[73] 프린터를 통해 인쇄 중인 기밀문서의 내용을 읽고,[74] 고속도로를 달리는 지프차의 브레이크를 원격으로 무력화시키는[75] 등 이를 둘러싼 끔찍한 이야기들은 꽤 있었다. 더욱이, 만일 누군가가 심장박동기를 해킹해 관련 데이터나 소스코드를 바꾸기라도 하면, 그 기계를 쓰는 사람은 크게 다치거나 죽을 수도 있을 것이다.[76]

또 다른 큰 문제는 IoT 기기들의 네트워크가 예전부터 쭉 중앙화되어 왔다는 것이다. 대부분의 IoT 기기들은 스스로 결정을 내리지 못하고 중앙 서버로 관련 데이터를 보낸다. 그러면 서버가 결정을 내린 후 기기들이 무엇을 할지 알려준다. 이러한 중앙화는 중개인과 관련해 우리에게 익숙한 모든 문제를 불러온다. 많은 비용이 들고, 통신 속도가 느리며, 중앙 서버가 다운되거나 서버 연결에 실패할 경우 전체 시스템이 무너질 수 있다.[77] 만약 여러분이 다 함께 동시에 작동하는 수천 개의 IoT 기기들을 사용해 차를 만든다면,[78] 단한 대의 서버가 제공하는 보안과 신뢰성에 이 모든 것을 걸고 싶진 않을 것이다.

다시 말해 IoT가 성공하려면 IoT 기기가 데이터를 저장·접근·공

유할 수 있는 안전하고, 조작할 수 없으며, 탈중앙화된 방식이 필요
하다.

IoT와 블록체인

블록체인은 바로 이런 곳에 필요하다. 자동차 공장 현장에서 IoT
기기들을 사용한다면, 이 기기들은 현재 사용 가능한 부품 수, 실내
온도, 결함이 발생한 위치 등 수집한 모든 데이터를 블록체인에 저
장할 수 있다. IoT 기기마다 블록체인의 사본을 자체적으로 갖기 때
문에, 이들은 항상 최신 정보를 갖고 있을 뿐 아니라 인터넷 연결이
잠깐 되지 않더라도 괜찮을 것이다(반면 중앙 서버에 전적으로 의존한
다면 문제가 될 것이다). 예를 들어 차대에 바퀴를 다는 기계는 무엇을

해야 하는지 늘 정확히 알고 있을 것이다.

게다가 블록체인은 사실상 변조가 불가능하기 때문에 공격자가 블록체인의 데이터를 훼손하기는 매우 어렵다. 또 IoT 기기가 (예상대로 작동하는) 스마트 계약만을 실행하게 되어 있다면, 공격자가 IoT 기기를 속이는 일은 훨씬 더 어려워진다. 아무도 기기의 데이터나 동작을 조작할 수 없다면, 이는 꽤 안전하다고 할 수 있다.

블록체인의 허점

하지만 블록체인은 IoT에 완벽하진 않다. 예를 들어 여러분이 안전상의 이유로 30도 이상의 기온에서 보관되면 안 되는 알약을 만들었다고 가정해보자. 이를 관찰하기 위해 여러분은 인터넷이 연결된 작은 온도 센서를 병뚜껑에 꽂는다. 센서는 끊임없이 온도를 확인하다가 온도가 30도 이상이 되면 스마트 계약을 실행해 알약이 부적절하게 보관되었음을 알리는 기재 사항을 블록체인에 추가한다. 이렇게 하면 약을 만든 사람부터 의사, 약국, 환자에 이르기까지 관련된 모든 사람이 언제 어디에서 일이 잘못되었는지 알 수 있다.[79]

그러나 이 해결책은 엄청난 거래를 발생시킨다. 각 약병에 부착된 센서는 아마도 몇 분마다 온도를 측정해 블록체인에 기록할 것이다. 이 솔루션이 수백만 개의 약병에 적용된다면, 매시간 수백만 개의 기재 사항이 블록체인에 추가될 것이다.

하지만 앞에서 언급했듯이 블록체인은 이 정도의 규모를 감당할 수 있게끔 만들어지지 않았다. 비트코인은 초당 약 3건,[80] 이더리움은 약 15건의 거래만 처리할 수 있다.[81] 거래 당 드는 비용은 최대

1달러에서 2달러 수준이지만,[82] 한 시간에 수백만 건의 거래가 발생한다면 비용은 엄청나게 증가할 것이다. 전용 블록체인을 사용해 이러한 채굴 비용을 해결할 수도 있지만, 제한된 거래량 때문에 병목현상은 여전할 것이다.

블록체인의 거래량이 이처럼 제한적인 이유는 한 번에 한 블록만 채굴될 수 있기 때문이다. 블록은 많은 거래를 담을 수 있지만 채굴 시간이 거의 일정하므로 초당 처리할 수 있는 최대 건수는 거의 정해져 있다. 따라서 수천 명의 사람이 블록 채굴을 원하지만 한 번에 운 좋은 한 사람만 실제로 채굴을 할 수 있다. 만약 한 번에 여러 명이 한 블록을 채굴한다면 블록체인이 분기될 것이고, 이는 거래 이력을 선형 체인으로 기록하는 목적에 어긋날 것이다.

블록체인이 IoT 환경에 제대로 먹혀들려면 선형 체인이 없어야 한다. 즉 여러 사람이 동시에 거래를 추가할 수 있도록 해야 한다. 그래야 초당 수천, 수백만 건의 거래를 처리할 수 있을 것이다. 다시 말해 IoT를 위한 블록체인을 만들기 위해서는 블록체인을 없애야 한다.

탱글(얽힘)

이 문제를 해결하기 위해 아이오타IOTA 프로젝트(후에 독일 정부로부터 비영리 단체로 승인받아 아이오타 재단이 되었다-옮긴이)가 시작되었고, 블록체인의 대안으로 IoT에 최적화된 구조가 만들어졌다. 탱글tangle이라는 이 구조는 많은 사람이 한 번에 거래를 추가할 수 있게 한다. 블록으로 구성된 하나의 선형 체인 대신, 탱글은 스파게티와 같은 구조[83]로 많은 거래를 연결한다.[84]

탱글은 채굴 과정을 완전히 없앤다. 탱글을 이용하면 탱글에 거래를 추가하기 위해 거래를 검증해줄 누군가에게 돈을 낼 필요도 없다. 대신, 사용자는 앞서 생성된 거래 중에서 임의로 선택된 두 건을 검증해야 한다. 거래를 만드는 사람은 누구나 이전 거래를 만든 사람들을 위한 사실상의 채굴자 역할을 하게 된다. 즉 탱글을 사용하는 사람은 아무도 거래에 대한 비용을 지불하지 않아도 되는 것이다![86]

탱글에는 선형으로 된 블록이라는 것이 없기 때문에 수없이 많은 사람이 한 번에 탱글에 거래를 추가할 수 있다. 다른 사람들이 무엇을 하는지 알 필요도 없다. 그저 임의로 거래 두 건을 골라 검증하기만 하면 된다(이를 메모리 풀에 어떤 거래들이 있고 그 거래들이 채굴될 수 있는지 늘 확인해야 하는 블록체인에 비교해보라). 이것이 거래가 동시에 추가될 수 있는 이유다.

기기들은 다른 기기들이 무엇을 하는지 계속 확인할 필요가 없기 때문에 나중에 탱글과 동기화될 수만 있다면 오프라인 상태라도 탱글에 거래를 추가할 수 있다. 이러한 특성은 (그 이름에도 불구하고) 항상 온라인 상태는 아닌 IoT 기기들에 아주 유용하다.[87]

탱글은 이러한 이점을 제공하는 동시에 블록체인과 유사한 수준의 보안을 유지한다. 시간이 지나면서 거래는 점점 더 많은 거래로 검증되고, 거래를 검증하는 거래 자체도 검증된다. 결국, 하나의 거래는 검증된 거래들로 이루어진 여러 층의 '케이크'를 그 위에 갖게 된다. 이 모든 거래가 잘못되거나 사기로 드러날 가능성은 매우 희박하기 때문에 거래의 합법성은 의심하지 않아도 된다.

오른쪽으로 좀 더 최근의 거래들이 이어지는 탱글 다이어그램. 각각의 새로운 거래는 임의로 선택된 이전 거래 두 건을 검증한다. 어떠한 거래가 이후에 발생한 많은 거래에 의해 검증되었다면, 그 거래의 적법성을 더욱 확신할 수 있다. 이 다이어그램에서 완전히 새로운(검증되지 않은) 거래들은 오른쪽에 있고, 새로 검증받은 거래들은 중간에 있으며, 많은 검증을 받은 거래들은 왼쪽에 있다.
출처: 아이오타IOTA[85]

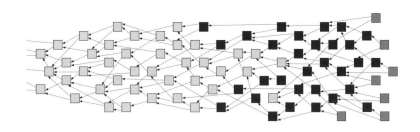

요컨대 탱글은 채굴이나 수수료가 없지만 무한한 확장성과 강력한 보안을 제공하며 완벽한 인터넷 연결을 요구하지도 않는다. 이는 IoT 기기에 필요한 대규모의 동시 통신에 매우 이상적이다.[88]

분산 장부 기술

탱글의 예는 암호화 기술에 꼭 블록체인만 있는 것은 아니란 사실을 보여준다(분산된 장부 개념을 기반으로 구축된 모든 종류의 기술이 가능하다). 블록체인과 탱글 외에도 다른 형태의 분산 장부 기술Decentralized Ledger Technology, DLT이 여전히 등장하고 있고, 이는 얼마든지 가능한 일이다.

심지어 아마존 웹 서비스의 QLDBQuantum Ledger DataBase처럼 분산 개념을 아예 버릴 수도 있다. QLDB는 중앙에 기록을 저장해 블록체인의 분산 개념을 버리지만, 블록체인의 투명성, 불변성, 검증

기능은 그대로 유지한다[89](QLDB는 기업의 내부 프로그램에 맞게 설계되는데, 이때 기업은 이미 중앙화된 상태이므로 탈중앙화가 필요하지 않다[90]).

이 모든 기술의 핵심은 기록을 상세히, 그리고 변조할 수 없게 잘 보관하는 것이다. 블록과 체인의 사용, 심지어 탈중앙화조차도 궁극적으로는 모두 선택 사항에 불과하다.

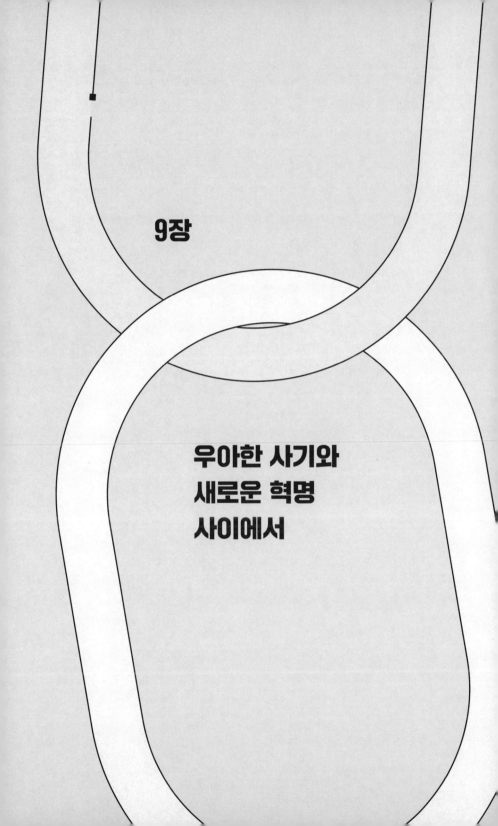

9장

우아한 사기와
새로운 혁명
사이에서

비트코인은 튤립 구근tulip bulbs보다도 더 나쁜 사기다. (…) 그것은 결국 폭발하고 말 것이다.

제이미 다이먼Jamie Dimon, JP모건JP Morgan CEO[1]

아직 #비트코인에 대해 생각한다. 어떤 결론도 낼 수 없다(지지하는 쪽도 거부하는 쪽도 아니다). 다만, 사람들은 지폐가 금을 대체했을 때도 회의적이었다는 것을 알아두라.

로이드 블랭크페인Lloyd Blankfein, 골드만삭스Goldman Sachs 전 CEO[2]

이 마지막 장에서 이야기는 돌고 돌아 원점으로 돌아온다. 블록체인과 암호화폐, 또 그와 관련된 기술들은 단순히 거품에 불과할까 아니면 진짜 혁명일까?

돈의 미래

비트코인 기업가이자 마크 주커버그Mark Zuckerberg의 경쟁 상대인 캐머런 윙클보스Cameron Winklevoss는 많은 유명 암호화폐 지지자들과 마찬가지로 암호화폐야말로 '돈의 미래'라고 주장한다.[3] 하지만 우리 생각에 암호화폐는 그보다 좀 더 복잡하다.

우리는 이미 앞서 토큰화에 대해 살펴보았다. 토큰화는 세상이 깜짝 놀랄 만한 기술은 아니지만, 그렇다고 그렇게 나쁜 아이디어도 아니다. 시간이 지나면 국가들은 자국 경제의 일부를 토큰화하기 시작할 가능성이 크다. 중국이 그렇게 하고 있다는 충분한 증거가 이미 있으며, 브라질[4]과 싱가포르[5] 또한 토큰화를 검토하기 시작했다.

하지만 토큰화된 법정화폐는 경제적으로 말해 여전히 법정화폐에 머문다. 즉 정부가 궁극적으로 돈을 통제하며, 돈의 가치는 해당 국가의 정부에 대한 믿음에 기초한다.

달리 말하면, 정부가 통제하는 모든 암호화폐는 오늘날의 법정화폐와 비슷하게 동작할 가능성이 크다. 더욱 흥미로운 문제는 민간 소유의 암호화폐(비트코인, 이더리움, 모네로 등)가 정부 소유의 화폐를 대체할 것인가이다. 그렇게 되면 이는 정부가 경제에 대한 통제권을 잃고 정부 통제 밖의 세력이 돈의 가치를 결정하게 된다는 점에서 금본위제[6]로의 회귀와 다름없어질 것이다.[7]

우리가 바라는 것

이 물음에 대답하기 전에 먼저 시민들의 관점에서 이를 생각해보는 것이 좋겠다. 사람들은 모든 금융 활동에 비트코인을 사용하고 싶어 할까?

모든 금융 활동에 암호화폐를 사용하는 데는 다음과 같은 몇 가지 주의사항이 따른다.

- 소액 구매를 할 때는 암호화폐가 지금의 결제 수단보다 더 불편하다. 우리가 하는 대부분의 구매는 비교적 소액에 속하므로 이 문제는 무시하기 어려울 것이다.
- 되돌릴 수 없는 지불은 해킹을 어렵게도 하지만 소비자에게도 위험하다. 이미 누군가 코인베이스 계정을 해킹해 10만 달러를 털어갔다는 무서운 이야기도 있다. 기존의 금융 시스템과 달리,

암호화폐는 돈을 도난당한다 해도 돌려받을 방법이 전혀 없다.[8] 많은 사람이 그처럼 큰 위험은 감수하려 하지 않을 것이다.

- 변동성 또한 여전히 큰 문제다. 현재까지 모든 스테이블코인은 법정화폐에 연동되어 있다.[9] 법정화폐가 더 이상 존재하지 않는다면, 스테이블코인을 만들 방법을 새로 찾기는 어려울 것이다. 주류 암호화폐는 어쩌면 앞으로 변동성이 크게 줄어들 수도 있지만, 이를 예측하기는 힘들다.

- 와튼 경영대학의 교수 케빈 베르바흐가 말했듯, 암호화폐는 일반인이 사용하기에 아직 너무 투박하고 어렵다. 개인키와 여러 통화를 관리하는 일은 번거롭기 그지없다. 또 잘못 입력한 주소로 비트코인을 보내는 것과 같은 단 한 번의 실수로 돈을 영원히 잃을 수도 있기 때문에, 암호화폐에 대해 하나라도 잘못 알면 정말로 곤경에 처할 수 있다. 실제로 미국의 금융 문맹률financial illiteracy은 이미 충격적일 정도로 높다. 예를 들어 미국인의 3분의 2는 지불해야 할 이자를 제대로 계산하지 못한다.[10] 하물며 암호화폐를 사용한다는 것은 사람들에게 훨씬 더 어려운 일이 될 것이다. 통화는 그것을 제대로 이해하기 위해 책 한 권(이 책처럼!)을 읽어야 할 정도로 어려워서는 안 된다.

간략히 말해 대부분의 사람들은 쉽게 동작하는 통화 시스템을 원한다. 통화 시스템은 안정적이고, 너그러우며, 사용하기 쉬워야 한다. 이 모든 면에서 암호화폐는 현재 통화에 밀린다. 평범한 사람들은 탈중앙화에 대해 별 신경을 쓰지 않을 것이다. 따라서 우리는 일반인들이 정부가 운영하는 통화를 암호화폐로 대체하라고 시끄럽게 요구할 거라고 보진 않는다.

국가가 바라는 것

암호화폐의 상향식 채택이 어렵다면, 하향식 채택은 어떨까? 국가는 과연 화폐 통제력을 포기하고 비트코인을 법정화폐로 만들까?

질문에 대한 답은 분명하다. 선택권이 주어진다면, 국가는 자발적으로 돈에 대한 통제력을 포기하려 하지 않을 것이다. 전 나스닥 전무이사 존 제이콥스John Jacobs가 설명하듯, 만약 어떤 나라가 비트코인을 기본 통화primary currency로 정한다면, 중앙은행의 경제 규제는 전보다 훨씬 더 어려워질 것이다. 중앙은행은 갑작스러운 물가 변동을 막기 위해 끊임없이 유통 중인 화폐의 총량, 즉 화폐 공급을 조정해야 한다.[11] 그리고 화폐 공급은 사람들이 필요한 돈의 총량, 즉 화폐 수요와 일치해야 한다. 화폐 수요는 사람들이 더 많은 돈을 쓰는 휴가철에는 증가하고 불경기에는 감소한다.[12]

법정화폐 시스템에서 연준과 같은 중앙은행은 채권을 사거나 팔아 돈을 쉽게 만들거나 없앨 수 있기 때문에 필요에 따라 쉽게 통화 공급을 조정할 수 있다.[13] 그러나 비트코인 기반 시스템에서 은행은 비트코인을 찍어낼 수 없다. 그러한 시스템이라면 은행은 준비금으로 수십억 달러 상당의 비트코인을 가지고 있다가 경제 상황에 따라 비트코인을 시중에 풀거나 거둬야 할 것이다. 국가는 여전히 화폐 공급을 조정할 수 있겠지만, 시스템은 훨씬 더 제한적이 되고 덜 유연해질 것이다.

미국의 물가 상승률. 1971년에 다이아몬드 표시가 되어 있다. 그해 이전에 미국은 (적어도 부분적으로) 금본위제를 채택하고 있었다. 미국이 법정화폐를 채택한 이후 물가 상승률이 얼마나 감소했는지에 주목하자. 출처: In2013Dollars[14]

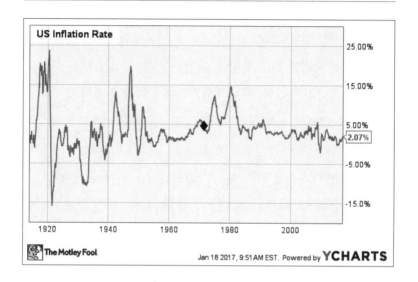

이러한 상황은 미국이 금본위제를 채택했을 때와 상당히 유사하다. 1971년 이전에 정부는 통화 정책 시행이나 외국과의 무역을 위해 켄터키 주의 포트 녹스Fort Knox에 막대한 양의 금을 비축해야 했다.[15] 제임스 본드 시리즈 중의 하나인 영화 〈007 골드핑거〉를 본 적이 있다면, 여러분도 이것이 보안상 얼마나 위험한지 알 것이다. 만약 연준이 막대한 양의 암호화폐를 어떤 지갑에 보관해야 한다면, 분명히 전 세계에 포진한 해커들이 이를 끊임없이 공격해댈 것이다.

그런데 금본위제에서 사람들이 궁극적으로 한 일은 비축이었다. 경제가 불안정할 때 사람들은 금을 비축하는 경향이 있었고, 이로 인해 정부는 금을 확보할 수가 없었다. 사용 가능한 금이 적었기 때문에 정부는 (살려볼 수 있었을) 경제에 충분한 자금을 투입할 수 없었고, 경제는 더욱 약화되어 갔다.[16] 정부가 암호화폐를 사용해야 한다면 바로 이러한 일이 일어날 것이다. 이러한 일을 원하는 정부는 세계 어디에도 없다.

따라서 한 나라가 경제 상황을 조정하는 능력을 잃는다는 것은 실질적으로 타당하지 않다. 게다가 암호화폐는 나라 전체의 경제를 책임지기에는 그야말로 비실용적이다. 2017년 12월 비트코인이 엄청나게 폭락했던 때를 떠올려보자. 비트코인을 거래하려는 사람들의 수가 정점에 이르렀을 때, 거래는 몇 시간이 지나서야 처리되었고 수수료도 한때 50달러가 넘었다.[17] 만약 한 나라가 모든 금융 거래를 비트코인으로 한다면 우리는 2017년 12월 당시보다 더 심각한 혼잡도와 긴 대기 시간, 높은 수수료를 경험하게 될 것이다.

대다수의 나라가 정부가 운영하는 화폐를 포기하고 암호화폐를 지지하진 않겠지만, 통화 기능이 매우 약해진 나라들은 예외가 될 수 있다. 암호화폐는 변동성이 아주 심하다 해도 완전히 붕괴 중인 통화보다는 낫다. 이를테면 베네수엘라의 볼리바르는 한때 연간 83만 퍼센트가 넘는 인플레이션을 기록했고,[18] 짐바브웨의 달러는 2008년 800억 퍼센트에 달하는 인플레이션을(매일 물가가 두 배로 뛰었다!)을 기록했다.[19] 이에 비교하면 비트코인의 두 자릿수 변동률은 확실히 시시해 보인다. 이처럼 극심한 통화 문제에 직면한 나라들은 상대적 안정을 위해 암호화폐를 채택할 수도 있다.

그러나 한 나라가 이왕 자국 통화를 포기할 계획이라면, 짐바브웨가 그랬듯 미국 달러처럼 안정된 통화를 채택하는 것이 어떨까?[21] 그

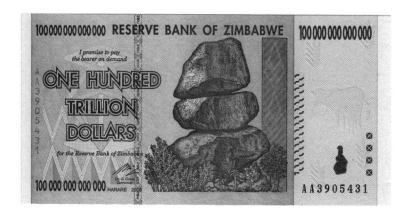

것은 암호화폐보다 훨씬 더 큰 안정성을 가져다줄 것이다.

암호화폐의 미래

정상적인 경제 상황에서 대부분의 시민은 정부가 지원하는 통화에서 정부가 지원하지 않는 비트코인과 같은 암호화폐로 옮겨가고 싶어 하지 않을 것이고, 대부분의 정부 또한 이를 원치 않을 것이다.

그렇지만 경제나 통화가 무너지면 우리는 암호화폐가 비공식적 디지털 거래에 사용되는 모습을 보게 될 수 있다. 예를 들어 2008년 짐바브웨가 초인플레이션을 겪고 있을 때 사람들은 미국의 달러부터 일본의 엔, 인도의 루피까지 모든 돈을 비공식적으로 사용하기 시작했다. 하지만 그러한 돈을 구하기는 (현금 형태든 디지털 형태든) 어렵다. 그에 비교하면 암호화폐를 구하기는 쉽다. 그 모든 결점에

도 불구하고 암호화폐는 누구나 어디서든 접근하기 쉬운 최후의 수
단으로 기능할 수 있다. 이는 암호화폐가 나타나기 전에는 가능한
일이 아니었기 때문에, 암호화폐는 그에 대한 공을 넉넉히 인정받을
만하다.

요컨대 정부가 암호화폐를 운영하게 될 수도 있겠지만, 그렇다 해
도 기존의 통화가 곧 사라지진 않을 것이다. 정부가 운영하지 않는
암호화폐 역시 다른 화폐들처럼 통화 시스템에서 자리를 잡아갈 것
이다. 하지만 우리는 그러한 암호화폐가 곧 달러나 유로를 제칠 거
라고는 생각하진 않는다.

암호화폐가 실제로 사용되는 곳

그렇다고 암호화폐가 무익하다는 것은 아니다. 암호화폐는 다른
통화들과 다른 고유의 속성을 갖고 있기 때문에 특정 분야에서 가치
있게 쓰일 수 있다. 우리가 보기에 암호화폐가 가장 유용하게 쓰일
수 있는 분야는 '지불'과 '투자'다.

지불

책 전반에서 언급했듯이 암호화폐가 지닌 독특한 특성 중의 하나
는 돈을 어디로, 누구에게, 얼마나 보내든 상관없이 모든 거래를 정
확히 똑같이 취급한다는 것이다. 실제로 단 4센트의 수수료만 내고
비트코인 3억 달러를 보낸 사람도 있다![22] 하지만 국내 소액 송금의

경우에는 거래 수수료가 신용카드(또는 수수료가 더 싸며, 조건에 따라 무료일 때도 있는 은행 이체[23])를 이용할 때보다 더 높을 수 있다.

그리고 알다시피 암호화폐는 일단 느리다. 비자는 초당 약 4만 5000건의 거래TPS를 처리할 수 있다.[24] 반면, 비트코인은 초당 약 3건,[25] 이더리움은 약 15건의 거래만 처리할 수 있다.[26] 새로 나온 암호화폐들은 TPS가 더 높아졌다고 주장하지만, 당혹스럽게도 실제 TPS는 홍보된 수치에 훨씬 못 미친다. 예를 들어 이더리움의 경쟁자 이오스EOS는 4000TPS를 지원한다고 주장하지만,[27] 더 넥스트 웹The Next Web의 분석 결과에 따르면 이오스는 실제로 250TPS를 넘긴 적이 없다.[28]

따라서 암호화폐는 신용카드를 끌어내리기에는 너무 느리고 비용도 많이 들지만, 고액 송금이나 해외 송금을 할 때는 상당히 유용하다. 우리는 대부분의 송금 플랫폼이 내부적으로 결국 스테이블코인을 사용하게 될 것으로 생각한다. 고액 송금을 하는 사람들은 좀 더 신중을 기해야 하므로 스테이블코인의 이용이 늦어질 수 있지만, 스테이블코인은 결국 수백만 달러 송금에 적합한 인기 있는 선택지가 될 것이다. 아마존과 같은 주류 전자상거래 플랫폼도 결국은 판매자의 자국 통화를 사용하지 않거나 다른 국가에 거주하는 사람들을 위해 스테이블코인을 허용하게 될 것이다. 페이스북이 최근 만든 암호화폐 또한 비슷한 목적을 갖고 있다.

『토큰노믹스Tokenomics』의 저자 토머스 파워Thomas Power에 따르면, 지불 면에서 하나의 암호화폐가 나머지 암호화폐 위에 군림하게 될 가능성은 거의 없어 보인다. 암호화폐마다 성격이 다르기 때문에, 그보다는 6개에서 10개 정도의 고도로 전문화된 암호화폐를 보게 될 가능성이 크다. 예를 들어 어떤 암호화폐는 보안 및 법률 준수에 중점을 두어 고액 결제 부문에서 최고가 되고, 또 다른 암호화폐는 모바일 뱅킹에 특화되어 해외 송금 부문에서 최고가 되는 것이다.

투자

스테이블코인이 아닌 암호화폐는 매력적인 투자 선택지가 될 수 있다. 이들은 위험도가 높지만, 보상도 크기 때문에 공격적인 투자자들에게는 주식보다 나은 투자 수단이다.

좋은 소식은 암호화폐가 서서히 투자 수단으로 받아들여지고 있다는 것이다. 이제 우리는 퇴직 계좌retirement account를 통해 비트코인에 투자할 수 있으며[29] 페이팔,[30] 로빈후드Robinhood,[31] 스퀘어Square의 캐시앱CashApp[32]과 같은 인기 결제 앱에서도 비트코인을 살 수 있다. 또 암호화폐 ETF(상장지수펀드, 즉 단일 금융 자산 내 여러 암호화폐의 집합체)에도 투자할 수 있다.[33]

거대 금융기관들도 암호화폐에 발을 담그고 있다. 2018년 골드만삭스는 비트코인 거래 부서를 신설하겠다고 발표했다. 부서가 하는 일은 실제로 비트코인을 사고파는 것이 아니라 '비트코인의 가격과 연계된 계약'을 수행하는 것이었다.[34] 그렇다 해도 이는 큰 진전이다. 심지어 비트코인을 '사기'라 한 것으로 유명한 JP모건의 CEO조차도 비트코인 선물futures 거래를 시작하겠다고 발표했는데,[35] 이는 구매자가 일정 시점에 일정 가격으로 일정 수량만큼 사기로 약속하는 일종의 계약이다.[36]

이러한 기관의 참여는 암호화폐를 더욱 적법한 투자 수단으로 보이게 하지만,[37] 암호화폐는 아직 갈 길이 멀다. 전 나스닥 전무이사인 존 제이콥스의 말에 따르면, 암호화폐의 가장 큰 걸림돌은 바로 변동성이다. 아무도 일 년 만에 노후 자금을 반 토막 낼 수 있는 무언가에 투자하고 싶어 하지 않는다. 제이콥스는 변동성을 줄이는 열쇠가 꼭 규제를 더 하거나 덜 하는 것은 아니라고 말한다. 격한 감정을 불러일으키는 것이나 갑작스러운 뉴스로 시장이 롤러코스터 궤도를 그리지 않도록 하기 위해서는 합리적 수준의 규제가 필요하다.

아직 올바른 규제가 무엇인지는 명확하지 않지만, 토머스 파워는 올바른 방향으로 가는 분명한 단계로 ICO에서 STO로의 교체를 꼽았다. 또한 많은 사람이 (거래소가 암호화폐 구매자의 신분을 확인하여 자금 세탁의 위험을 방지하도록 강제하는) KYC와 AML 규정이 범죄자들의 암호화폐 사용 목적을 약화함으로써 '암호화폐를 구했다'고 말했다.[38]

파워에 따르면, 영국의 금융행위감독청Financial Conduct Authority, FCA은 암호화폐가 적절한 투자 대상이 되는 데 필요한 규제를 고심하고 있다. 그는 일단 FCA가 결정을 내리면, 나머지 투자기관들도 이를 따를 것으로 생각한다. 나스닥 또한 적절한 규제가 시행되기를 기다리고 있다. 나스닥은 그 세계가 충분히 '성숙mature'하고 적절한 규제를 받는다면, 자신들도 암호화폐를 거래할 수 있다고 말했다.[39]

전반적으로 이러한 규제는 암호화폐에 좋게 작용한다. 전 골드만삭스 파트너이자, 암호화폐 투자사인 갤럭시 인베스트먼트 파트너스Galaxy Investment Partners의 설립자인 마이크 노보그라츠Mike Novogratz의 말에 따르면, 더 많은 규제가 투자기관을 행복하게 만들 것이라고 한다. 투자기관은 다른 사람들을 대신해 투자(연금, 기부금, 뮤추얼 펀드mutual fund, 헤지 펀드hedge fund[40]를 생각해보라)하는 기관으로, 이들은 투자 전에 암호화폐가 더욱 안정을 찾고 잘 규제되기를 바란다.

그러나 한편, 이 모든 규제는 일반 투자자들이 암호화폐에 발을 들이는 것을 더욱 어렵게 하기도 한다. 노보그라츠는 규제가 모든 사람을 위한 투자 수단이 되고자 하는 암호화폐의 목적을 해친다고 말한다.

제이콥스는 일단 적절한 규제가 마련되면 암호화폐가 주요 투자 수단으로서 주식과 채권을 (교체가 아니라) 보완할 것으로 기대한다. 암호화폐는 주식과 채권에 비교하면 거래 속도가 느리고 비용도 더 들기 때문에, 월스트리트에서의 일반적인 빠른 거래에 적합하지 않다. 그래도 노보그라츠는 암호화폐가 자주 사고파는 자산이 아니기 때문에 투자기관들에 잘 맞을 것으로 생각한다. 더욱이 투자기관들은 보다 공격적인 포트폴리오에 적합한 암호화폐의 빠른 성장 가능성을 높이 평가할 것이다.

단기적으로 봤을 때, 제이콥스는 사람들이 처음 암호화폐에 투자할 만한 방법은 암호화폐 ETF라고 본다. ETF는 여러 암호화폐의 성과를 평균하기 때문에 ETF에 투자한다는 것은 한 개의 특정 암호화폐가 아닌 전체 암호화폐 시장에 투자한다는 것을 뜻한다. 암호화폐가 하룻밤 사이에 대박을 터뜨리거나 폭삭 망할 수 있는 시대에 이는 훨씬 안전한 투자라고 할 수 있다.

하지만 투자자들에게 여전한 문제는 대부분 암호화폐의 가격이 다 같이 움직인다는 것이다. 예를 들어 비트코인이 치솟으면 다른 코인들도 치솟고, 비트코인이 고꾸라지면 다른 코인들도 고꾸라진다.[41] 즉 보통 ETF가 갖고 있는 장점(투자 대상 간의 편차를 고르게 하여 보다 일정하고 안정적인 투자를 가능하게 함)이 효과를 발휘하지 못하는 것이다.

그러나 장기적으로 봤을 때, 제이콥스는 각 암호화폐가 해당 암호화폐만의 기본 결제 시스템, 블록체인, 앱, 또는 가치 등에 따라 각기 다른 가치 평가를 받게 될 것으로 생각한다(이는 판매하는 제품의 실적에 따라 회사 주가가 정해지는 논리와 흡사하다). 즉 제이콥스의 말이 옳다면 암호화폐의 가격은 상호 간에 그렇게 밀접한 연관성을 갖지 않을 것이기 때문에, 암호화폐는 더욱더 안정적이고 신뢰할 만한 투자 대상이 될 것이다.

암호화폐 투자자들이 반길 만한 마지막 긍정적인 신호는 주머니가 두둑한 회사들이 암호화폐, 특히 비트코인에 막대한 자금을 쏟아붓고 있다는 것이다. 핀테크financial tech(금융finance과 기술technology의 융합을 통한 금융 서비스-옮긴이) 회사인 스퀘어는 2020년 비트코인에 5000만 달러를 투자했고,[42] 자산 운용 회사인 그레이스케일Grayscale은 같은 해 수백억 달러 상당의 비트코인을 사들였다[43](2021년 즈음 그레이스케일은 현존하는 모든 비트코인의 거의 3%를 소유했다![44]). 심지어 별 이유가 없어 보이는 회사들도 비트코인을 사고 있는데, 예를 들면 비즈니스 분석 회사인 마이크로스트레티지MicroStrategy는 2020년과 2021년에 비트코인에 수십억 달러를 쏟아부었다.[45] 이러한 투자기관의 유입은 비트코인의 변동성을 줄여 그에 따라 비트코인이 대중적 투자로 채택되는 데 가장 큰 걸림돌이 되는 것 중의 하나를 약화시킬 수 있다.

금 교체의 가능성?

사람들은 수년 동안 비트코인을 금과 비교해왔고,[46] 이 비교는 거의 핵심을 찌르는 것이지만, 이는 좀 더 자세히 살펴볼 가치가 있다.

금이 여전히 인기 있는 투자 수단인 이유 중의 하나는 금이 미국 달러와 반대로 움직이는 경향이 있기 때문이다.[47] 금의 가격(달러로 측정)은 보통 1달러의 가격(유로, 엔, 또는 다른 통화 바구니로 측정)이 내려갈 때 오르고, 오를 때 내려간다. 달러 가치가 떨어지면 같은 양의 금을 구입하는 데 더 많은 달러가 필요하므로 금 가격이 상승한다. 따라서 인플레이션은 대개 투자자들에게는 불리하지만, 금 보유자에게는 유리하다.

다시 말하면, 금은 유용한 인플레이션 대비책이다.[50] 투자자들은 보통 예정된 인플레이션에 대비해 어느 정도는 금에 돈을 투자해놓는다.

하지만 가장 인기 있는 인플레이션 대비책으로서 금의 시대가 얼마 남지 않았을지 모른다는 징후들이 있다. 비트코인의 가격 역시 미국 달러와 반대로 움직이는데, 코로나19 경제 위기를 겪는 동안 미국의 예정된 인플레이션과 동시에 비트코인 가격이 확실히 상승하면서,[51] 비트코인 또한 하나의 인플레이션 대비책으로 떠오르게 되었다. 금과는 비교도 안 될 정도의 비트코인 성장세에 많은 투자

자가 인플레이션 대비책으로 금 대신 비트코인을 준비해야 할지 고민하기 시작했다.[52]

이는 단순히 성장세 때문만은 아니다. 비트코인은 투자 수단으로서 금에 비해 다른 많은 장점을 갖고 있다. 첫째, 비트코인의 공급은 예측 가능하다. 모든 사람이 비트코인은 오직 2100만 개까지만 채굴된다는 것을 안다. 그에 반해, 지구에 얼마나 많은 금이 남아 있는지 정확히 아는 사람은 아무도 없다. 추정치는 약 15만 톤에서 250만 톤이다[53](게다가 소행성 채굴이 흔한 일이 되면, 금 공급은 사실상 무한해질 것이다). 또한 비트코인은 금보다 저장과 운반, 세분화가 더 쉽다. 금괴처럼 무겁지 않으며, 녹이고 제련하는 비싼 과정도 필요하지 않다.

그리고 아마도 가장 중요한 점은 비트코인의 알고리즘적 특성 때문에 비트코인이 금보다 사기에 덜 취약하다는 점일 것이다. 역사적으로 우리는 가짜 금괴를 만드는 사람들,[54] 그리고 광석 샘플에 금가루를 입혀 투자자들로 하여금 그들의 금광이 실제보다 더 벌이가 된다고 생각하도록 속여온 광업 회사들을 목격해왔다.[55]

하지만 이러한 긍정적인 요인들에도 불구하고, 비트코인이 금을 완전히 대체할 가능성은 없어 보인다. 비트코인은 여전히 부족한 가치 저장고이다. 비트코인은 수년에 걸쳐 반복적으로 단 몇 시간 만에 그 시장 가치를 절반 또는 그 이상으로 떨어뜨리고 있다.[56] 또 분석가들은 비트코인의 희소성이 완전히 조작된 것이라고 주장하기도 했다. 비트코인 커뮤니티가 합의를 거쳐 2100만 개라는 비트코인의 한계를 장차 올릴 수도 있다는 것이다.[57]

기타 활용 사례

이 모든 것을 볼 때, 앞으로 암호화폐는 분명히 지불 수단(주로 대규모 또는 해외 송금)과 투자 수단(주식과 채권을 보완하지만 대체하지는 않음)으로 가장 크게 활용될 것이다.

그 밖에 암호화폐는 익명의 사적 지불을 위한 방법으로 일부 사용되기도 한다. 예를 들어 독재 정부 아래에서 야당에 기부하기를 원하는 운동가는 기부금이 익명으로 유지되기를 원할 것이다.

문제는 해가 갈수록 익명으로 이루어지는 사적 지불이 점점 더 어려워진다는 것이다. 자금 세탁 방지 제도에서 SEC의 STO 법에 이르기까지 대부분의 규제가 실제 신분을 암호화폐 주소와 연결하는 데 초점을 맞추고 있기 때문이다. 이는 암호화폐를 범죄자들에게 덜 유용하게 만들기 때문에 전체적으로 보면 암호화폐 시장에는 좋은 일이다(암호화폐가 가진 가장 큰 걸림돌 중의 하나는 그것이 범죄자들만 사용하는 화폐라는 인식이다[58]). 하지만 이는 암호화폐가 합법적 사용을 위한 익명의 사적 도구로는 점점 덜 유용해질 것이라는 뜻이기도 하다. 암호화폐가 지불 수단과 투자 외에 다르게 활용될 수 있는 사례는 계속 줄어들 것이다.

이는 몹시 아이러니한 일이 아닐 수 없다. 암호화폐가 성공(얼마나 많이 사용되는가의 면에서)하려면 원래의 철학적인 목표들을 포기해야 하기 때문이다. 통화 시스템을 뒤집고 은행과 정부를 배제하기 위해 고안된 기술은 은행들에 의해 채택되고 정부에 의해 규제되고 있다.

전용 블록체인과
공공 블록체인의 차이점

블록체인의 미래에 관해 생각할 때는 전용 블록체인과 공공 블록체인을 구분 지어 생각하는 것이 좋다. 이들은 각기 다른 목적과 다른 과제를 갖고 있기 때문이다(암호화폐는 공공 블록체인을 기반으로 하므로, 여기에서 새로운 알트코인은 공공 블록체인에 포함된다).

전용 블록체인은 조직이 제어하는 프로세스를 통해 높은 수준으로 정보와 상품의 흐름을 최적화할 수 있도록 돕는다. 월마트가 잎채소 공급망을 위한 전용 블록체인을 구축할 때, 그들은 채소가 공급망 전체에서 어떻게 움직이는지 더 잘 이해하고 싶어 했다. 엑스박스가 로열티 지불을 위한 전용 블록체인을 구축할 때, 그들은 고객과 게임 출시자, 계약업자들 사이에서 일어나는 돈의 이체를 자동화하고 싶어 했다. 그리고 이 책의 도입부로 돌아가, 유엔이 난민들의 디지털 '잔고credits'를 블록체인상에서 추적하기 시작할 때, 그들은 난민들이 남은 돈으로 공급품을 얼마나 살 수 있는지 확인하고 싶어 했다. 이 모든 경우에서 조직들은 전체 프로세스(월마트의 공급망, 엑스박스의 로열티 지불 계획, 유엔의 원조 프로그램)를 소유했다.

공공 블록체인은 높은 수준으로 일반 대중이 보유한 자산의 소유권과 움직임을 기록하는 것을 목표로 한다. 암호화폐 블록체인은 사람들이 가진 돈의 움직임을 기록하고, 밴드네임볼트 블록체인은 상표 소유권을 기록하려 했으며, 파일코인 블록체인은 컴퓨터 저장 공간의 '대여' 관련 데이터를 기록하고, 네임코인 블록체인은 웹사이트 이름의 소유권과 판매 내역을 기록하려 했다. 이 모든 경우에서 해당 블록체인을 만든 이들은 중앙화된 실세 권력을 피해가고자 했다. 암호화폐는 은행과 정부를 피하고자 하고, 밴드네임볼트는 상표청을 피하고자 했으며, 파일코인과 IPFS는 지오시티나 마이스페이스 같은 거대 웹사이트를 피하고자 하고, 네임코인은 기존의 도메인 대행자를 피하고자 했다.

요컨대 전용 블록체인은 위에서 아래로 프로세스 최적화를 수행하는 데 쓰이는 반면, 공공 블록체인은 아래에서 생겨난 보다 가치 있는 것들을 급진적이고 새로운 방법으로 기록하는 데 쓰인다. 같은 기술을 사용하지만, 그 활용 방법은 매우 다르다.

서로 다른 성과

전용 블록체인은 지금까지 비교적 훌륭한 성과를 냈다. 이들은 이미 공급망, 청산소, 로열티 지불 등 여러 부문을 변화시켰다. 그리고 이제 마이크로소프트의 애저,[59] 아마존 웹 서비스,[60] 오라클,[61] 구글 클라우드, IBM[62] 및 기타 클라우드 컴퓨팅 서비스가 클라우드 블록체인 솔루션을 제공하므로 어떤 회사든 전용 블록체인을 구축할 수 있다.

반면, 공공 블록체인이 내세울 만한 주요 성공 사례는 암호화폐가 유일하다. 그런데 이 암호화폐조차도 그 성장에 따라 직면해야 하는 정밀 조사와 규제가 점점 더 늘고 있다. IPFS의 탈중앙화 인터넷처럼 지금의 중앙형 네트워크를 탈중앙화하려는 프로젝트들은 여전히 블록체인 지지자들이 주로 시도하는 틈새 프로젝트로 남아 있다.

하지만 상표권이나 웹사이트 등록을 다른 방법으로 하고자 했던 보다 야심 찬 일부 프로젝트들은 결국 실패했다.

서로 다른 과제

그런데 왜 공공 블록체인은 전용 블록체인보다 훨씬 더 성과가 좋지 않은 걸까? 우리는 그 이유가 공공 블록체인이 세 가지 큰 어려움에 직면해 있는 반면, 전용 블록체인은 이 세 가지 면에서 모두 유리한 위치에 있기 때문이라고 생각한다.

우선 공공 블록체인은 닭이 먼저냐 달걀이 먼저냐의 문제로 고통받고 있다. 사람들은 다른 사람들이 이미 사용하고 있다고 느껴야만 IPFS, 파일코인, 네임코인과 같은 플랫폼에 합류할 것이다. 하지만 모든 사람이 그렇게 생각한다면 아무도 그 플랫폼에 합류하지 않을 것이다. 전용 블록체인을 사용하면 이러한 문제를 걱정할 필요가 없다. 전용 블록체인을 구축한 기업들은 사람들이 이를 이용하도록 그냥 강제하면 되기 때문이다. 채소 공급업자들이 새로운 블록체인에 출하 상태를 기록하게 하고 싶다면, 월마트는 단지 그들에게 그렇게 하라고 시키면 된다. 월마트와 계속 같이 일하고 싶어 하는 공급업자라면 즉시 이를 따를 것이다.

다음으로, 공공 블록체인은 기술 복잡도가 점점 더 올라가면서 구축이 더욱 어려워지고 있다. 예를 들어 2018년에 출시된 지캐시 ZCash는 사용자들에게 진정한 익명 거래를 약속하는 코인이다.[63] 그런데 지캐시의 작동 방법을 설명하는 백서에는 빽빽한 수학적 증명이 62페이지나 계속된다.[64] 반면, 전용 블록체인은 일반적으로 이보다 덜 복잡하다. 대부분 비트코인이나 이더리움보다 훨씬 덜 복잡하다. 게다가 대부분의 클라우드 제공업체가 서비스형 블록체인block-chains-as-a-service을 제공하기 때문에,[65] 전용 블록체인을 원하는 기업은 처음부터 이를 구축할 필요 없이 대여할 수 있다.

공공 블록체인이 직면한 가장 크고 가장 흥미로운 문제는 합법성과 관련된 문제다. 소유권에 대한 탈중앙화된 합의는 모든 사람이 그 탈중앙화된 시스템이 합법적이고 소유권 주장을 할 수 있다는 데 동의하는 경우에만 효과가 있다. 밴드네임볼트와 마찬가지로, 우리는 블록체인에 상표명을 등록할 순 있지만, 법원에서 상표에 대한 승인을 얻지 못한다면 이를 사용하지 못할 것이다. 또 블록체인에 토지의 소유와 매각을 기록할 순 있지만, 법원은 이를 증거로 받아들이지 않을 것이고, 은행도 이를 대출 담보로 받아들이지 않을 것이다(누군가 가짜 블록체인을 만들어놓고 엠파이어스테이트 빌딩을 샀다고 '기록recording'할 수도 있지 않겠는가?).

한편, 엑스박스는 분명히 자신들의 전용 블록체인을 적법한 것으로 받아들일 것이다. 따라서 모든 게임 출시자는 엑스박스가 블록체인에 기록된 모든 지불 관련 내용을 존중할 것이라고 확신할 수 있다.

전용 블록체인은 범위가 제한적이므로 공공 블록체인보다 일을 좀 더 쉽게 만든다. 전용 블록체인은 우리 사회가 토지나 예술품, 지적 재산의 소유권을 기록하는 방식을 뜯어고치려 하기보다, 금융정보센터financial clearinghouse 이면의 기술을 업그레이드하는 데 만족한다.

서로 다른 미래

블록체인은 그야말로 도구에 불과하므로, 말하자면 공급망 자동화와 같은 기술적 문제를 해결해야 할 때 빛을 발한다. 블록체인은 오래된 기술이나 문서를 바탕으로 하는 매우 비효율적이고 복잡한 시스템을 개선하는 데 아주 유용하다. 하지만 블록체인 그 자체만으로는 많은 공공 블록체인 앱들이 원하는 방식대로 사회를 재편할 수 없다. 블록체인은 단지 도구일 뿐이기 때문이다. 사회적 변화를 이끌려면, 공공 블록체인의 뒤편에 있는 사람들이 커뮤니티를 구축하고, 언론의 관심을 끌고, 정책을 만드는 정부와 협력하는 등 '사람'과 관련된 어려운 일을 해야 한다. 적어도 지금까지만 보면, 공공 블록체인을 연구하는 스타트업들은 기술 개발에는 매우 열성적이었지만 '사람'과 관련된 일에는 덜 열성적이었다.

이러한 이유로 우리는 '사람' 문제를 다룰 필요가 없는 전용 블록체인을 더욱 낙관적으로 전망한다. 전용 블록체인은 단지 기술적인 문제를 해결하기만 하면 되고, 또 그 일들을 아주 잘 한다. 관련하여 마이크 노보그라츠와 존 제이콥스는 전용 블록체인이 공공 블록체인보다 매력도 덜하고 야심도 덜하지만, 세상을 바꿀 잠재력이 더 크다는 생각을 공유하기도 했다.

암호화폐와 블록체인,
거품인가 혁명인가?

이는 우리가 이 책을 시작하면서 답하기로 한 질문이다. 지금까지 살펴보았듯이, 그 대답은 '암호화폐는 거품이다' 혹은 '암호화폐는 혁명이다'보다는 좀 더 복잡하다. 블록체인과 암호화폐, 그리고 그와 관련된 기술(통틀어 암호화 기술)들은 많은 사람이 생각하듯 무정부 상태가 아닌 완전한 효율화를 통해 세상을 바꿔놓을 것이다. 이들은 엄청난 영향을 미치겠지만, 그 기술을 만든 사람들이 의도한 식으로는 아닐 것이다.

반전

사토시 나카모토가 비트코인에 대한 비전을 제시했을 때, 그는 통화가 더는 은행과 정부의 통제를 받지 않고, 사람들이 권력기관에 의지하지 않고도 금융 시스템을 구축할 수 있는 세상을 상상했다.[66] 그리고 이후에 나온 대부분의 암호화폐가 이와 비슷한 정신을 따랐다. 하지만 곧 정부가 개입하지 않는 탈중앙 화폐로 경제를 구축한다는 것은 비현실적이라는 사실이 명백해졌다. 앞서 암호화폐의 변동성, 속도, 가격, 거래 처리 능력에 관한 문제를 충분히 확인했으니 잘 알 것이다. 더욱이 암호화폐가 보이는 것처럼 반드시 탈중앙화되어 있진 않다. 중국이 비트코인을 얼마나 지배하고 있는지 생각해보라.

암호화폐는 은행, 정부와 더 잘 지내기 시작하면서 더 큰 성공을 거두기 시작했다. 스테이블코인은 지불 혁명의 토대가 될 수도 있으나, 강력한 법정 통화 없이는 존재 자체가 불가능하다. 암호화폐는 서서히 주류 투자 수단이 되어가고 있지만, 이는 오로지 암호화폐가 은행과 SEC를 만족시키는 방향으로 규제되고 있기 때문이다. 국가들은 기존 법정 통화의 토큰화를 통해서만 암호화폐를 채택하고 있다.

암호화폐의 미래는 은행을 대체하고 정부를 약화시키는 어떤 집단이 운영하는 코인에 있는 것이 아니라, 기존의 법률, 금융, 정치 제도에 무난히 통합되는 고도로 규제된 코인에 있는 것으로 보인다.

블록체인 역시 비슷한 반전을 겪었다. 블록체인은 원래 '인류에게 가치 있는 모든 것을 기록'[67]할 수 있고 특허, 저작권, 예술, 부동산, 주식 등 모든 것이 암호화 토큰으로 저장되는 '탈중앙화된 인간 decentralized man'의 시대를 이끌 수 있는 기술로 고안되었다.[68] 그러나 우리가 지금까지 보아온 '모든 것을 블록체인에 올리려' 한 많은 노력은 초기 단계에서 멈춰버리거나 완전히 실패했다. 공공 블록체인 역시 반드시 탈중앙화되어 있진 않다. 이더리움의 창시자인 비탈릭 부테린은 일부 커뮤니티의 불만을 무시하고 일방적으로 하드포크를 강제하기도 했다.[69]

한편, 전용 블록체인은 작물을 심은 토양의 온도 확인,[70] 자동차 보증 관리,[71] 항공기의 정비 이력 추적[72] 등 크고 복잡한 프로세스를 더욱 효율적으로 만들어 산업 전반에 굉장한 도움을 준다. 이러한 문제들은 해결하기에 별로 신나는 문제들도 아니고, 전용 블록체인이 항상 완벽한 도구인 것도 아니지만,[73] 그래도 전용 블록체인은 이 세상에 현실적인 도움을 준다.

지금까지의 암호화폐 역사를 살펴보면, 이들의 유토피아적 꿈은 제대로 실현되지 않았다. 2017년 7월부터 2017년 12월까지 비트코인 가격은 열 배로 뛰었지만, 다음 해 80% 이상 폭락했다.[74] 가격이 절정에 달하고 이용자가 몰리자, 거래는 느린 데다 어려워졌고, 수수료도 비싸졌다. 이처럼 정부가 배제된, 탈중앙화된 화폐의 개념은 멋지긴 하지만, 이를 중심으로 한 경제 구축은 (아직) 가능하지 않다.

초기의 블록체인 혁신가들이 의도했던 것(모든 종류의 자산을 기록하고 저장할 수 있는 탈중앙화된 방법)에 더 가까운 것은 공공 블록체인이다. 하지만 실제 성공은 사실 상당히 중앙화된 전용 블록체인이 거두고 있는 것으로 보인다.

궁극의 아이러니

이처럼 암호화 기술의 궁극적 아이러니(아마도 이 책의 중심 생각일 것이다)는 암호화 기술이 원래 의도했던 것과 정반대의 길을 취함으로써 성공하고 있다는 것이다. 비트코인과 같은 정부가 운영하지 않는 암호화폐와 이더리움 같은 공공 블록체인은 탈중앙화라는 설립 정신을 지키고 있지만, 성공 가능성은 정부가 운영하는 암호화폐(토큰화된 화폐)와 전용 블록체인이 훨씬 더 높다. 암호화 기술은 정부와 대기업을 더욱 강력하게 만들 것이다(블록체인이 월마트나 마이크로소프트와 같은 거물들의 수익 증대를 어떻게 도왔는지, 또는 중국이 어떻게 토큰화된 화폐 덕분에 더 많은 나라와 경제를 지배할 수 있게 될지 생각해보라).

그런데 왜 이런 반전이 생긴 것일까? 한 가지 이유는 기술적인 한

계 때문이다. 변동성이 없는 암호화폐를 만드는 데 필요한 막대한 양의 돈과 자원은 실제로 정부나 페이스북과 같은 거대 기업만이 투입할 수 있고, 블록체인은 느린 속도, 비용, 복잡성 때문에 일상적 용도가 아닌 특정 기업에 적합하다. 하지만 기술이 빠르게 발전하고 있으므로, 아마도 이러한 한계는 다음 세대의 혁신적인 암호화폐나 블록체인 플랫폼으로 해결될 수 있을 것이다.

더욱 근본적으로 이 기술들이 흥미로운 이유는 이러한 기술들의 설립 철학과 변화 이론theory of change으로 귀결된다.

블록체인과 암호화폐는 잘 만들어진 기술이다. 이 기술들은 안전하고 신뢰할 수 있으며, 바탕이 되는 계산적 이론도 탄탄하다. 과거 거래 이력이 모두 공유되고 불변한다는 개념 역시 매우 설득력 있다.

그러나 이러한 기술들이 나왔을 때, 어떻게 실제로 사회적 변화를 이끌 수 있을지에 대한 진지한 고려는 별로 이루어지지 않았다. 물론, 부동산과 주식 거래 시스템에 블록체인을 적용할 수는 있다. 하지만 누가 이러한 시스템을 밑바닥부터 전 세계가 사용하고 수용하는 견고한 시스템으로 변화시킬 수 있을 것인가? 또, 새로운 화폐를 만들 수도 있다. 하지만 거대하면서 이해하기 쉽지 않은 야수 같은 전 세계의 금융 시스템을 어떻게 샅샅이 살펴볼 것인가? 또, 스마트 계약과 블록체인 기반 통제 시스템으로 정부를 대체할 기술을 개발할 수도 있다. 하지만 정책과 법률, 국정을 어떻게 제대로 돌아가게 할 것인가? 블록체인과 암호화폐를 만든 기술자들은 이러한 사회적 문제가 아니라, 어려운 기술적 문제들을 해결하는 데 더 능했다.

만약 화성에 식민지를 만들어놓고 처음부터 모든 돈은 암호화폐가 될 것이며 모든 자산의 소유권, 계약, 제품, 서비스가 블록체인을 사용할 것이라고 선언한다면, 그것은 정말로 그렇게 될 것이다. 하지만 지구는 전혀 다르다. 우리의 경제, 사회, 정치 체제는 수천 년에 걸쳐 형성되어왔다. 이들을 바꾸는 것은 극히 어려운 데다 시간도 오래 걸린다. 대부분의 사람들은 혼란스럽고 검증되지 않은 새로운 시스템보다 그냥 잘 돌아가는 시스템을 원한다. 암호화 기술을 개발한 사람들은 너무 낙관적이었던 것 같다. 우리는 수많은 사람을 살피는 정부, 수십억 달러를 다루는 은행, 그리고 매년 수조 달러를 움직이는 경제를 그야말로 그냥 '무너뜨릴' 수는 없다.

큰 그림을 보라

암호화 기술은 해외 송금 절차 간소화, 무너진 공급망 개선 등 순전히 기술적 해결책이 필요한 비효율적인 시스템에 언제든 유용하다. 하지만 법률, 통제, 경제와 같이 일단 '사람'과 관련된 문제에 빠지기 시작하면 모든 기술과 마찬가지로 낭패를 보게 된다.

암호화 기술을 성공적으로 활용하는 대부분의 사람들은 단순히 더 나은 기술적 도구가 필요한 사람들이다. 이러한 경향은 대체로 대기업과 정부, 은행에서 보이며, 이들은 블록체인과 암호화폐를 사용해 효율성과 투명성을 높이고, 보안을 개선하고, 이득을 늘리고자 한다. 모두 좋은 것이지만, 이러한 효과들은 확실히 암호화 기술을 만든 사람들이 계획했던 것은 아니다. 권력을 분산시키기 위해 고안된 기술은 실제로 권력을 가진 자들에게 훨씬 더 많은 것을 주게 되었다.

그렇다면, 거품인가 혁명인가? 단기적으로 암호화폐는 분명히 등락을 거듭할 것이고, 블록체인 앱들은 나타났다가 사라지길 반복할 것이다. 하지만 우리는 암호화폐와 블록체인이 장기적으로는 거품이라고 생각하지 않는다. 이들은 분명히 가치가 있고, 원래 의도했던 방식은 아니더라도 분명히 세상을 바꿀 것이기 때문이다.

맺음말

────◆──────◆────

이로써 책을 마무리하고자 한다. 여러분이 이 책을 유익하고, 흥미롭고, 어쩌면 재미있다고까지 느꼈길 바란다. 그리고 암호화 기술이 단지 거품에 불과한지 진정한 혁명인지 스스로 결정할 수 있을 만큼 많은 것을 알게 되었기를 바란다. 책의 뒷부분에 아직 많은 내용이 남아 있다. 가장 핵심적인 암호화 기술 용어들(본문에서 설명하지 못한 용어들 포함)과 상위 25개의 암호화폐에 대한 해설을 읽어보길 추천한다. 또한 추가 확인이 필요한 경우를 대비해 주석을 통해 조사 과정에서 활용한 출처의 링크를 수록했다.

회사나 콘퍼런스, 혹은 대학에 우리를 초대하고 싶다면?

이 책이 유익했고, 그래서 여러분이 속한 기관의 행사에 우리를 초대해 이야기를 듣고 싶다면, 행사 내용과 예상 날짜를 'speaking@bubbleorrevolution.com'로 보내주시면 된다. 우리는 독자들과 직접 만나는 것을 매우 좋아한다. 지금까지 블록체인, 암호화폐, 기술 산업의 미래에 대해 독자들과 나눈 대화는 정말 즐거웠다.

계속 연락하고 싶다면?

우리 세 사람은 기술 산업의 미래 예측, 기술 분야 진출을 위한 팁, 취업 자료들을 링크드인LinkedIn에 정기적으로 공유한다. 연락처는 다음과 같다.

- 닐 메타 linkedin.com/in/neelmehta18
- 아디티야 아가쉐 linkedin.com/in/adityaagashe
- 파스 디트로자 linkedin.com/in/parthdetroja

이 책을 읽고 좋았던 점을 SNS에 올리고 우리를 태그하면 우리도 추천, 댓글, 공유를 통해 여러분이 조회 수와 팔로워를 늘릴 수 있도록 도와드리겠다.

읽어주셔서 다시 한번 감사드리며, 다음에 또 만날 때까지 잘 지내시길!

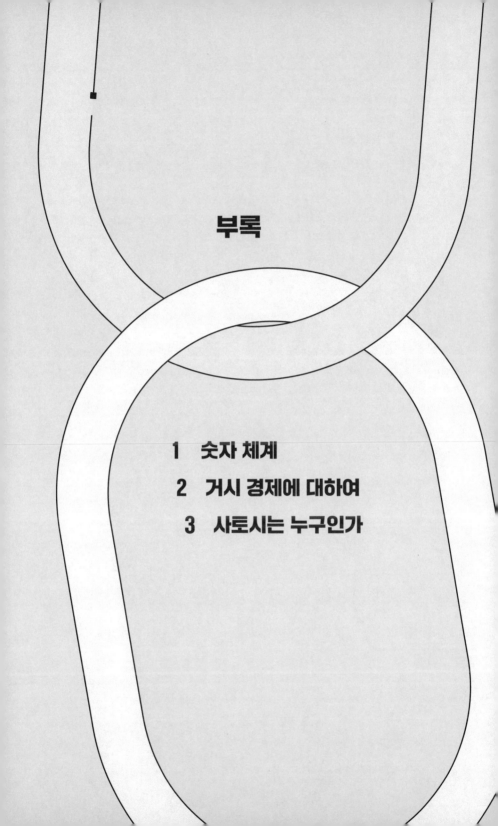

부록

숫자 체계

우리 인간은 십진법, 즉 십진수로 숫자를 세는 것에 익숙하다. 우리는 열 가지의 숫자를 갖고 있고, 일, 십, 백, 천 자리 등을 이용해 수를 만든다. 예를 들어 어딘가에서 '327'이라는 수를 보면, 우리의 머리는 이를 $(3 \times 10^2) + (2 \times 10^1) + (7 \times 10^0) = 300 + 20 + 7 = 327$로 계산한다. 우리는 십진법에 너무 익숙해져서 보통은 이것이 단지 수를 세는 방법 중의 하나라는 것을 잊어버린다.

이진수

하지만 컴퓨터는 우리처럼 수를 십진법으로 생각하지 않는다. 사실 컴퓨터가 아는 숫자는 0과 1뿐이기 때문에 컴퓨터는 이진법을 쓴다[왜 0과 1일까? 컴퓨터는 언제든 켜짐(1) 또는 꺼짐(0)이 될 수 있는 전기 신호에 의존해 정보를 처리하기 때문이다[1]].

이는 컴퓨터가 일의 자리, 십의 자리, 백의 자리 대신 1의 자리, 2의 자리, 4의 자리, 8의 자리(등등)를 사용함을 의미한다. 이진수로 표현되는 각 자리에는 0이나 1만 올 수 있다. 1이 온 후에는 자릿수를 하나 올려야 한다. 예를 들어 이진수로 0부터 10을 센다면 0,

1, 10, 11, 100, 101, 110, 111, 1000, 1001, 1010이 될 것이다. 1에 1을 더할 때마다 그 자리는 0이 되고 1은 왼쪽 자리로 옮겨 간다. 마치 우리가 초등학교에서 덧셈을 배울 때, 두 개의 수를 더해 값이 10 이상이 되면 '1을 받아 올림' 했던 것과 같다.

이진수는 십진수로 변환할 수 있다. 이를테면 이진수 10101은 십진수로 $(1 \times 2^4) + (0 \times 2^3) + (1 \times 2^2) + (0 \times 2^1) + (1 \times 2^0) = 16 + 0 + 4 + 0 + 1 = 21$이다.

이진수는 컴퓨터 내부적으로 쓰이기에는 좋지만, 기록에는 그리 효율적이지 않다. 이진수는 십진수보다 약 세 배 더 많은 자릿수를 차지하기 때문이다.* 십진수 1776(4자리)은 이진수로 11011110000 (11자리)이다.

16진수

그래서 공학자들은 컴퓨터가 쓰는 숫자를 더 간결하게 기록하기 위해 보통 16진법, 즉 16진수를 사용한다. 16진수는 이진 정보 4자리($16=2^4$이므로)를 한 자리로 압축해 컴퓨터가 쓰는 숫자를 기록하는 매우 효율적인 방법이다.

16진수는 0과 1이나 0~9 대신, 0~9에 문자 A~F(즉 16개 기호)를 추가로 사용한다. 16진수로 0부터 20까지 센다면, 0, 1, 2, 3, 4, 5, 6, 7, 8, 9, A, B, C, D, E, F, 10, 11, 12, 13, 14가 될 것이다. 그렇다. A 가 10에 해당하고 F가 15에 해당한다.

• 정확한 배수는 log10 / log2 = 3.32이다.

(숫자와 문자가 뒤섞인 이 16진수가 헷갈리지 않는가? 다행히 탈출구가 있다. 16진수는 보통 십진수와 아주 비슷해 보이기 때문에 공학자들은 대개 16진수 앞에 '0x'라는 태그를 붙인다.)

이진수와 마찬가지로 16진수도 십진수로 쉽게 변환할 수 있다. 예를 들어 0xB5D는 십진수로 $(11 \times 16^2) + (5 \times 16^1) + (13 \times 16^0) = 2816 + 80 + 13 = 2909$이다. 그리고 0x53은 십진수로 $(5 \times 16^1) + (3 \times 16^0) = 80 + 3 = 83$이다(이 경우 0x가 매우 유용하게 쓰였다).

16진수는 십진수보다 더 간결하다. 예를 들어 1776은 십진수로는 네 자리이지만 이진수로는 11자리임을 기억하자. 그런데 16진수로는 0x6F0이다(단 세 자리에 불과하다!).

16진수는 일단 앱이나 기기들의 내부를 유심히 들여다보면 어디서든 확인할 수 있다. 컴퓨터 오류 코드[2]와 비디오 게임 치트키cheat code[3](게임을 유리하게 하려고 일종의 속임수를 이용해 조작하는 것-옮긴이)가 보통 16진hexadecimal 코드로 작성된다(또는 전문 용어로 그냥 '헥스hex' 코드). 또 텍스트 편집기에서 이미지 파일을 열어도 헥스 코드를 확인할 수 있다.[4]

그리고 물론 비트코인도 16진수를 선호한다. 특히 해시값으로 말이다. 비트코인은 16진수로 블록 해시값[5]과 거래 해시값[6]을 부호화한다.

십진수 vs. 이진수 vs. 16진수

십진수	이진수	16진수
0	0	0
1	1	1
2	10	2
3	11	3
4	100	4
5	101	5
6	110	6
7	111	7
8	1000	8
9	1001	9
10	1010	A
11	1011	B
12	1100	C
13	1101	D
14	1110	E
15	1111	F
16	10000	10

컴퓨터가 다운될 때 나타나는 악명 높은 '블루스크린' 중 하나. 아랫부분에서 16진수로 표현된 오류 코드를 확인할 수 있다. 출처: 위키미디어[7]

```
A problem has been detected and windows has been shut down to prevent damage
to your computer.

The problem seems to be caused by the following file: SPCMDCON.SYS

PAGE_FAULT_IN_NONPAGED_AREA

If this is the first time you've seen this Stop error screen,
restart your computer. If this screen appears again, follow
these steps:

Check to make sure any new hardware or software is properly installed.
If this is a new installation, ask your hardware or software manufacturer
for any windows updates you might need.

If problems continue, disable or remove any newly installed hardware
or software. Disable BIOS memory options such as caching or shadowing.
If you need to use Safe Mode to remove or disable components, restart
your computer, press F8 to select Advanced Startup Options, and then
select Safe Mode.

Technical information:

*** STOP: 0x00000050 (0xFD3094C2,0x00000001,0xFBFE7617,0x00000000)

*** SPCMDCON.SYS - Address FBFE7617 base at FBFE5000, DateStamp 3d6dd67c
```

비트코인의 진법

수를 더욱더 간결하게 나타내고 싶다면, 64개의 기호, 즉 10개의 아라비아 숫자, 26개의 대문자, 26개의 소문자, 그리고 '+', '/'의 특수 문자를 사용하는 64진법을 사용할 수 있다.[8]

문제는 64진수가 사람이 알아보기에 쉽지 않다는 것이다. 64진수는 소문자 'o'와 대문자 'O', 소문자 'l(라마llama의 l처럼)'과 대문자 'I(인도India의 I처럼)', 숫자 1 등 혼동하기 쉬운 기호들을 사용한다. 따라서 종이에 나타낸 64진수를 입력한다고 하면, 틀릴 가능성이 크다. '+'와 '/'에 영향을 미치는 문제들도 있다. 예를 들어 일부 입력 필드text field는 영숫자가 아닌 문자non-alphanumeric character를 허용하지 않는다.[9]

이 종이 지갑에는 58진법으로 나타낸 개인키와 주소가 포함되어 있다.[11]

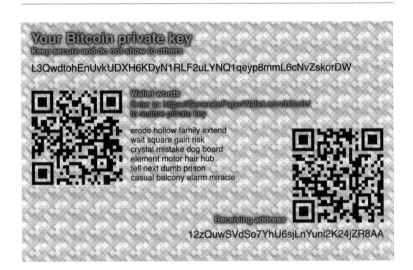

사토시는 이 문제를 해결하기 위해 58진법을 개발했다. 58진법에는 64진법에서 사용되는 모든 기호가 포함되는데, 단 '+'와 '/', 대문자 'O', 숫자 '0', 대문자 'I(인도India의 I처럼)', 소문자 'l(라마llama의 l처럼)'는 제외된다. 이렇게 하면 58개의 가능한 기호들이 남게 되고, 이들만으로도 충분히 숫자를 간결하게 표현할 수 있다.* 비트코인은 개인키, 공개키, 주소의 표준 형식으로 흔히 58진법을 사용한다.[10]

---

* log64 / log16=1.5이므로 64진법은 16진법보다 50% 더 간결하다. log58 / log16=1.46이므로 58진법은 16진법보다 46% 더 간결하다. 약간의 손실이 있긴 하지만 58진법은 64진법보다 사용성을 더욱 크게 높였다.

거시 경제에 대하여

우리는 모두 수요와 공급에 대해 들어본 적이 있다. 여러분은 아마 수요의 증가와 공급의 감소가 어떻게 상품의 가격을 상승시키는지도 들어본 적이 있을 것이다. (개별 재화와 기업을 대상으로) 이러한 종류의 분석에 집중하는 학문을 미시 경제학이라고 한다.

경제학의 나머지 절반은 더욱 큰 규모의 경제를 연구하는 거시 경제학이다. 거시 경제학은 우리가 주변에서 흔히 접하는 인플레이션, 연준, 통화 정책, 환율, 실업, 기타 '전반적인 경제 상황'을 다룬다. 암호화폐가 자체적으로 수십억 달러 규모의 경제를 형성하고 있기 때문에, 거시 경제학은 이러한 통화가 어떻게 동작하는지 이해를 도울 핵심 도구로 쓰일 수 있다.

실질과 명목

거시 경제학(경제 전반을 연구하는 학문)에서 맨 먼저 알아야 할 것은 실질 수량real quantity과 명목 수량nominal quantity의 차이다. 명목 수량은 화폐의 양을 의미하고, 실질 수량은 실제로 살 수 있는 물건이나 서비스와 같은 '생산물stuff'의 양을 의미한다.[1]

예를 들어 여러분이 햄버거 가게에 갔다고 가정해보자. 여기서 명목 수량은 여러분 주머니에 있는 돈의 양이고, 실질 수량은 그 돈으로 살 수 있는 햄버거의 양이다. 이 중에서 더 중요한 것은 실질 수량이다. 우리를 행복하게 하는 것은 지출한 돈의 양이 아니라 받게 되는 햄버거의 양이기 때문이다(만약 모든 햄버거가 100달러라면, 주머니에 든 100달러는 별로 쓸모가 없을 것이다. 다시 말해 명목 수량은 사람들에게 실제로 중요하지 않다).

다른 많은 경제적 수치 역시 실질과 명목의 관점에서 측정된다. 예를 들어 대출이나 신용카드의 명목 금리는 계약서에 명시된 그대로의 수치를 말하지만, 실질 금리는 물가 상승률에 연계된다.[2] 주식의 명목 수익률이 오로지 작년부터 올해까지 오른 주가만을 보고 계산한 수치라면,[3] 실질 수익률은 물가 상승률을 고려해 작년이 아닌 올해 주식을 팔 경우 얼마나 더 많은 물건을 살 수 있는지 알게 해주는 수치다.[4]

예를 들어 주가가 명목상으로 10% 상승했지만 물가 상승률이 2%라면, 실질 수익률은 8%에 불과하다. 이 말은 수익금으로 신발, 항공권 등을 8%만 더 살 수 있다는 뜻이다.

요컨대 돈은 이름뿐이지만, 샌드위치나 머리 손질과 같은 '생산물 stuff'은 진짜다.

돈

그런데 '돈'이라는 게 대체 뭘까? 이 질문에 대한 경제학자들의 일반적 대답은 돈은 세 가지 목적을 수행한다는 것이다.

- 돈은 교환의 수단이다. 우리는 모든 거래에 돈을 사용할 수 있다.
- 돈은 평가의 단위다. 우리는 숫자 하나로 부를 가늠할 수 있다.
- 돈은 가치 저장소다. 돈은 오랫동안 가치를 유지한다.[5]

미국 달러와 다른 법정 통화는 세 가지 목적을 모두 수행한다. 소는 그렇지 않다. 모든 사람이 소로 지불받기를 원하진 않으며, 소는 각각의 가치가 모두 다르기 때문에 소로 다른 것들의 가치를 측정하기도 쉽지 않다. 게다가 소는 죽거나 잡아먹히게 되는 경우 훨씬 더 가치가 떨어진다.

암호화폐는 분명히 교환의 수단이고 평가의 단위다. 우리는 이것으로 (이론상) 어떤 물건이든 살 수 있고, (다시, 이론상) 다른 것의 가치를 측정할 수 있다. 중요한 문제는 암호화폐가 가치 저장소인가 하는 것이다.[6] 많은 사람이 암호화폐의 변동성 때문에 재산을 암호화폐 형태로 갖고 있길 망설인다.

인플레이션

모든 사람이 1달러짜리 지폐로 모든 것을 사는 경제를 상상해보자. 이 세계에서는 매년 총 Y개의 물건과 서비스*가 팔리며, 각 물건과 서비스의 평균 가격은 P이다. 즉 이 세계에서 매년 소비되는 총액(해당 경제의 총생산output)은 PY이다(PY는 명목 GDP, 가격을 생각하지 않고 '생산물'에 초점을 맞추는 Y는 실질 GDP라고 한다. P는 물가 수준

---

* 실질 수량으로 측정. 대개 물가 상승률이 반영된다.

price level이라고 한다).[7]

경제에서 화폐의 양은 화폐 공급money supply, 즉 M이라고 한다.[8] *
각 화폐는 매년 한 번 이상 쓰일 수 있으며, 1년 동안 화폐가 유통되
는 평균 횟수를 화폐유통속도money velocity, 즉 V^9라고 한다(예를 들
어 여러분이 1월에 빵집에서 1달러를 썼는데, 빵집 주인이 8월에 그 돈을
슈퍼마켓에서 쓰고, 슈퍼마켓이 12월에 그 돈을 직원에게 급료로 지불했
다면, 화폐는 1년에 세 번 유통되었으므로 이때의 화폐유통속도는 3이다.
V는 모든 화폐의 평균 유통속도다). 따라서 이 경제에서 소비된 총 화
폐의 수는 MV이다.

즉 MV와 PY는 모두 매년 쓰이는 돈의 양을 나타낸다. 따라서 우
리는 이를 다음과 같이 나타낼 수 있다.

$$MV = PY$$

화폐수량설quantity theory of money[10]로 알려진 이 이론은 인플레이
션을 분석하는 데 쓰인다.

변동

각각의 수치는 해가 바뀌면 변하므로, 우리는 그리스 문자 Δ(델

---

* 거시 경제학자들은 통화의 수준을 각각 다르게 정의한다. 유동성이 감소하는
  순으로, 통화에는 C 또는 M0(현금), M1(현금과 즉시 현금화 가능한 예금),
  M2(M1+저축성 예금)가 있다. 경제학자들은 통화 공급을 이야기할 때 보통
  M1을 사용한다.

미국에서 M은 2010년 이후 빠르게 증가했고, P와 Y는 꾸준히 증가했으며, V는 변동을 거듭했다.
출처: 세인트루이스 연방준비은행Federal Reserve Bank of St. Louis[11]

미국의 M, V, P, Y

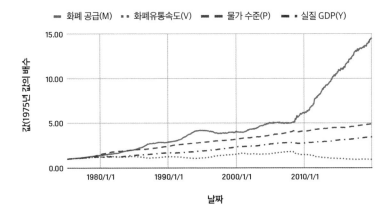

화폐수량설은 꽤 잘 들어맞고 있다. 조금씩 갈라지고 있긴 하지만 MV와 PY는 거의 보조를 맞춰왔
다. 출처: 세인트루이스 연방준비은행[12]

화폐수량설 시험

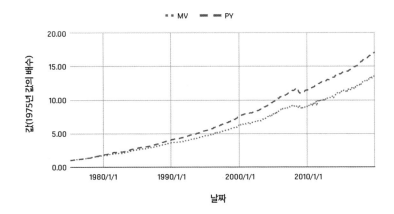

타)를 붙여 이 변동분을 나타낸다. 예를 들어 화폐 공급이 100만 달러에서 150만 달러로 바뀌었다면, ΔM은 50만 달러가 될 것이다. 우리는 수학상의 규칙°을 통해 화폐수량설을 다음과 같이 다시 쓸 수 있다.

$$\%\Delta M + \%\Delta V = \%\Delta P + \%\Delta Y$$

%ΔM은 통화 공급의 변동률, %ΔV는 화폐유통속도의 변동률, %ΔP는 물가 수준의 변동률(물가 상승률), %ΔY는 판매된 물건과 서비스양의 변동률(실질 GDP의 상승률)을 나타낸다. 따라서 다음과 같이 물가 상승률을 계산할 수 있다.

$$\%\Delta P = \%\Delta M + \%\Delta V - \%\Delta Y$$

경제학자들은 보통 화폐유통속도가 사람들의 습성 및 경제 구조와 깊게 연관되어 있기 때문에 일정하게 유지되며, 그러한 상황은 빠르게 변하지 않는다고 가정한다.[13] 따라서, 이 가정에 따르면 '%ΔV=0'이므로, '%ΔP = %ΔM - %ΔY'가 성립된다.

다시 말해 물가 상승률은 통화 공급의 증가율에서 실질 GDP의 상승률을 뺀 값이다. 즉 더 간단히 말하자면, 인플레이션은 통화 공

● 좀 더 자세히 설명하자면, XY의 변동률은 X의 변동률에 Y의 변동률을 더한 값과 같다. 즉 수학적으로 나타내면 '%ΔXY = %ΔX + %ΔY'이다.

급이 총생산보다 빠르게 증가할 때 발생한다. 따라서 중앙은행(또는 비트코인 소프트웨어)이 돈을 더 많이 찍어낸다고 해서 늘 인플레이션이 발생하는 것은 아니다. 인플레이션은 경제가 성장하는 속도보다 돈이 더 빨리 만들어질 때만 발생한다. 경제학자 밀턴 프리드먼의 말처럼, 인플레이션은 '물건에 비해 돈이 너무 많을 때too much money chasing too few goods' 발생한다.[14]

논쟁

이 책의 목적과 비트코인 분석에 이 정도의 이론이면 충분하겠지만, 이 이론이 보이는 것만큼 완벽하진 않다는 것을 짚고 넘어갈 필요는 있다. 경제학자들 사이에서 논란이 되는 한 가지는 통화 공급(M)에 변화를 주는 것이 실질적인 총생산(Y)에 영향을 미칠 것인가 하는 문제다. 통화주의monetarism를 내세우는 한 학파는 통화 공급이 실질 GDP에 영향을 미치지 않는다고 말한다.[15] 이들의 주장이 맞는다면, '%ΔY=0'이 되므로, 통화 공급이 증가하면 무조건 다음처럼 인플레이션이 발생한다.

$$\%\Delta P = \%\Delta M$$

대표적인 통화주의자인 프리드먼은 다음과 같은 사고 실험을 예로 들었다. 만약 헬리콥터 한 대가 온 도시에 수백만 달러 치의 지폐를 뿌리면, 모든 사람이 많은 돈을 갖게 되지만 물가 수준도 그에 따라 올라간다. 아무도 실제로 더 많은 물건을 살 수 없을 것이다(Y는

시간에 따른 미국의 화폐유통속도

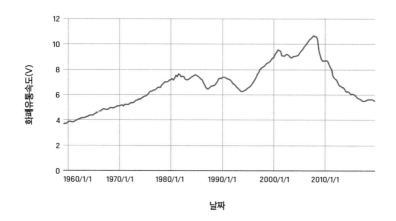

변하지 않으므로). 하지만 인플레이션은 만연해질 것이다.

물론 이 주장에서 문제는 중앙은행이 헬리콥터에서 돈을 뿌리진 않는다는 것이다. 그래서 다른 경제학자들은 통화주의자들이 잘못 생각하고 있으며 '돈이 증가하면 인플레이션이 발생한다'라고 쉽게 말할 수 있을 만큼 그 문제가 간단하진 않다고 주장한다.[16] 일부 경제 모델은 통화 공급이 늘자 소비자가 더 많은 돈을 쓰고 그에 따라 경제가 자극되어 일시적으로 실질 GDP가 증가하는 모습을 보여주기도 한다.[17] 바로 이러한 이유 때문에 연준과 같은 중앙은행이 통화 정책monetary policy이라는 도구를 활용해 통화 공급을 조정함으로써 필요에 따라 경제를 가속하거나 둔화시키는 것이다.[18]

또 다른 주장은 화폐유통속도(V)가 변할 수 있고 실제로 변한다는 것이다. 경기 침체기에는 사람들이 돈을 쓰지 않기 때문에 화폐 유통속도가 감소한다. 대공황Great Depression과 대침체Great Recession(2009년 9월 서브프라임 사태 이후 침체된 경제 상황을 1930년대 대공황에 빗댄 말-옮긴이) 시기에 실제로 이러한 일이 있었다.[19] 흥미롭게도, 대침체 시기가 끝난 후인 2010년대에도 화폐유통속도는 지속해서 떨어졌다. 통화 공급 증가율(%ΔM)이 물가 상승률(%ΔP)과 실질 GDP 성장률(%ΔY)을 합한 것보다 높았기 때문이다.[20] 이는 화폐수량설을 다시 정리한 다음과 같은 식에서 확인할 수 있다.

$$\%\Delta V = \%\Delta P + \%\Delta Y - \%\Delta M$$

통화의 수요와 공급

본문에서 보았듯이 (혹은 보게 되겠지만) 통화 공급은 비교적 이해하기가 쉽다. 특히 예상 가능한 속도로 채굴되는 비트코인의 경우는 더욱 그렇다. 그와 비교해 국가 경제의 경우는 좀 더 복잡하다. 대략 말하자면, 연준과 같은 중앙은행은 은행에서 채권을 사거나 파는 식으로 돈의 양을 늘리거나 줄일 수 있으며, 다른 은행에 부과하는 이자율(대출 금리discount rate라고 한다)을 변경해 은행들이 중앙은행에서 돈을 더 많이 빌리거나 덜 빌리도록 할 수 있다.[22]

그에 반해 통화 수요는 이해하기가 좀 더 어렵다. 사실 이 말 자체가 어리석게 들린다. 누가 더 많은 돈을 갖고 싶어 하지 않겠는가? 통화 수요는 이렇게 생각하는 것이 좋겠다. 사람들은 재산 중에서 얼마를 주식과 채권, 비트코인과 같은 투자 수단이 아닌 돈(현금과 당장 현금화할 수 있는 돈)으로 갖고 싶어 하는가?[23] 다시 말해 투자 수단이 아닌 돈을 얼마나 원하는가?

통화 수요는 결국 교환의 문제로 귀결된다. 이 교환에 대해 이해하려면 자산을 얼마나 쉽게 쓸 수 있는지, 즉 얼마나 쉽게 현금화할 수 있는지를 생각해보는 것이 좋다. 이러한 특성을 유동성이라고 하는데, 모든 자산은 각기 다른 정도의 유동성을 갖고 있다. 현금은 모든 자산 중에서 가장 유동성이 크다. 현금은 어디에서나 즉시 사용될 수 있다. 당좌예금은 현금보다는 좀 덜 유동적이다. 계좌의 돈을 인출하려면 우선 ATM을 찾아가야 하기 때문이다. 그래도 당좌예금에 들어 있는 돈은 온라인에서 꽤 빠르게 쓸 수 있다.

매달 출금 횟수에 제한이 있어 돈을 쓰기가 다소 불편한 저축예금savings account[24]은 당좌예금보다 유동성이 적다. 주식과 채권, 비트코인은 유동성이 더 적다. 이들을 현금화할 유일한 방법은 파는 것뿐인데, 여기에는 몇 시간이 걸릴 수도 있기 때문이다. 집은 모든 자산 중에서 가장 유동성이 적다. 집을 현금화하는 가장 기본적인 방법은 파는 것이고,* 이는 매우 번거로운 일이다.

유동성이 큰 자산일수록 그로부터 발생하는 이자나 수익은 더 줄어드는 반면, 유동성이 적은 자산일수록 보유할 경우 수익은 더 커

---

* 원한다면 역모기지론reverse mortgage(주택을 담보로 금융기관에서 일정 기간 일정 금액을 연금식으로 지급받는 장기주택저당대출-옮긴이)을 받을 수도 있지만, 역모기지론은 이런 책이 아닌 골프 채널의 광고에서 가장 잘 확인할 수 있다.

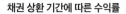

상환 기간이 긴 채권일수록 유동성은 더 적어지며, 일반적으로 금리는 더 높아진다.
출처: 더밸런스The Balance[27]

채권 상환 기간에 따른 수익률

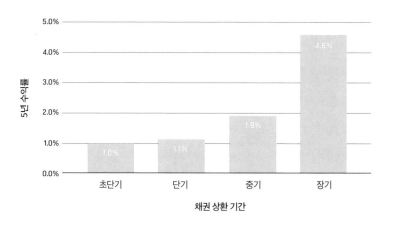

진다. 예를 들어 주식은 채권보다 더 많은 수익을 내고, 채권은 현금보다 더 많은 수익을 낸다.••[25] 또, 상환 기간이 긴 (따라서 덜 유동적인) 채권일수록 일반적으로 금리가 더 높다.[26]

여기에는 그럴 만한 이유가 있다. 유동성은 편리함을 제공한다. 투자자들은 돈을 벌 수 있는 경우에만 그 대가로 편리함을 포기할 것이다. 이와 관련된 이론을 유동성 선호설liquidity preference theory이라고 한다.[28] 유동성은 좋은 것이므로, 사람들은 유동성을 포기할수록 더 많은 돈을 기대한다.

•• 수익률 차이의 또 다른 원인은 위험도다. 주식과 같이 위험도가 큰 자산은 더 많은 보상을 가져온다.

이를 종합해 우리는 통화 수요를 사람들이 유동 자산을 얼마나 보유하고 싶어 하는가로 달리 표현할 수 있다.

이 관점에 따르면 통화 수요를 움직이는 것은 두 가지 요인이다. 첫 번째는 실질 GDP(Y)이다. 살 물건이 많아지면, 사람들은 그것들을 모두 사기 위해 더 많은 현금을 보유하고 싶어 할 것이다.[29]

두 번째는 채권의 실질 금리real interest rate로, 물가 상승률을 제외하고 채권으로 얻는 실질 수익이 얼마나 되는가이다.[30] 사람들은 금리가 오르면 채권을 보유하는 것이 더 낫기 때문에 현금을 덜 보유하고자 하며, 반대로 금리가 내리면 채권보다는 현금을 보유하고 싶어 한다[31](여기서 기회비용opportunity cost을 한번 생각해보자. 실질 금리는 현금을 보유하는 데 대한 기회비용이다. 1달러 지폐를 보유할 때마다 이자를 벌 수 있는 1달러가 줄어들기 때문이다. 실질 금리가 내려가면, 현금을 보유하는 데 대한 기회비용도 줄어든다).

그렇다면 이 모든 것이 비트코인에 뜻하는 바는 무엇일까? 비트코인은 주식이나 채권과 마찬가지로 투자 수단이기 때문에 '(대개 달러와 같은 '일반' 통화에 적용되는) 통화 수요'라는 개념은 사실 적합하지 않다.

하지만 유동성 선호설에서 알 수 있듯이, 사람들은 유동성이 적은 자산의 수익(채권의 실질 금리처럼)이 줄어들면 현금을 더 보유하고 싶어 할 것이다. 자, 이 모든 것이 비트코인에 뜻하는 바는 첫째, 비트코인의 기대 수익률이 다른 비유동 자산의 수익률보다 높을 것으로 예상되면 투자자들은 분명히 비트코인으로 몰려들 것이다. 둘째, 완전히 유동화되지 않는 한 비트코인은 결코 현금을 대체하지 않을 것이다. 셋째, 투자자들은 상당한 이득을 얻을 수 있는 경우에만 암호화폐에 투자할 것이다. 이는 충분한 성장을 보여온 비트코인에는 문제가 되지 않지만, (이 책에서 논의한 스테이블코인처럼) 수익이 낮거나 없는 암호화폐는 투자자들을 끌어들이는 데 어려움을 겪게 될 것임을 뜻한다.*

---

* 사람들은 여전히 스테이블코인을 일종의 암호화폐 버전의 '당좌예금'으로 보유하고 싶어 할 수도 있다. 현금화하는 번거로움 없이 안전하게 돈을 보관할 수 있기 때문이다.

부록 3

사토시는 누구인가?

익명의 비트코인 창시자인 사토시 나카모토는 그의(여자일 수도 있고 단체일 수도 있다) 진짜 정체를 공개적으로 밝힌 적이 없다. 사토시가 누구인지 아는 사람은 지금까지 아무도 없다. 사실 우리는 사토시가 한 사람인지 한 집단인지조차도 모른다.[1][2]

사토시(보통 성을 빼고 불린다)가 우리에게 남긴 것은 포럼에 올린 몇백 개의 게시물,[3] 공개 메일링 리스트에 보낸 몇 개의 이메일,[4] 다른 초기 비트코인 개발자들과 나눈 약간의 사적인 대화[5]가 전부다. 하지만 비트코인 애호가들은 지금껏 그의 삶과 정치·철학적 성향, 그리고 물론 그가 진짜 누구인지 알아내려는 노력을 멈추지 않고 있다.

타임라인

사토시는 2008년 할로윈, 암호학 전문가들로 구성된 공개 메일링 리스트에 '비트코인 백서'[6]•를 발표하며 처음 등장했다.[7] 그는

• 비트코인 백서는 우리가 지금까지 접한 기술 문서에서 최고로 잘 쓰인 글 중의 하나라 할 수 있다. 백서는 대부분의 사람이 할 수 있는 것보다 더 잘 비트코인을 설명하며, 이를 단 8페이지 만에 끝낸다.

2008년까지 그 리스트에 자신의 생각을 공유하고 구체화했으며,[8] 2009년 1월 비트코인 소프트웨어Bitcoin software의 최초 버전을 발표했다.[9] 그리고 다음 달, 탈중앙 기술 지지자들의 안식처라 할 수 있는 P2P 포럼에 비트코인에 대한 글을 올리기 시작했다.[10]

사토시는 2009년과 2010년 내내 비트코인을 지속해서 연구하며 새로운 버전의 소프트웨어를 발표하고 포럼과 메일링 리스트에 있는 사람들과도 자주 교류했다.[11]

2010년 12월 그가 마지막으로 전한 소식은 간단했고, 별 내용이라 할 것이 없었다. 그는 서비스 거부Denial-of-Service, DoS(줄여서, 도스) 공격을 피할 수 있도록 일부 보호 기능을 추가하는 등 비트코인 소프트웨어를 소폭 업데이트했다. 참고로, 도스 공격은 공격자가 스팸 메시지로 시스템을 망가뜨려 적법한 사용자들이 시스템을 이용하지 못하게 하는 공격이다.[12]

사람들은 이후 다시는 사토시로부터 소식을 듣지 못했지만, 사토시는 다른 비트코인 개발자들과 1년가량 더 연락을 계속한 것으로 보인다. 마이크 헌은 2011년 4월 23일 사토시가 자신에게 쓴 마지막 이메일을 공개했다.

저는 다른 일들을 위해 떠납니다. 개빈(비트코인의 또 다른 초기 개발자인 개빈 앤드리슨)과 모두에게 이 일을 맡깁니다.[13]

사토시가 다른 사람과 마지막으로 한 연락은 2011년 4월 26일 그가 앤드리슨에게 남긴 다음과 같은 서신으로 알려져 있다.

자꾸 저를 어둠 속의 신비한 인물로 그리지 않았으면 좋겠습니다. 언론이 비트코인을 해적 통화pirate currency 관점으로만 보게 할 뿐이니까요. 그보다는 오픈소스 프로젝트에 대한 시각으로 보게 해주시고, 개발 참여자들에게 더 많은 신뢰를 보내주셨으면 합니다. 개발자들의 동기 부여에 도움이 될 겁니다.[14]

앤드리슨은 사토시가 CIA 주최 행사에서 연설해달라는 초대를 받았다고 이메일에 답했지만, 사토시는 답장을 보내지 않았다.[15] 일부 음모론자들은 사토시가 CIA라는 말에 겁을 먹고[16] 그들과의 접촉을 피하기 위해 도망친 것이 틀림없다고 믿고 있다.

사토시가 마지막 연락을 남긴 지 4년 후인 2015년, 누군가 그의 이메일 주소를 사용해 당시 비트코인 계에서 한창이던 비트코인 XT(대다수의 비트코인 풀 노드에서 실행되는 비트코인 코어 클라이언트 소프트웨어의 경쟁자)[18]를 둘러싼 논쟁에 관해 글을 게시했다.[19]

자신이 사토시라고 주장하는 이 사람은 그가 은퇴 후에 모습을 드러낸 이유가 '매우 위험한 포크'와 '가짜 비트코인pretender-Bitcoin' 개발자들에 대해 세상에 경고하기 위해서라고 말했다.[20] 비트코인 XT는 마이크 헌이 만든 것으로,[21] 그는 사토시와 마지막으로 연락했던 사람 중 한 명이지만 비트코인 계에서 논란이 많은 인물이다.[22]

대다수 전문가는 2015년에 이 이메일을 보낸 사람이 사토시가 아니라 사토시의 계정을 해킹한 사람일 것이라고 생각한다.[23] 그토록 오랜 세월 동안 잠적해 있던 비트코인 창시자가 무엇 하러 비트코인 커뮤니티의 별 볼 일 없는 말다툼에 끼어들었다가 또다시 바로 사라

초기 비트코인 개발자이자 사토시와 이야기를 나눈 마지막 사람으로 알려진 개빈 앤드리슨.
출처: 웹서밋Web Summit[17]

지겠는가? 사람들과 잘 지냈던, 심지어 혹독한 비평가들과도 잘 지냈던 사람이 무엇 하러 그의 전 동료를 그처럼 거칠게 공격하겠는가?[24]

사토시의 철학

따라서 사토시는 2011년 이후 사라진 것이 분명하다. 하지만 그 이후로도 비트코인 지지자들은 그의 정치·철학적 견해를 이해하기 위해, 즉 비트코인의 미래에 대한 그들의 생각을 정당화하거나 아니면 그저 자신들이 그토록 사랑하는 기술의 기원을 이해하기 위해 그가 남긴 모든 글을 읽고 있다. 심지어 그가 남긴 글을 모두 수록한 『사토시의 서』라는 책도 있다[25](예언자의 정신세계를 이해하려는 종교적 운동을 다소 연상케 하기도 한다).

사토시의 정치적 견해와 그가 비트코인을 만든 이유에 관한 모든 연구는 블록체인에 추가된 최초의 비트코인 블록인 제네시스 블록에 그가 남긴 수수께끼 같은 메시지에서 시작된다. 그 메시지는 다음과 같다.

　《타임스The Times》, 2009년 1월 3일, 은행들의 제2차 구제 금융을 앞둔 영국의 재무장관.[26]

　이 메시지는 영국 일간지 《타임스》에 실린 한 기사를 인용한 것으로,[27] 기사에는 2008년 금융 위기가 한창인 가운데 재무장관(영국의 재무부 책임자[28])이 부실한 영국 은행들을 대상으로 납세자의 돈을 쏟아 붓는 것을 고려하고 있다는 내용이 담겨 있었다.

　비트코인 분석가들은 이를 사토시가 은행 시스템을 불신하며 애꿎은 시민들이 은행의 잘못에 대한 대가를 치르는 것에 화가 났음을 의미하는 것으로 해석했다. 그렇게 해서 사토시가 어떤 은행이나 정부도 통제할 수 없는 화폐를 만들었다는 것이다(세금도, 은행 파산도, 구제 금융도 없을 것이었다).[30]

　은행에 대한 사토시의 경멸은 그가 P2P 포럼에 비트코인을 소개한 2009년 게시물에서 더욱 분명히 확인할 수 있다.

　기존 화폐의 근본적 문제는 그 화폐 시스템이 제대로 돌아가는 데 필요한 전적인 신뢰에 있다. 중앙은행은 통화 가치를 떨어뜨리지 않을 것이라고 신뢰받아야 하지만, 법정화폐의 역사는 신뢰의 위반으로 가득하 사토시는 최초의 비트코인 블록에 영국의 일간지 《타임스》에 실린 그 유명한 기사를 인용했다. 어쩌면 그가 비트코인을 만든 이유를 이로부터 짐작할 수도 있을 것이다.[29]

THE TIMES

Log in   Subscribe

Chancellor Alistair Darling on brink of second bailout for banks

Billions may be needed as lending squeeze tightens

Francis Elliott,
Deputy Political Editor, and
Gary Duncan, Economics Editor

Saturday January 03 2009,
12.00am GMT, The Times

Alistair Darling has been forced to consider a second bailout for banks as the lending drought worsens.

The Chancellor will decide within weeks whether to pump billions more into the economy as evidence mounts that the £37 billion part-nationalisation last year has failed to keep credit flowing. Options include cash injections, offering banks cheaper state guarantees to raise money privately or buying up "toxic assets", *The Times* has learnt.

The Bank of England revealed yesterday that, despite intense pressure, the banks curbed lending in the final quarter of last year and plan even tighter restrictions in the coming months. Its findings

다. 또 은행들은 돈을 잘 보관하고 전자 이체를 잘할 것이라고 신뢰받아야 하지만, 이들은 극히 적은 준비금만 남기고 신용 거품credit bubble 이 생길 정도로 많은 대출을 해주었다. 우리는 은행이 우리의 개인정보를 지킬 것을 신뢰해야 하며, 신원 도용자들로 하여금 우리의 계좌에서 돈을 빼내지 못하게 할 것을 신뢰해야 한다.[31]

사토시의 글 전반에 나타난 이러한 금융기관에 대한 불신은 그의 글에서 가장 일관된 주제이다. 그가 비트코인을 만든 주된 이유는 바로 이 때문인 것 같다.

사토시가 쓴 글 중에는 그가 약간 자유주의자적 사고방식을 갖고 있었음을 보여주는 글도 있다. 게시글을 통해 그는 정부 권한에 대

한 회의를 표하고, 비트코인으로 '새로운 자유의 영토를 얻으려' 한다고 말했다.[32]

하지만 사토시는 이론가는 아니었을 것이다. 그보다 그는 열정적으로 직접 기술을 개발하고 특정 커뮤니티가 자신이 만든 것에 열광하는 것을 보고 기뻐했을 가능성이 크다. 그가 쓴 다음의 글을 생각해보자.

제대로 설명만 할 수 있다면, 비트코인은 자유주의자적 관점에서 매우 매력적이다. 그래도 나는 말보다는 코드에 더 능숙하다.[33]

사토시의 정체

궁극적인 질문은 대체 사토시가 누구인가 혹은 누구였는가 하는 것이다.

한 가지 유력한 설은 사토시가 웨이 다이Wei Dai[34]나 닉 자보Nick Szabo[35]의 가명이라는 것이다. 이 컴퓨터 과학자들은 비트코인이 나오기 전부터 각각 비머니B-Money[36]와 비트골드Bit Gold[37]를 개발했지만, 성공을 거두진 못했다. 닉 자보가 사토시라는 증거는 다음에서 보는 것처럼 비교적 설득력이 있다.

- 한 언어 전문가가 자보와 사토시의 문체 사이에서 놀랄 만한 유사성을 발견했는데, 그는 "암호학 전문가 중 0.1%만이 이런 식으로 글을 쓸 수 있을 것"[38]이라고 주장했다. 두 사람은 모두 '신뢰할 수 있는 제3자trusted third party', '우리의 목적을 위해for our purposes', '주의해야 한다it should be noted'와 같은 비교적 잘 쓰지 않는 문구를 상당히 자주 사용했다.[39]

- 자보는 사토시가 비트코인을 발표하기 직전까지 비트골드를 같이 연구할 사람을 찾고 있었다. 비트코인이 발표된 후, 자보는 비트골드에 대한 글을 더는 쓰지 않았다.[40]

- 사토시는 작업 증명, 거래에 타임스탬프(블록의 생성 시간을 나타내며, 그 시간에 검증 가능한 거래가 존재했다는 사실을 분명히 입증한다-옮긴이) 이용, 신뢰할 수 있는 제3자의 배제 필요성[41] 등 비트골드에서 많은 개념을 참조했지만, 자보의 공적에 대해서는 단 한 번도 언급한 적이 없다.[42]

이와 관련해 우리는 비트코인의 역사를 다룬 책『디지털 골드Digital Gold』의 저자인 너새니얼 포퍼Nathaniel Popper에게 의견을 물었다. 그는 사토시가 자보라고 생각한다고 말했다. 하지만 이 모든 것은 정황 증거에 불과하며, 자보는 자신이 사토시라는 사람들의 주장을 거듭 부인해왔다.[43]

영국인 가설

우리 생각에 이보다 더 믿을 만한 설은 사실 그가 흔히 알려진 것처럼 일본인이 아니라, 영국인이라는 것이다.[*] 그의 글은 모두 완

---

[*] 사토시는 일본계 영국인일 수도 있다. 그러니까 사토시나 그의 조상은 일본에서 태어나 영국으로 이주했을 수 있다.

벽한 영어로 쓰여 있다.[44] 그의 원래 비트코인 논문은 영국식 철자[favor(지지) 대신 favour를 쓰는 등[45]]로 가득했고, 그가 포럼에 올린 글 역시 영국인만이 구사하는 단어[bloody hard(엄청나게 힘든) 등[46]]로 가득했다. 그는 일본에서는 한낮이지만 영국에서는 밤인 자정에서 6시 사이에는 포럼에 글을 거의 쓰지 않았다.[47] 마지막으로, 그는 제네시스 블록에 영국의 일간지 《타임스》를 인용했다. 모두 정황 증거일 뿐이지만, 자신의 수면 시간과 모국어를 조작하기란 쉬운 일이 아니다.

사토시가 영국인임을 뒷받침하는 이러한 증거들은 자보가 사토시라는 가설을 잠재울 수 있을 것이다. 자보는 미국인이기 때문이다. 웨이 다이[48]와 할 피니Hal Finney[49] 역시 미국인이다. 할 피니는 사토시와 최초의 비트코인 거래를 한 컴퓨터 과학자로, 그 자신이 사토시라는 소문도 파다했었다.[50] 사토시와 관련이 있는 인물로 주목할 만한 영국인은 비트코인이 사용한 작업 증명 알고리즘인 해시캐시Hashcash를 개발한 아담 백Adam Back이 유일하다.[51] 백은 자신이 사토시가 비트코인에 관해 이야기한 최초의 사람이라고 말하지만, 자신이 사토시임은 부인한다.[52]

또 다른 흔한 설은, 굉장히 의심스럽긴 하지만, 오스트레일리아의 컴퓨터 과학자이자 사업가인 크레이그 라이트가 사토시라는 주장이다.[53] 라이트는 《미디엄》(글쓰기 서비스를 제공하는 플랫폼 중 하나-옮긴이)에 다음과 같은 글을 남겼다.

비트코인은 내 아이디어에서 시작되었다. 내가 비트코인을 설계했고,

내가 비트코인을 만들었다. 범죄자들이 비트코인을 무너뜨리지 못하도록 확실히 하는 것은 내 의무이며, 앞으로도 의무로 남을 것이다. 사토시는 바로 나였다.[54]

처음에는 많은 매체가 그의 말을 믿었지만,[55] 라이트가 사기꾼이라는 증거가 빠르게 드러나기 시작했다. 그가 사토시임을 증명하기 위해 사용한 암호화 키는 위조된 것이었고, (박사 학위를 포함) 여러 자격 증명서들도 위조된 것이었으며, 그의 회사에 대한 세부 정보도 위조된 것이었다. 심지어 백서가 발행되고 며칠 후 비트코인에 관해 그가 남긴 것으로 보이는 일부 블로그 게시물도 위조된 것으로 드러났다. 라이트가 비트코인에 대한 자신의 업적을 덧붙이기 위해 쓴 그 글들은 2013년 이후에 편집된 것으로 밝혀졌다.[56] 라이트는 이후 자신이 사토시임을 증명하는 더 이상의 '증거' 제공을 거부했다.[57]

이상한 주장들

하지만 이 모든 설에도 불구하고, 자신이 사토시임을 분명하고 확실하게 증명한 사람은 아무도 없다. 사토시의 정체에 대해 정확히 밝혀지는 바가 없자, 그에 관한 정말로 기이한 주장들이 제기되기 시작했다. 괴짜 사이버보안 사업가인 존 맥아피John McAfee(맥아피 백신 프로그램의 개발자)는 자신이 사토시를 만나본 적이 있다고 주장했다. 그리고 그의 정체를 폭로하겠다고 위협했다가, 곧바로 그 계획을 취소했다. 대부분의 사람은 맥아피가 그저 허풍을 떨었던 것으로 기억한다.[58](맥아피가 얼마나 이상한 사람인지는 말로 다 표현하기

사토시의 정체를 밝힐 수 있다고 주장한 괴짜 백만장자 존 맥아피. 출처: 위키미디어[62]

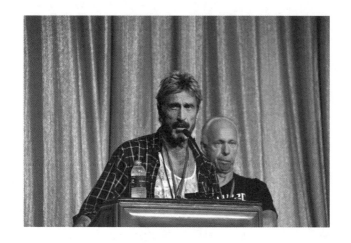

어렵다. 스스로 밝힌 바에 따르면 그는 미국 국세청을 피해 남미의 벨리즈 Belize로 도망가 있는 동안[59] 술 취한 독일인과 과테말라 노점상으로 위장했다. 그리고 수백 명의 사람을 고용해 자신의 얼굴이 그려진 마스크를 쓰게 한 다음, 2020년에 나갈 대통령 후보 지명전의 운동을 벌일 계획을 세웠다.[60] 그는 샤워하는 도중에도 손에 총을 쥐고 있었다고 한다.[61])

이보다 한층 더 기이한 주장은 자신이 사토시라고 주장하는 한 파키스탄인의 주장이었다.[63] 그는 비트코인이라는 이름이 '국제신용상업은행Bank of Credit and Commerce International'[64]에서 비롯된 것이라고 말했다. 이 파키스탄 은행은 한때 《타임Time》에서 '사기꾼들과 스파이들의 금융 슈퍼마켓'이라 부르며 역대 가장 지저분한 은행[65](이 분야에는 경쟁자가 꽤 많다)으로 칭했던 은행이다.

비슷한 예를 계속 찾아볼 수도 있겠지만, 이쯤 되면 우리가 말하고자 하는 바를 알 수 있을 것이다. 비트코인이 존재하는 한, 과학자들(그리고 미치광이들)은 자신이 사토시임을 계속해서 주장할 것이고, 그에 따라 온라인 탐정들도 계속해서 그들의 옳고 그름을 증명하려 할 것이다. 한 가지 확실한 것은 사토시가 누구건, 그의 작은 백서가 그가 상상했던 것보다 훨씬 더 큰 영향을 끼쳤다는 것이다.

용어 해설

블록체인과 암호화폐 계에는 아찔할 정도로 많은 전문 용어가 있다. 책 전반에 걸쳐 많은 용어를 다루긴 했지만, 본문에서 깊이 있게 다루지 못했던 일부 용어를 포함해 암호화 기술에서 쓰이는 몇 가지 주요 용어들을 요약해보았다. 또한 우리에게 가장 잘 알려져 있으며 가장 중요하게 살펴봐야 할 암호화폐들에 대해서도 간략히 요약했다.

여기에서 우리는 여러분이 블록체인과 암호화폐에 관한 글을 읽을 때 접하게 되는 보다 흔히 쓰이는 신조어와 주요 용어를 다룰 것이다.

51% 공격attack

어떤 화폐의 채굴자나 채굴 집단이 다른 모든 채굴자의 해시 파워를 합친 것보다 더 많은 해시 파워를 제어할 때(다시 말해 이 채굴자나 채굴 집단이 네트워크에서 최소 51%의 해시 파워를 제어하게 될 때) 발생할 수 있는 현상이다. 51% 공격이 발생하면, 네트워크를 지배하는 채굴자나 채굴 집단이 마음대로 블록체인을 고쳐 쓸 수 있게 되어,

무한정으로 돈을 취하고 과거 거래 기록을 지우는 등의 일을 할 수 있다.[1]

주소Address

암호화폐 사용자들이 쓰는 공개 가명. 코인을 보내려면 그 사람의 주소를 알아야 한다.

AML

자금 세탁 방지 제도. 사람들이 암호화폐 거래소를 이용해 자금 세탁을 할 수 없도록 거래소들에 적용하는 법률과 규제를 말한다.[2] KYC 참조.

보관 노드Archival node

전체 블록체인뿐 아니라 특정 시점에 각 주소가 얼마나 많은 코인을 갖고 있었는지 등 암호화폐의 과거 정보까지 포함하는 풀 노드의 한 유형.[3] 풀 노드는 보관 노드의 압축버전으로, 모든 정보를 갖고 있지만 보관 노드로 확장되지 않으면 고급 계산과 요청을 수행하기가 어렵다.[4]

ASIC

특정 채굴 알고리즘을 실행하기 위해 고도로 최적화된 특수 컴퓨터 칩. 맥북과 같은 범용 컴퓨터는 채굴 알고리즘을 빠르게 돌릴 수 있도록 최적화되지 않았기 때문에, 비트코인 채굴에 진심인 사람들은 ASIC 채굴기를 사용한다.[5] ASIC은 'Application-Specific In-tegrated Circuit'(특정한 용도에 맞춰 제작된 주문형 반도체)의 줄임말이다.

ASIC 저항력ASIC-resistance

이더리움과 같은 암호화폐에서 쓰이는 채굴 알고리즘의 한 특성으로, 이러한 특성은 ASIC이 범용 컴퓨터에·비해 우위를 점하지 못하게 한다. 일반적인 채굴 알고리즘은 채굴자들이 똑같은 연산을 계속해서 반복하도록 한다. 그래서 채굴자들은 그러한 반복 연산에 매우 능한 ASIC 칩을 만들었다. 하지만 ASIC에 저항력이 있는 채굴 알고리즘은 채굴자들에게 매우 다양한 연산을 수행하게 하므로, (다양한 연산을 하는 데 사용되는) 범용 컴퓨터가 특수 칩을 사용하는 컴퓨터보다 더 뛰어난 성능을 보인다. 이더리움 단체에 따르면, "이더리움 ASIC은 본질적으로 일반적 연산을 위한 ASIC, 즉 더 나은 CPU가 될 것이다."[6] ASIC 저항력은 개인이나 취미 삼아 하는 사람들이 채굴에 더 쉽게 접근할 수 있도록 만들기 때문에 바람직한 특성이라고 할 수 있다.

자산Asset

경제적 가치가 있는 모든 자원. 금융 자산에는 현금, 주식, 암호화폐, 채권 등 다양한 종류가 있다. 하지만 자동차, 책, 재산권, 지적재산권, 상표권과 같은 것들도 모두 자산에 속한다.[7] 블록체인은 어떤 자산이라도 그 움직임을 기록할 수 있는 탈중앙화된 방법을 제공한다.

58진법Base-58

비트코인 주소에 사용되는 형식. 대문자, 소문자, 숫자로 구성되지만, 쉽게 헷갈릴 수 있는 숫자 '0', 대문자 'O', 대문자 'I', 소문자 'l'은 제외된다.[8]

바이낸스Binance

유명 암호화폐 거래소 중의 하나.

비트코인bitcoin(소문자)

비트코인 화폐의 단위를 가리킨다. 예를 들어 '그녀는 수십 개의 비트코인bitcoin을 갖고 있다'와 같이 쓸 수 있다. 이를 '내 친구가 비트코인Bitcoin에 투자한다'와 비교해보라.

비트코인 코어Bitcoin Core

비트코인 소프트웨어의 공식 버전. 여기에는 지갑, 풀 노드용 소프트웨어, 거래 유효성 검사 엔진이 포함된다.[9]

비트코인의 확장 문제Bitcoin's scaling problem

비트코인의 잘 알려진 문제. 비자와 같은 주류 결제 시스템이 초당 수만 개의 거래를 처리하는 반면, 비트코인은 초당 7개까지만 거래를 처리할 수 있다.[10] 비트코인 사용자들이 초당 7건 이상의 거래를 시도할 때마다 늘 거래 정체가 발생한다. 이에 따라 대기 시간이 길어지고 거래 수수료가 증가한다.[11]

비트파이넥스Bitfinex

유명 암호화폐 거래소 중의 하나.

블록Block

암호화폐 거래들의 묶음. 채굴자들은 블록을 생성하기 위해 경쟁한다. 성공한 채굴자는 블록체인의 끝에 블록을 추가하고 보상으로 얼마간의 코인을 받는다.

블록체인Blockchain

불변의 과거 거래 기록을 모두 저장하는 분산화된 장부. 암호화폐는 모두 블록체인을 기반으로 만들어지며, 디지털 자산이든 물리적 자산이든 모든 자산의 움직임이 블록체인에 기록될 수 있다. '블록체인에 무언가를 올린다'라는 것은 블록체인을 이용해 그것의 움직임을 기록한다는 의미이다.

블록 탐색기Block explorer

블록체인에서 블록, 주소, 거래에 관한 정보를 확인할 수 있게 하는 도구.[12] 특히, 주소를 알면, 블록 탐색기를 이용해 다른 사람의 과거 거래 기록, 거래 파트너, 현재 잔액을 확인할 수 있다.

블록 높이Block height

블록체인에서 블록의 총 개수.

블록 보상Block reward

채굴자가 성공적으로 블록을 채굴했을 때 주어지는 얼마간의 암호화폐. 비트코인을 포함한 몇몇 암호화폐의 경우, 블록 보상은 몇 년마다 반으로 줄어든다.[13]

블록 크기Block size

블록의 최대 파일 크기(예를 들어 1메가바이트)로, 블록에 얼마나 많은 거래를 담을 수 있는지를 결정한다. 블록은 일정한 간격으로 채굴되므로, 블록 크기는 암호화폐가 지원하는 초당 거래 수를 결정 짓는 요인 중의 하나이다.[14]

블록 생성 시간Block time

하나의 블록이 채굴되는 데 걸리는 시간. 예를 들어 비트코인에서 는 평균적으로 10분마다 한 블록이 채굴된다.[15]

거품Bubble

암호화폐, 튤립, 주택 등 자산의 가격이 실제 가치 이상으로 오를 때 거품이 꼈다고 말한다. 거품은 보통 투기가 통제 상태를 벗어날 때 발생하며, 사람들은 가격이 계속 오를 것을 기대하고 지나치게 높은 가격에 자산을 매입한다. 투기의 고리가 끊어지면 거품은 꺼질 수밖에 없다.

중앙화Centralization

네트워크상의 모든 것이 중앙의 단일 주체entity를 통하는 것. 예를 들어 월마트에서의 쇼핑은 중앙화되어 있다. 상품이 제조사에서 월마트로 전달된 후, 월마트를 통해 소비자에게 전달되기 때문이다. 이를 농부가 생산한 농산물이 소비자에게 바로 판매되는 농산물 직판 시장과 비교해보라. 이때 농산물 직판 시장에서의 쇼핑은 탈중앙화되어 있다고 말할 수 있다.

클라이언트 서버 모델Client-server model

컴퓨터 네트워크를 구성하는 중앙집중식 방법으로, 모든 참여자가 중앙기관(서버)과 소통한다. 예를 들어 트위터는 클라이언트 서버 모델을 이용한다고 할 수 있다. 트위터 사용자들(클라이언트)이 트위터(서버)에 메시지를 보내고 트위터로부터 메시지도 가져오기 때문이다. 비유하자면, 편지를 직접 전달(중앙기관이 없는 경우)하지 않고 우편(우체국이 서버)을 통해 보내는 것과 같다. 개인 간 거래 peer-to-peer도 참조할 것.

코인베이스Coinbase

유명 암호화폐 거래소 중의 하나.

코인하이브CoinHive

해커들과 부도덕한 웹사이트 소유주들에게 크립토재킹 코드를 제공한 악명 높은 스타트업. 해당 코드가 웹사이트 방문자의 컴퓨터에 설치되면, 컴퓨터의 자원이 모네로를 채굴하는 데 동원된다. 코인하이브의 소프트웨어는 코인하이브가 무너진 2019년까지 사이버 범죄자들[16] 사이에서 큰 인기를 끌었다.[17]

콜드 스토리지Cold storage

인터넷이 연결되지 않은 기기에 암호화폐 '계좌'의 개인키를 저장하는 것. 개인키를 메모지에 기록해두거나 인터넷이 연결되지 않은 컴퓨터에 저장하는 것, 하드웨어 지갑을 이용하는 것 모두 콜드 스토리지에 해당한다. 이렇게 하면 해커가 인터넷이 연결된 여러분의 기기들을 모두 완전히 통제하게 된다 하더라도 해당 개인키를 알아낼 순 없다.[18] 핫 스토리지도 참조할 것.

CPU

디지털 기기의 중앙 처리 장치로서, 엑셀에서 숫자를 처리하는 일에서 넷플릭스에서 영화를 재생하는 일까지 대부분의 연산을 수행한다. 모든 컴퓨터에는 CPU가 있고, CPU는 암호화폐를 채굴할 수 있지만 채굴에는 상대적으로 약하다. CPU로 채굴할 수 있는 암호화폐는 전문 하드웨어를 갖고 있지 않을 확률이 높은 초보자들에게 환영받는다.[19] GPU와 ASIC도 참조할 것.

크라우드펀딩Crowdfunding

인터넷상의 많은 소규모 기부자들로부터 사업에 필요한 돈을 모으는 것. ICO는 크라우드펀딩의 한 형태이다.

크립토Crypto

블록체인과 암호화폐 부문을 포괄하는 용어.

크립토코인Cryptocoin

비트코인이나 이더와 같은 암호화폐의 단위. 보통 소문자로 쓴다. 비트코인Bitcoin과 이더리움Ethereum처럼 앞이 대문자로 시작하는 암호화폐와 혼동하지 말 것.

암호화폐Cryptocurrency

블록체인을 이용해 거래 정보를 기록하는 디지털 화폐. 암호화폐는 암호 기법을 이용해 거래를 검증하고 변조와 위조를 방지하므로 '암호crypto' 접두사가 붙는다.

암호 기법Cryptography

역설계하기 어렵게 정보를 암호화하는 기술. 암호화폐 계에서 암호 기법은 신원 증명(로그인 등), 블록체인의 과거 거래 기록 변조 방지, 보다 어려운 채굴, 기타 주요 기능 구현에 쓰인다.[20]

크립토재킹Cryptojacking

암호화폐 채굴을 위해 다른 사람의 장치를 무단으로 사용하는 행위. 보통 해커들이 웹사이트를 해킹하고 채굴 코드를 설치해 이런 일을 벌인다. 해당 사이트를 방문하면, 여러분의 브라우저는 채굴 코드를 실행해 해커의 지갑으로 들어가는 암호화폐(보통 모네로)를 채굴하게 된다. 일부 비양심적인 웹사이트 소유주들이 순진한 사용자들을 이용해 돈을 벌 생각으로 자신들의 사이트에 이 채굴 코드를 심는다.[21] 사용자가 크립토재킹을 당했을 때 돈을 도난당하는 것은 아니다. 하지만 CPU가 채굴에 온 힘을 쏟게 되면서 배터리가 닳고 컴퓨터가 과열되며 속도가 느려진다.[22]

다오DAO

탈중앙화된 자율 조직. 인간의 지도나 통제 없이 스마트 계약만을 실행하는 서비스나 회사를 말한다. 어느 승객을 태우고 언제 주유소로 향할지를 결정하는 컴퓨터가 탑재된 자율주행 자동차를 떠올려보자. 이 로봇들은 사람이 아닌 코드의 지배를 받을 것이다. 또는 과반수의 직원 투표를 통해 자동으로 어떠한 결정이 내려지는 회사를 상상해보자(결정 사항은 스마트 계약 덕분에 자동으로 발효된다).[23] '더 다오'와 혼동하지 말 것.

댑DApp

탈중앙 앱('탭tap'과 운이 맞는다). 스마트 계약으로 만들어진 앱. 댑의 코드는 오픈소스이며 전적으로 블록체인에 계속 존재한다. 댑은 에어비앤비, 페이스북, 우버와 같은 기존의 중앙집중식 앱보다 회복력이 좋으며(댑을 만든 회사가 망해도 댑은 살아남는다), 더 투명하다(사람이 아닌 기계가 전적으로 결정을 내린다).[24]

탈중앙화Decentralization

단일 주체가 네트워크를 통제하지 않는 것. 월마트에서의 쇼핑이 중앙화된 것이라면, 농산물 직판 시장에서의 쇼핑은 탈중앙화된 것이다. 암호화폐는 (이상적으로) 전 세계의 많은 사람이 과거의 거래 정보를 기록하고 새로운 거래를 검증하기 때문에 탈중앙화되어 있다. 한 주체가 모든 것을 통제할 수 없다.

디플레이션Deflation

통화 공급이 생산된 재화 및 서비스의 총가치(경제용어로 GDP)보다 적게 증가했을 때 발생한다. 즉 디플레이션은 물가 상승률이 마이너스가 되고 물가 수준이 내려갈 때 발생한다. 디플레이션이 발생하면 모든 지폐나 동전의 가치가 올라간다. 이는 사람들이 돈을 쓰거나 투자하게 하는 대신, 돈을 모아두게 함으로써 대체로 경제 성장을 방해한다.[25]

디지털 서명Digital signature

블록체인 거래와 같은 디지털 메시지의 진위를 확인하기 위해 사용되는 방법.[26] 블록체인 거래(암호화폐를 보내는 것처럼)를 할 때, 사용자는 개인키를 이용해 암호화한 꼬리표를 거래 끝에 덧붙여 보낸다. 그러면 누구든지 꼬리표를 확인하여 그 사람이 실제로 암호화폐를 보냈는지 확인할 수 있다. 단순히 서명signature이라고도 한다.

분산 장부Distributed ledger

과거 거래 정보를 기록하고 한 주체에 의해 통제되지 않는 데이터 구조. 누구든지 장부의 사본을 저장할 수 있으며 다른 사람들이 승인하면 장부에 자신의 거래 정보를 추가할 수 있다. 블록체인은 가장 잘 알려진 분산 장부이다. 탈중앙 장부decentralized ledger나 공유 장부shared ledger라고도 한다.

DLT(Decentralized Ledger Technology)

분산 장부 기술. 공유, 분산, 불변하는 장부에 데이터를 저장하는 모든 기술을 일컫는 포괄적 용어. 블록체인과 블록체인에서 영감을 받은 탱글과 같은 기술이 여기에 포함된다.[27]

이중 지불Double-spending

동일한 돈이 두 번 지불될 수 있는 위험. 디지털 화폐의 가장 큰 결함이다. 예를 들어 워드 문서는 누구나 무한대로 복사본을 만들어낼 수 있기 때문에, 통화로 치자면 형편없는 통화가 될 것이다. 하지만 블록체인은 돈이 오갈 때마다 거래를 기록하는 식으로 이 문제를 방지하며, 누군가 이중 지불을 시도했을 때 쉽게 알아차릴 수 있게 한다. 따라서 암호화폐는 51% 공격을 받지 않는 한 이 문제를 피할 수 있다.[28]

ERC-20

이더리움 토큰 중 가장 널리 사용되는 유형. ERC-20 토큰은 잘 알려진 규칙을 따르므로, 사용자들은 이를 더 쉽게 사용할 수 있고 개발자들도 더 쉽게 암호화폐를 만들 수 있다.[29] 메이커MKR와 베이직 어텐션 토큰BAT을 비롯한 많은 암호화폐가 ERC-20 토큰으로 구현되는데, 이는 실제로 이들이 이더리움 블록체인상에서 실행됨을 의미한다.[30]

에스크로Escrow

두 당사자가 거래할 때 일시적으로 돈을 보관해주는 서비스. 발신인이 에스크로에 돈을 넣었을 때, 그 돈은 수신인이 특정 조건을 충족시킨 경우에만 수신인에게 전달된다. 예를 들어 여러분이 온라인으로 물건을 주문한다고 하면, 여러분의 돈은 에스크로에 보관되다가 여러분이 실제로 그 물건을 받았을 때 판매자에게 전달된다. 일반적으로 스마트 계약과 댑은 에스크로를 사용한다.[31]

ETF

하나 이상의 주식, 암호화폐, 기타 금융 자산의 가격을 따라가는 상장지수펀드이자 금융 상품이다. 예를 들어 S&P500 ETF는 주요 종목의 가격을 평균한 S&P500지수의 움직임을 따라가므로, 개별 주식을 사는 것보다 변동성이 적다.[32] 암호화폐 ETF는 변동성을 줄이고 지갑을 생성하는 등의 번거로움을 없앰으로써 일반인들이 암호화폐에 쉽게 투자할 수 있게 한다.[33]

이더Ether

이더리움 네트워크에서 사용되는 화폐의 단위. 줄여서 ETH라고 한다.

EVM(Ethereum Virtual Machine)

이더리움 가상머신. 스마트 계약 뒤에서 코드를 실행한다. 각각의 채굴자는 스마트 계약을 실행해 블록을 채굴해야 하기 때문에 컴퓨터에서 EVM 사본을 실행한다.[34]

거래소Exchange

미국의 달러, 일본의 엔화 등 법정화폐를 비트코인 등의 암호화폐로 교환할 수 있는 웹사이트. 암호화폐를 다른 암호화폐로 교환할 수도 있다. 암호화폐 거래소라고도 한다.

법정화폐Fiat

미국의 달러, 일본의 엔화, 인도의 루피와 같이 정부에 대한 신뢰로 뒷받침되는 화폐. 대개 암호화폐와 대조되는 모습을 보인다.

포크Fork

동사로는 블록체인에 새로운 가지branch를 만드는 것을 말하며, 명사로는 이러한 새로운 가지 중에서 하나를 말한다.[35] 예를 들어 두 명의 공동 저자가 처음에는 세 권까지 책을 같이 쓰다가, 그다음에는 각자 따로 네 번째와 다섯 번째 책을 썼다고 가정해보자. 이 경우 두 명의 저자가 나중에 쓴 책들은 별도로 포크되었다고 할 수 있다.

풀 노드Full node

전체 블록체인을 다운로드하는 노드. 암호화폐가 탈중앙화된 상태를 유지하기 위해서는 여러 개의 풀 노드가 필요하다(풀 노드가 하나만 있는 암호화폐는 해당 노드를 중심으로 중앙화되기 때문에 일반 통화와 다를 바가 없다). 비트코인 네크워크상에서 풀 노드를 돌린다고 사용자가 무언가를 특별히 얻는 것은 아니므로, 풀 노드는 몇천 개에 불과하다(많은 사람이 이 정도로는 충분하지 않다고 생각한다). 단독 채굴자들은 풀 노드를 실행해야 하지만, 채굴 풀에서는 한 사람만 풀 노드를 실행한다.[36]

가스Gas

이더리움 스마트 계약을 실행하는 데 필요한 컴퓨팅 파워의 양. 더 크고 복잡한 스마트 계약일수록 더 많은 가스가 필요하다. 스마트 계약을 할 때 사용자는 채굴자에게 스마트 계약이 소비하는 가스에 대해 약간의 수수료를 지불한다.[37] 자보Szabo와 댑도 참조할 것.

제네시스 블록Genesis block

블록체인 최초의 블록이며 가장 오래된 블록이다. 비트코인의 제네시스 블록에는 비트코인 개발자인 사토시 나카모토가 남긴 수수께끼 같은 메시지가 담겨 있다.[38]

GPU(Graphics Processing Unit)

그래픽 처리 장치로, 보통 화면에 이미지를 그리는 데 사용되는 특수 컴퓨터 칩이다. 컴퓨터 그래픽에는 많은 수학적 연산이 필요하고, GPU는 많은 복잡한 연산을 동시에 수행할 수 있다. 암호화폐 채굴에도 많은 복잡한 연산이 필요하기 때문에, GPU는 채굴에 꽤 능하다(CPU보다 낫지만 ASIC보다는 약하다).[39]

반감기|Halving

보통 몇 년에 한 번꼴로 암호화폐의 블록보상이 반으로 줄어드는 때를 일컫는다. 반감기로 인해 블록보상이 줄고 마침내 중단되기 때문에, 암호화폐 공급량은 결국 정체된다.[40]

하드포크|Hard fork

암호화폐에 역호환되지 않는backward-incompatible 근본적 변화를 가해 완전히 새로운 암호화폐를 만드는 것. 기존 소프트웨어를 실행하는 노드가 새로운 소프트웨어에서 수용한 블록을 수용하지 않으므로 블록체인은 영구적으로 둘로 나뉘게 된다. 즉 이전 소프트웨어 노드가 사용하는 체인과 새로운 소프트웨어 노드가 사용하는 체인으로 분기된다. 새로운 소프트웨어 노드가 사용하는 블록체인은 사실상 새로운 암호화폐의 기반이 된다. 비트코인 캐시는 블록 크기를 더 늘리기 위해 비트코인을 하드포크해 탄생한 것으로 유명하다.[41] 소프트포크도 참조할 것.

하드웨어 지갑Hardware wallet

개인키를 저장하며, 컴퓨터에 개인키를 보관하지 않아도 암호화폐 거래를 승인할 수 있는 장치. 이렇게 하면 해커가 컴퓨터에 있는 모든 것을 볼 수 있다 해도 개인키를 가져갈 수는 없다. 콜드 스토리지의 한 형태이다.[42] 종이 지갑도 참조할 것.

해시Hash

(바라건대) 어떤 데이터만의 독특한 지문. 해시는 디지털 객체들을 지칭하는 간결한 방법이다. 이를테면 상점에서 바코드 번호는 그 물건의 해시라고 할 수 있다. 바코드를 적는 것은 제품의 전체 이름과 설명을 적는 것보다 훨씬 쉽다. 또 바코드를 이용하면 온라인으로 물건을 찾기도 쉽다. 해시는 암호화폐의 핵심 부분이며, 채굴을 할 때 보통 수조 개의 해시가 계산된다.[43]

해시캐시Hashcash

비트코인이 사용하는 작업 증명 채굴 알고리즘. 채굴자의 컴퓨터는 해시캐시 알고리즘을 수십억, 수조 번 실행하여, 바라건대 마침내 블록을 채굴할 수 있게 하는 캐시를 생성한다.[44]

해시 함수Hash function

데이터에 대한 해시, 즉 지문을 계산하는 알고리즘. 대개 주어진 데이터로 해시를 계산하기는 쉽지만, 주어진 해시로 원래의 데이터를 계산하기는 어렵다.[45] 간단한 예로, 이름에 해시 함수를 적용하면 이니셜을 추출할 수 있을 것이다. 주어진 이름으로 누군가의 이니셜을 만들어내기는 쉽지만, 이니셜로 원래 이름을 알아내기는 어렵다(AE가 알버트 아인슈타인Albert Einstein인지, 아멜리아 에어하트Amelia Earhart인지, 또 다른 사람인지 어떻게 알겠는가?). 보다 정교한 해시 함수는 두 개의 데이터가 동일한 해시값을 생성하는 '충돌collision'의 가능성을 줄인다. 이상적으로 해시값은 모두 고유하다. SHA-256을 참조할 것.

해시 속도Hash rate (해시 파워)

채굴자가 해시를 생성할 수 있는 속도. 해시가 생성될수록 채굴자가 블록을 채굴할 가능성도 그만큼 조금씩 증가하기 때문에, 해시 속도가 높은 채굴자들이 블록을 채굴할 가능성이 크고 그에 따라 높은 수익을 얻게 된다. 비트코인 네트워크의 해시 속도는 모든 비트코인 채굴자들의 해시 속도를 합친 것이다.[46] 해시 속도는 해시 파워라고도 한다.

존버HODL

시장 상황이 아무리 나빠져도 다음의 가격 상승을 기다리며 비이성적으로 암호화폐를 붙들고 있는 것을 일컫는 속어. 애초에 이 말은 누군가 술에 취해 비트코인 포럼에 'hold'를 잘못 쓰면서 생겨났지만, 이제 어떤 사람들은 이 말이 'hold on for dear life(죽을 힘을 다해 버텨라)'[47]의 줄임말이라고 우스갯소리를 한다.

핫 스토리지Hot storage

암호화폐 개인키를 인터넷이 연결된 전화기나 컴퓨터 같은 기기에 저장하는 것을 말한다. 이렇게 하면 콜드 스토리지를 이용하는 것보다 송금하기가 더 쉬워진다(개인키를 일일이 입력하는 대신 자동으로 입력 칸을 채울 수 있기 때문에). 하지만 해커가 기기를 장악하게 될 경우, 쉽게 해커에게 개인키를 빼앗길 수 있으므로, 이 방법은 콜드 스토리지보다 위험하다.[48] 콜드 스토리지도 참조할 것.

하위 테스트Howey test

어떤 자산이 증권인지 확인하고자 할 때 SEC가 사용하는 방법. 만약 '어떤 사람이 공동 기업에 투자한 뒤 오로지 발기인이나 제삼자의 노력에 의한 수익을 기대하는 경우' 그 투자는 증권에 해당한다.[49] 암호화폐를 증권으로 보아야 하는지에 대한 논쟁에서 자주 언급된다.

ICO(Initial Coin Offering)

암호화폐공개. 암호화폐나 블록체인 스타트업이 암호화폐를 판매해 자금을 조달하는 방식이다. IPO와 달리 탈중앙화되어 있고 규제를 받지 않는다. 그러다 미국의 법적 단속 이후, 많은 암호화 기술 스타트업이 STO를 통하기 시작했다.[50]

불변성Immutability

변하지 않는 성질. 블록체인의 장점 중의 하나는 블록체인이 사실상 변하지 않는다는 것이다. 51% 공격을 제외하면, 과거의 거래 기록을 변경하거나 삭제하는 것은 불가능하다.

인플레이션Inflation

통화 공급이 생산된 재화 및 서비스의 총가치(경제용어로 GDP)보다 많이 증가했을 때 발생한다. 인플레이션이 발생하면 물가 수준이 높아지고 화폐 가치가 떨어지며, 똑같은 돈으로 예전만큼 '물건'을 살 수 없게 된다.[51] 어떤 사람들은 통화 공급이 증가하면, 즉 돈이 더 많아지면 인플레이션이 발생하기 마련이라고 주장한다. 하지만 이는 엄밀히 말하면 사실이 아니다. 인플레이션은 통화 공급이 해당 경제의 총생산보다 빠르게 증가할 때만 발생한다.

IoT(Internet of Things)

사물인터넷. 스마트 온도조절기처럼 인터넷이 연결된 센서와 기기들을 이용한 기술이나 환경을 말한다.

IPFS(Inter Planetary File System)

분산형 파일 시스템. 블록체인상에서의 파일 분산 및 웹페이지 공유를 위한 프로토콜이다. 웹사이트에서 웹페이지를 불러오는 중앙집중식 HTTP 프로토콜을 대체하기 위해 설계되었다. HTTP는 중앙 서버가 다운되면 정보가 손실되기 때문에 '느리고, 허술하며, 태만하다'고 불리기도 했다.[52]

IPO

일반 기업이 자금 조달을 위해 주식시장에 주식을 상장하기 시작할 때 하는 기업공개.

KYC(Know-Your-Customer)

신원 인증 규정. 대부분의 암호화폐 거래소는 범죄자들이 거래소를 통해 자금 세탁을 하지 못하도록 KYC 규정을 따라야 한다. KYC를 따르는 거래소들은 사용자로부터 사진이 부착된 신분증이나 신용카드 정보처럼 신분을 증명하는 서류를 수집해야 한다. 이는 암호화폐의 익명성(암호화폐를 사용하는 주된 이유도)을 해치지만, 범죄자들이 죄를 짓는 것을 어렵게 한다.[53] AML도 참조할 것.

장부Ledger

과거의 거래 정보를 기록하는 데이터 구조. 커피숍의 매출을 기록하는 엑셀 시트도 장부이지만, 블록체인도 장부에 해당한다.

라이트닝 네트워크Lightning network

대부분의 거래를 블록체인 밖에서 처리함으로써 비트코인의 확장성을 개선하는 기술. 예를 들면, 서로 돈을 자주 주고받는 두 사람이 지갑을 생성하고 각자 그 지갑 안에 얼마간의 돈을 넣어 놓는다. 이들은 블록체인을 건드리지 않고 지갑 안의 잔액만을 변경하여 서로에게 돈을 지불할 수 있다. 모든 정산이 끝난 후 이들은 최종적으로 결산 거래를 보내고 지갑을 닫는다. 블록체인에서 진행되는 것은 지갑의 생성과 폐쇄뿐이다.[54] 비트코인 버전의 스플릿와이즈Split-wise(돈 계산을 쉽게 해주는 앱으로, 사용자 간의 부채를 재구성하여 거래 수를 최적화함으로써 상환을 보다 효율적으로 만든다-옮긴이)라고 생각하면 쉽다. 모든 부채를 기록하고 부채가 모두 정리되었을 때만 실제로 돈을 보내는 것이다.

라이트 노드Lightweight node

어마어마한 크기의 전체 블록체인 대신, 블록체인의 중요 데이터만을 일부 갖고 있는 노드. 풀 노드에 SPVSimplified Payment Verification(단순 지불 검증-옮긴이)를 요청하여 해당 거래가 유효한지 확인한다. 휴대폰에 지갑 앱을 다운로드하거나 웹 기반 지갑을 사용하는 경우, 라이트 노드를 사용한다고 할 수 있다. 풀 노드도 참조할 것.[55]

유동성Liquidity

자산을 얼마나 쉽게 현금화할 수 있는지를 나타내는 척도. 주식과 암호화폐는 몇 초 만에도 팔릴 수 있기 때문에 유동적이지만, 집은 팔리는 데 몇 달 혹은 몇 년이 걸리기 때문에 비유동적이다.[56]

메인넷Mainnet

실제 화폐 거래가 이루어지는 공식 블록체인. 개발자가 오로지 테스트용으로만 사용하는 블록체인인 테스트넷과 비교해볼 것.[57]

시가 총액Market cap

유통 중인 모든 암호화폐(또는 주식)의 총가치. 이는 단순히 코인의 수에 각 코인의 가치를 곱한 값이다. 기업의 시가 총액이 그 기업이 얼마나 튼튼한지를 나타내는 것처럼, 암호화폐의 시가 총액은 그 암호화폐가 얼마나 가치 있고 중요한지를 나타낸다.

머클 트리Merkle tree

비트코인 블록체인이 거래 정보를 저장하는 데 사용하는 데이터 구조. 각 거래의 해시는 모든 이전 거래들의 해시에 의존하므로, 이전의 거래 정보가 변조되면 블록의 해시가 변경되고, 이로 인해 변조 여부가 쉽게 식별될 수 있다.[58]

소액 결제Micropayments

99센트에 앱을 구매하거나 설문조사에 대한 대가로 누군가에게 2달러를 지불하는 것과 같이 일반적으로 온라인에서 발생하는 소액 결제를 말한다. 이에 대한 엄밀한 정의는 없다. 어떤 사람들은 3달러 짜리 커피 한 잔을 사는 것과 같은 작은 오프라인상의 거래도 소액 결제에 해당한다고 말한다.[59] 소액 거래 수수료는 이미 그 실제 거래가의 많은 부분을 차지하기 때문에 낮아야 한다. 따라서 고정 수수료가 상대적으로 높은 암호화폐(일부 암호화폐의 거래 수수료는 1달러가 넘는다)는 소액 거래에 적합하지 않다.

중개인Middleman

통신 또는 거래를 하려 하는 두 사람 사이에 존재하는 주체. 페이스북 메신저를 통해 친구에게 메시지를 보낼 때는 페이스북이 중개인이 되고, 돈을 보낼 때는 은행이 중개인이 되며, 아마존 사이트에서 무언가를 살 때는 아마존이 중개인이 된다. 암호화폐와 블록체인은 중개인을 없애는 것을 목표로 한다.

밈블윔블MimbleWimble

현재 비트코인의 블록체인 프레임워크보다 속도가 빠르고, 10배 더 적은 공간을 차지하며, 보내는 사람과 받는 사람의 신원뿐만 아니라 송금액까지 숨기는 프라이버시 중심의 블록체인 프레임워크이다. 밈블윔블을 지지하는 사람들은 비트코인이 현재의 블록체인 소프트웨어를 밈블윔블 기반의 블록체인 소프트웨어로 대체하길 바란다. 이러한 소프트웨어의 잘 알려진 예로 그린Grin과 빔Beam이 있다.[60]

채굴Mining

암호화폐 사용자가 거래를 검증하고 블록체인에 블록을 추가할 수 있는 권한을 두고 경쟁할 때 우리는 채굴한다는 표현을 쓴다. 채굴은 이중 지불을 막고 통화 공급을 늘리는 데 필수적이다. 새로운 코인이 세상에 나오는 방법은 채굴자의 블록 보상이 유일하기 때문이다.[61]

채굴 풀Mining pool

자원과 수익을 공유하는 암호화폐 채굴자 집단. 채굴 풀은 채굴자들에게 아주 유용하다. 채굴 인프라와 장비를 마련하는 데 많은 비용과 노동력이 들기 때문이다. 따라서 혼자 채굴하는 것보다는 사람들과 협력하여 채굴하는 것이 더욱 합리적이다.[62] 비트코인의 채굴 풀은 매우 강력하며, 대부분의 비트코인은 집단에 의해 채굴된다. 단독 채굴로는 더 이상 수익을 올리기 힘들다.[63]

통화 정책Monetary policy

중앙은행이 금리 조정, 국채 매매, 기타 다른 방법을 통해 통화 공급에 변화를 주는 것.[64]

통화 수요Money demand

사람들이 즉각 쓸 수 있는 현금과 주식, 기타 다른 유동 자산을 얼마나 보유하고 싶어 하는지를 나타낸다. 통화 수요는 사람들이 더 많은 소비를 하고 싶어 하는 휴가철 같은 때에 증가한다.[65]

자금 세탁Money laundering

불법으로 얻은 돈을 금융 시스템을 통해 적법한 돈인 것처럼 보이게 만드는 행위. 예를 들면, 훔친 신용카드를 팔아 돈을 번 범죄자가 익명으로 그 돈을 암호화폐로 바꾼 다음, 그 암호화폐를 다시 '깨끗한 돈'을 받고 파는 행위를 말한다.

통화 공급Money supply

유통 중인 통화와 기타 유동성이 높은 자산들의 총량. 암호화폐 계에서 이는 유통 중인 총 암호화폐 수를 의미한다.[66]

다중서명Multi-signature(멀티시그multisig)

암호화폐 거래를 위해 여러 사람의 승인을 요구하는 서명 방식. 예를 들어 세 명으로 구성된 회사는 세 명 중에서 적어도 두 명이 지출을 승인해야 하는 다중서명 제도를 만들 수 있다.[67]

노드Node

비트코인 소프트웨어를 실행하는 전화기나 컴퓨터. 비트코인을 사거나 팔려면 노드를 실행해야 한다. 노드에는 크게 전체 블록체인을 저장하는 풀 노드와 그렇지 않은 라이트 노드가 있다.[68]

NFT(Non-Fungible Token)

대체 불가능한 토큰. 특정 노래나 비디오 게임 아이템과 같이 저마다 고유한 가치를 갖고 있어, 다른 토큰으로 대체가 불가능한 토큰을 말한다. 일반 토큰과 암호화폐와 달리, NFT는 교환되거나 대체될 수 없다. 예를 들어 1비트코인은 다른 1비트코인과 정확히 같은 가치를 지니지만, 디지털 검을 나타내는 토큰은 디지털 드래곤을 나타내는 토큰과 완전히 다르다. NFT는 고양이 번식 게임 '크립토키티'나 카드 수집 게임과 같은 암호화 기술 관련 게임에 많이 쓰인다.[69]

오라클Oracle

스마트 계약에 날씨나 주가와 같은 외부 데이터를 연동하는 서비스. 여러분이 스포츠 내기용으로 댑을 만들고 있다면, 최신 결과를 가져와 누가 돈을 낼 것인지 결정하기 위해 오라클을 사용해야 할 것이다.

종이 지갑Paper wallet

종이에 암호화폐 지갑, 즉 '계좌'의 공개키와 개인키를 적어둔 것. 온라인상의 해커들은 이 정보에 접근할 수 없기 때문에 인기 있는 콜드 스토리지의 한 유형이다. 하드웨어 지갑도 참조할 것.

개인 간 거래Peer-to-Peer, P2P

두 사람이 중앙의 단일 주체를 통하지 않고 직접 통신하고 거래하는 것. 신용카드 결제는 돈이 대형 은행과 신용카드 네트워크를 통하기 때문에 P2P 방식에 해당하지 않지만, 현금 결제와 암호화폐 결제는 중간에 강력한 주체가 없기 때문에 P2P 방식에 해당한다. 클라이언트 서버 모델도 참조할 것.

페그Peg

두 통화 사이의 환율을 고정하는 것을 말한다. 보통 상대적으로 약한 통화가 일정한 환율로 더 크고 안정된 통화에 '고정Peg'된다. 예를 들어 테더 코인USDT은 미국 달러에 고정되며, 1USDT는 항상 1달러의 가치를 갖는다.[70]

허가Permissioning

누가 어떤 데이터에 접근할 수 있는지 구체적으로 규칙을 정하는 것. 허가형 블록체인Permissioned blockchain은 예를 들면 CEO 같은 특정 사용자가 읽기/쓰기 권한을 모두 갖고 계약자와 같은 다른 사용자들은 특정 데이터만 접근할 수 있도록 제한하기 때문에, 여러 사람과 기업이 사용하는 블록체인 앱을 구축하는 기업들 사이에서 인기가 좋다. 대부분 블록체인은 모든 사람이 전체 거래 기록을 볼 수 있게 하지만, 허가형 블록체인은 그렇지 않다.[71]

프라이버시 코인Privacy coin

사용자의 사생활과 익명성 보호에 특별히 중점을 둔 암호화폐. 잘 알려진 예로, 모네로와 지캐시가 있다.[72]

개인키Private key

암호화폐 지갑, 즉 '계좌'에 보관된 돈을 제어할 수 있는 비밀코드. 공개키와 주소는 개인키로 알아낼 수 있지만, 공개키와 주소만 아는 경우 개인키를 알아내는 것은 불가능에 가깝다. 이는 일반적 앱에서 패스워드와 같다.

지분 증명Proof-of-Stake, PoS

채굴자가 담보로 자신의 자산을 내놓는 새로운 블록 생성 방식. 더 많은 자산을 갖고 있을수록 블록을 생성할 가능성이 커진다. 규칙을 어기려 하는 채굴자들은 예치한 돈을 잃게 된다. 지분 증명은 엄청나게 많은 계산을 실행하기 위한 군비 경쟁을 벌이지 않기 때문에, 작업 증명보다 에너지 효율적인 것으로 여겨진다.[73]

작업 증명 Proof-of-Work, PoW

채굴자가 많은 일을 할수록, 즉 해시를 많이 만들어낼수록 블록을 생성할 가능성이 커지는 채굴 방식. 이러한 방식은 블록체인의 위조를 엄두도 못 낼 정도로 어렵고 비싸게 만든다. 해커들이 다른 모든 사람보다 더 많은 일을 해야 하기 때문이다. 이러한 방식은 많은 계산 낭비를 낳기도 한다.[74] 지분 증명도 참조할 것.

공개키 Public key

누구나 볼 수 있는 암호화폐 지갑, 즉 '계좌'의 가명. 자주 쓰이진 않는다. 사람들은 대체로 암호화폐 지갑을 언급하는 대신 주소를 사용한다. 주소는 공개키로 쉽게 생성될 수 있다. 개인키와 주소도 참조할 것.

준비 통화 Reserve currency

주요 국제 거래에 사용되는 통화로, 보통 정부와 중앙은행이 보유한다. 모든 통화는 준비 통화가 될 수 있지만, 가장 널리 쓰이는 준비 통화는 미국의 달러, 유로, 영국의 파운드, 일본의 엔, 중국의 위안이다.[75]

링 서명 Ring signature

모네로에서 사용되는 개인정보 보호기술. 거래가 발생할 때마다 여러 사람이 가능한 송금인으로 나열되므로, 실제로 누가 돈을 보냈는지 아무도 알 수 없다. 모네로가 프라이버시와 익명성을 유지하는 주된 방법 중의 하나이다. 스텔스 주소도 참조할 것.

사토시Satoshi

비트코인의 가장 작은 단위로, 1비트코인의 1억분의 1에 해당한다. 비트코인의 신비한 창시자인 사토시 나카모토를 기리는 뜻에서 이름 붙여졌다.[76]

SEC(US Securities and Exchange Commission)

미국 증권거래위원회. 증권, 투자, 주식시장, 그리고 (이제) 암호화폐도 규제한다.[77]

증권Security

다른 누군가의 성공에 돈을 걸고 수익을 기대하며 투자하는 자산. 2017년, SEC는 ICO에서 발표된 토큰은 이제 증권으로 간주되며 규제될 것이라고 공표했다.[78] 하위 테스트도 참조할 것.

세그윗SegWit

세그윗은 블록당 허용되는 거래 수와 초당 최대 거래 수를 증가시킨 비트코인의 소프트포크이다. 블록 크기는 변하지 않았지만, 세그윗은 각 거래에서 필수적이지 않은 데이터는 블록 밖에 저장되도록 했고, 그에 따라 거래 정보가 작아지면서 블록에 더 많은 거래가 담기게 되었다. 하지만 거래 속도를 향상시키는 데 세그윗만으로는 부족하다는 주장이 나오면서 이는 비트코인의 하드포크로 이어졌고, 이어 비트코인 캐시가 탄생했다.[79]

서버Server

웹사이트와 앱을 구동하는 강력한 컴퓨터. 중앙집중식 앱에는 모든 '클라이언트', 즉 사용자 기기가 소통하는 서버가 있다. 서버가 다운되면 앱을 사용할 수 없다.

SHA-256

데이터의 해시, 즉 데이터 고유의 지문을 뽑아낼 수 있는 단방향 해시 함수. 주어진 데이터로 해시값을 생성하기는 쉽지만, 해시값만으로 원래의 데이터를 알아내기란 거의 불가능하다. SHA-256은 비트코인의 작업 증명 알고리즘과 비트코인의 주소 생성 알고리즘에 사용된다.[80]

사이드체인Sidechain

더 큰 블록체인(메인체인)에 연결된 작은 블록체인으로, 메인 체인의 통화가 사이드체인에서 사용될 수 있다. 사이드체인은 따로 통화를 만들지 않고 기존 암호화폐에 새로운 기능을 추가할 수 있다. 이를테면 리퀴드Liquid 프로젝트의 목표는 비트코인의 속도와 프라이버시를 개선하는 것이다. 이 프로젝트는 완전히 새로운 토큰을 출시하지 않고 리퀴드 비트코인 토큰LBTC을 출시했는데, 이 토큰은 언제나 비트코인과 일 대 일의 동등한 가치를 지닌다. 누구든 일시적으로 비트코인을 LBTC로 교환해 리퀴드 사이드체인에서 거래를 하고, 다시 LBTC를 비트코인으로 돌릴 수 있다.[81]

단일 장애점Single point of failure

어느 한 곳이 잘못되면 전체 시스템이 다 망가지는 '가장 취약한 지점'.[82] 보통 중앙집중식 시스템의 중개인을 말한다. 페이스북의 서버가 다운되면, 아무도 페이스북 메시지를 보낼 수 없기 때문에 이때 페이스북은 단일 장애점으로 간주된다. 현실 세계에서, 두 도시 사이에 강을 가로지르는 유일한 다리가 곧 무너질 듯하면, 그 다리는 단일 장애점이다. 다리가 무너지면 아무도 도시 간 이동을 할 수 없기 때문이다. 분산화는 단일 장애점을 제거하여 시스템을 더욱 튼튼하게 만든다.

실크로드Silk Road

결제 수단으로 비트코인을 사용한 악명 높은 온라인 마약 시장. 이로 인해 많은 사람이 비트코인을 처음 접하게 되었고, 비트코인은 범죄와 무법을 가능하게 하는 통화로 알려지게 되었다.[83]

스마트 계약Smart contract

블록체인에 상주하며 정해진 조건에 따라 암호화폐와 토큰을 이

동시키는 프로그램. 예를 들어 포커 스마트 계약은 각 플레이어에게서 얼마간의 코인을 건 다음, 라운드 끝에 사람들이 손에 쥔 것을 비교해 자동으로 승자에게 돈을 지불한다. 스마트 계약은 일반적 계약과 달리 법적 제도가 아닌 코드로 제어된다. 이더리움에서 가장 흔히 사용된다. 댑도 참조할 것.[84]

소프트포크Soft fork

이전 버전과 호환되는 블록체인의 업그레이드. 블록체인은 일시적으로 두 개의 가지(하나는 이전 버전의 소프트웨어를 실행하는 노드에서 사용, 다른 하나는 새로운 소프트웨어를 실행하는 노드에서 사용)로 분기되지만, 일단 대부분의 해시 파워를 제어하는 채굴자들이 새로운 소프트웨어로 옮겨가면, 갈라졌던 가지가 합쳐지면서 블록체인은 다시 단일 형태가 된다. 소프트포크는 시간이 지나면서 암호화폐를 개선하는 방법이다. 암호화폐는 떠들썩한 광고 없이 자주 소프트포크를 시행한다.[85]

SPV(Simplified Payment Verification)

단순 지불 검증. 라이트 노드가 전체 블록체인을 다운로드하지 않고 거래의 유효성을 확인하기 위해 사용하는 방법이다. SPV는 전체 블록체인을 가진 풀 노드에 해당 거래가 유효한지 묻는다. 풀 노드를 사용하는 것보다는 조금 덜 안전하지만, 대부분의 사용자에게 충분한 검증 방법이다.[86]

스테이블코인Stablecoin

달러와 같은 주요 법정화폐와 고정 환율을 유지하는 암호화폐. 테더USDT는 잘 알려진 스테이블코인으로, 언제나 1달러에 거래된다.

스텔스 주소Stealth address

일회성 주소. 모네로 수신자는 매번 거래를 할 때 새로운 스텔스 주소를 부여받는다. 이렇게 하면 실제 주소와 거래 기록을 숨길 수 있기 때문이다. 모네로가 개인정보와 익명성을 유지하는 주된 방법 중의 하나이다.[87] 링 서명도 참조할 것.

STO(Security Token Offering)

증권형토큰공개. 새로운 법을 따르기 위해 만들어진 ICO의 규제 강화 버전. ICO의 큰 문제인 사기성 모금을 어렵게 하기 위해, 규제들은 보통 STO를 통해 모을 수 있는 한도 금액과 투자할 수 있는 사람을 제한한다.[88]

자보Szabo

이더리움의 가장 작은 단위로, 1이더의 백만분의 일에 해당한다. 전설적인 암호화폐와 블록체인 연구가 닉 자보를 기리는 뜻에서 이름 붙여졌다.[89] 이더리움 가스비는 보통 자보로 책정된다.[90]

탱글Tangle

블록체인의 경쟁 기술로, 거래를 목록이 아닌 스파게티와 같은 데이터 구조로 저장한다. 사용자는 앞서 생성된 거래 중에서 임의로 선택된 두 건을 검증해야 한다. 채굴의 개념이 없으므로(따라서 대기 시간이 없고 수수료도 낮다), 많은 새로운 거래가 동시에 추가될 수 있다.[91] 이 때문에 탱글은 많은 소형 기기가 동시에 데이터를 기록하는 것이 특징인 IoT에 이상적인 것으로 여겨진다.[92] 스타트업 아이오타가 개발했다.

테스트넷Testnet

개발자가 블록체인을 시뮬레이션하고 새로운 블록체인 앱을 시험해볼 수 있는 테스트 환경. 테스트넷에서 만들어진 암호화폐나 토큰은 실제 가치가 없다.[93] 메인넷도 참조할 것.

더 다오The DAO

다오DAO(탈중앙 자율 조직)를 만들려 했던 유명 이더리움 프로젝트인 '더 다오'는 일종의 공개 모집된, 자동화된 벤처 투자 기업venture capital firm이었다. 사람들은 '더 다오'에 돈을 투자하고 자금을 모으는 프로젝트에 투표했다. 스마트 계약을 이용해 가장 많은 표를 받은 프로젝트에 자동으로 투자하게 된 것이다.[94] 하지만 2016년, '더 다오'는 해킹을 당해 5000만 달러에 해당하는 이더를 도난당했다. 이더리움을 하드포크하는 것 외에는 해킹을 되돌릴 방법이 없었기 때문에, 이더리움 지도자들은 실제로 그렇게 했다.[95] 이는 다오가 가진 문제를 그대로 드러냈다. 코드가 법일 때, 버그와 해킹은 수정되거나 해결될 수 없다.

토큰Token

블록체인에 기록되는 가상 아이템으로, 어떤 자산의 소유권을 나타낸다. 사용자는 땅, 주식, 석유를 포함해 어떤 자산이든 토큰으로 자산을 나타낼 수 있다.[96] 이더리움은 토큰이 가장 널리 사용되는 블록체인 플랫폼이다. 토큰은 다루기가 매우 쉽다. 일부 암호화폐들은 실제로 이더리움 토큰으로 구현되기도 했다![97] ERC-20도 참조할 것.

토큰화Tokenization

실제 자산을 토큰으로 전환하여 나타내는 것. '땅의 소유권을 토큰화한다'라거나 '블록체인에 땅을 올린다'라는 것은 바로 땅의 소유권을 나타내는 토큰을 만드는 것을 의미한다. 이러한 토큰 대부분은 이더리움 블록체인에서 사용된다.[98] ERC-20도 참조할 것.

TPS(Transactions Per Second)

초당 거래 수. 지불 네트워크가 초당 얼마나 많은 거래를 처리할 수 있는지를 나타낸다. 많은 암호화폐가 낮은 TPS 때문에 나쁜 평을 받는데, TPS가 낮다는 것은 많은 사람이 돈을 보내려고 몰리면 네트워크가 정체됨을 의미한다. 네트워크가 정체되면 거래 수수료가 높아지고 대기 시간이 길어진다.[99]

거래 수수료Transaction fee

암호화폐를 보내는 사람들이 채굴자에게 지불하는 얼마간의 돈.

사용자는 모든 거래에 지불하고자 하는 수수료를 명시할 수 있다. 채굴자들이 다음 블록에 어떤 거래를 포함할지 선택하기 때문에, 더 높은 수수료를 제시하는 거래가 보통 먼저 선택되고 그에 따라 블록체인에 더 빨리 추가된다. 채굴자들의 두 가지 주요 수입원 중의 하나가 이 수수료이며, 나머지 하나는 블록보상이다.[100]

튜링 완전성Turing-complete

충분한 시간과 하드 드라이브 공간이 있으면 어떤 연산이든 수행할 수 있는 프로그래밍 언어 또는 플랫폼. 이더리움과 같은 스마트 계약 플랫폼은 튜링 완전성을 갖췄다고 할 수 있다. 즉 사용자는 스마트 계약을 통해 어떤 연산이든 할 수 있다.[101] 이는 튜링이 완전하지 않아 모든 종류의 연산을 수행할 만큼 강력하지 않은 비트코인의 스크립트 언어와 자주 대조된다.[102]

Txn

'transaction(거래)'의 줄임말.

UTXO(Unspent Transaction Output)

소비되지 않은 거래 결괏값. 암호화폐는 '지폐'와 '잔돈'이 있다는 점에서 현금과 약간 비슷하다. 여러분의 지갑에 23달러가 있다면, 여러분은 23달러짜리 지폐 한 장이 아니라 5달러짜리 네 장과 1달러짜리 세 장을 갖고 있을 것이다. 만약 이때 4달러짜리 커피 한 잔을 산다면, 여러분은 계산원에게 5달러짜리 지폐 한 장을 건네고

1달러를 거슬러 받을 것이다. 암호화폐 거래도 이와 비슷하게 이루어진다. 여러분의 계좌에는 UTXO라는 잔돈이 몇 장 들어 있다. 만약 여러분이 누군가에게 돈을 보낸다면, 여러분은 갖고 있는 UTXO를 합친 다음, 그중의 일부를 보낸다. 그리고 다시 새로운 UTXO를 계좌로 거슬러 받는다.[103]

폼나는 주소Vanity address

특수한 일련의 문자들이 포함된 암호화폐 주소. 평범한 주소들과 특별히 다른 점은 없으며, 단지 멋져 보일 뿐이다. 자동차의 맞춤 번호판과 비슷하다. 예를 들어 인터넷 아카이브Internet Archive의 비트코인 주소는 '1Archive1n2C579dMsAu3iC6tWzuQJz8dN'이다.[104] 누구나 임의의 문자로 된 주소를 무제한으로 만들 수 있다. 다만, 원하는 문자열이 있으면 그것이 나올 때까지 계속해서 몇 번이고 시도해야 한다.[105]

변동성Volatility

자산의 가격이 변하는 정도. 변동성이 높은 것으로 알려진 암호화폐, 특히 비트코인은 이 때문에 위험한 투자 자산이자 일상적으로 사용하기에 비효율적인 화폐로 여겨진다.[106]

지갑Wallet

암호화폐를 보관하는 데 사용되는 도구. 지갑 중의 일부는 사용자가 돈을 보내고 받을 수 있는 앱 형태로 존재한다. 또 다른 지갑은

USB 메모리나 종이와 같은 실제 물건으로, 암호화폐 '계좌'의 개인 키를 보관한다. 암호화폐 '계좌' 자체를 지칭할 때도 지갑이라는 말을 쓴다.

백서Whitepaper

새로운 블록체인 프로젝트나 암호화폐를 발표하는 사람들이 발행하는 문서. 백서에는 프로젝트를 시작하게 된 동기, 동작 방식, 그리고 그것이 왜 가치 있는지에 대한 설명이 담겨 있다. 백서는 주로 사람들이 프로젝트의 ICO에 투자하도록 설득하기 위해 만들어진 것으로, 엄밀한 의미에서 보자면 논문이라기보다는 광고에 가깝다.[107]

영지식 증명Zero-Knowledge Proof, ZKP

자신이 알고 있는 정보를 공개하지 않으면서 그 정보를 알고 있다는 사실을 증명하는 방법. 예를 들어 어떤 노트북이 자신의 것임을 증명하려 할 때, 여러분은 노트북의 암호나 계정 정보를 밝힐 필요 없이 노트북에 로그인함으로써 암호를 알고 있음을 증명할 수 있다. 지캐시와 모네로는 이 개념을 이용해 발신인과 수신인의 신원, 보낸 금액과 같은 세부 거래 정보를 감춘다.[108]

암호화폐

암호화폐의 세계는 방대하므로 사실상 모든 것을 살펴보기란 어렵다. 시중에 나와 있는 코인들만 해도 수천 종이 넘으며, 각각 저마다의 특징과 목표를 갖고 있다. 여기서는 시가 총액, 즉 유통 중인 모든 코인의 총가치 기준으로 상위권에 있는 몇 가지 암호화폐를 간략히 설명하고자 한다.

각 암호화폐의 '티커 심볼ticker symbol'(주식 거래 시스템에서 주식을 나타낼 때 사용하는 약어-옮긴이)을 먼저 표기했고, 다음으로 이름을 써 넣었다. 암호화폐 계에서 티커 심볼은 보통 해당 코인의 약칭으로 사용된다. 그래프나 여러 금융 관련 사이트에서도 이를 쉽게 확인할 수 있을 것이다.

BAT: 베이직 어텐션 토큰Basic Attention Token

개인정보 보호 중심의 브라우저인 브레이브Brave에서 사용되는 이더리움 기반의 토큰. BAT는 웹사이트에 더 많은 광고 수익을 안겨주고 인터넷 사용자의 개인정보를 보호함으로써 온라인 광고를 더욱 공정하게 만드는 것을 목표로 한다. 광고주들은 사용자들이 광고를 볼 때마다 인터넷 사용자와 게시자(《뉴욕타임스》와 같이 광고를 보여주는 사이트)에게 돈을 지불한다.[109] 사용자는 BAT를 이용해 자신이 지지하는 트위터 사용자에게 팁을 보낼 수도 있다.[110]

BCH: 비트코인 캐시Bitcoin Cash

블록 크기를 늘리려는 목적으로 비트코인을 하드포크해 탄생한 것으로 유명하다. 이 하드포크로 거래 처리 속도가 더 빨라졌고, 그에 따라 수수료와 대기 시간도 줄어들었다.

BNB: 바이낸스 코인Binance Coin

인기 암호화폐 거래소인 바이낸스가 지원하는 암호화폐. BNB로 결제를 할 때 거래 수수료를 깎아주는 식으로 바이낸스가 코인의 사용을 장려하고 있어, BNB 투자자들은 바이낸스의 인기가 더욱 높아질 것으로 기대한다. 바이낸스가 운영하는 런치패드는 사용자들이 ICO에서 토큰을 구매할 수 있는 장을 제공하는데, 여기에서 허용되는 결제 수단은 BNB가 유일하다.[111]

BSV: 비트코인 SV(Bitcoin SV)

비트코인이 포크되어 만들어진 비트코인 캐시에서 다시 포크된 것이다. 비트코인SV의 별난 창시자인 크레이그 라이트는 비트코인 캐시가 애초에 사토시가 꿈꾸던 비트코인에서 너무 많이 벗어났다고 생각했다. 그래서 비트코인 캐시가 원래 비트코인 백서에 제시된 기술에 더 가까워지도록 이 포크를 단행했다.[112]

BTC: 비트코인Bitcoin

비트코인은 가장 유명하고, 가장 규모가 크고, 가장 중요한 최초의 암호화폐이다. 2008년 사토시 나카모토가 발명했다. 비트코인 팬들은 사토시가 금융 위기 이후 은행 시스템에 아주 질린 것으로 생각한다.

BTG: 비트코인 골드Bitcoin Gold

비트코인에서 포크된 것으로, ASIC에 저항력이 있는 작업 증명 알고리즘을 사용한다. 즉 이 경우 전문 채굴 장비는 더 이상 채굴에서 유리하게 기능하지 않는다.[113] 그래서 비트코인 골드 지지자들은 비트코인 골드가 채굴을 더 민주적으로 만든다고 주장한다. 비트코인 골드는 또한 2018년[114] 해커들이 1800만 달러 치의 코인을 이중 지불한 51% 공격을 받으면서 심한 타격을 받은 것으로도 유명하다.[115]

DASH: 대시Dash

지역 상점에서 커피를 사는 것과 같은 일상적인 소액 결제에 중점을 둔 암호화폐. 대시의 목표는 비트코인보다 더 초보자 친화적이되고, 비트코인보다 더 낮은 수수료와 빠른 거래를 제공하는 것이다.[116] (비트코인은 상대적으로 수수료가 비싸고 거래 속도가 느려서 소액 결제에는 적합하지 않다는 사실을 상기하자.)

DOGE: 도지코인Dogecoin

라이트코인을 새롭게 만든 코인으로, 사람들 사이에서 널리 인기를 끌던 '도지Doge' 밈을 바탕으로 원래는 장난으로 만들어졌다.[117] 이 밈은 어리둥절한 표정의 한 시바견이 '크게 기부하세요much do-nation', '바로 그 코인very coin'과 같은 재미있는 문구들로 둘러싸여 있는 것이 특징이다.[118] 도지코인재단의 회원들은 2014년 동계올림픽에 자메이카 봅슬레이팀을 보내기 위해 2만 5000달러를 모금한 것으로 유명하다.[119]

이오스EOS

이더리움보다 거래 속도가 더 빠르고 수수료도 낮다고 주장하는 이더리움의 경쟁 코인.[120] 이더리움과 마찬가지로 이오스를 기반으로 댑과 스마트 계약을 구축할 수 있다.

ETC: 이더리움 클래식Ethereum Classic

이더리움의 구버전. 2016년, '더 다오'로 알려진 탈중앙 벤처 투자 조직이 5000만 달러 치의 이더를 도난당하는 심각한 해킹을 당했다. 대부분의 이더리움 클래식 사용자들은 도난을 되돌릴 방법으로 화폐를 하드포크하는 쪽을 택했다. 이로 인해 새로 생겨난 암호화폐가 이더리움ETH이다. 도난을 되돌리지 않은 이더리움 클래식은 별도의 화폐로 계속 존재했고, 이더리움은 그 형인 이더리움 클래식보다 더욱 크게 성장했다.[121]

ETH: 이더리움Ethereum

아마도 비트코인 다음으로 가장 유명하고 중요한 암호화폐일 이더리움은 스마트 계약을 통해 개발자들이 블록체인에서 탈중앙앱(댑)을 만들 수 있게 한다. 사용자는 스마트 계약을 사용할 때마다 스마트 계약이 수행하는 각 작업에 대해 약간의 수수료를 지불한다. 이때 수수료는 일반 암호화폐처럼 사고팔 수 있는 이더ETH로 지불된다.[122]

LINK: 체인링크Chainlink

체인링크는 '오라클'로 알려진 전문 서비스로, 스마트 계약이 실제 세계의 정보(날씨, 주가 등)에 탈중앙화된 방법으로 접근할 수 있게 한다. 만약 여러분의 댑이 현재 온도를 필요로 한다면, 댑은 아큐웨더AccuWeather와 같은 중앙화된 서비스에 의존하는 대신, 체인링크를 사용해 해당 정보를 얻을 수 있다. 링크LINK 코인으로 이러한 정보에 대한 사용료를 지불한다.[123]

LTC: 라이트코인Litecoin

최초의 알트코인으로, 비트코인이 금이라면 라이트코인은 은이라고 할 수 있다. 라이트코인은 비트코인보다 거래 속도가 빠르고, 수수료가 저렴하며, 전력을 덜 쓰는 채굴 알고리즘을 갖고 있다. 라이트코인만의 채굴 알고리즘은 특히 흥미로운 부분이다. 라이트코인 지지자들은 이 알고리즘이 힘 있는 소수 채굴자들의 채굴 독점을 어렵게 만든다고 말한다.[124]

MIOTA: 아이오타IOTA

아이오타는 사물인터넷에 중점을 둔 암호화폐 스타트업(동시에 플랫폼이자 프로젝트 이름이자 재단 이름이자 암호화폐 이름이다-옮긴이)이다. 아이오타를 이용하면 블록체인 대신 '탱글'에 거래를 기록하게 되는데, 탱글은 블록체인보다 더 빠르고 저렴한 거래를 가능하게 하는 스파게티 모양의 데이터 구조이다.[125] 이 플랫폼에서 통용되는 코인은 아이오타MIOTA이다.

MKR: 메이커Maker

메이커는 이더리움과 같은 스마트 계약 플랫폼으로, 사용자는 이를 통해 다이라는 스테이블코인을 사고팔 수 있다. 1다이는 1달러로 고정되어 있다. 이는 예를 들면, 탈중앙화된 은행을 만드는 데 유용하다. 사람들은 급격한 가격 변동을 걱정할 필요 없이 직접 서로 돈을 빌려주고 빌릴 수 있다. 메이커 플랫폼에서 이루어지는 거래 비용은 메이커 코인으로 지불된다.[126]

네오NEO

중국 정부가 지원하는 이더리움의 경쟁 코인(반면, 이더리움은 서구의 다수 기술 및 금융 기업으로 구성된 이사회가 운영한다[127]). 네오와 이더리움은 다소 기술적 차이가 있지만, 네오가 '중국의 이더리움'으로 알려져 있을 만큼 이 둘은 유사하다.[128]

TRX: 트론TRON

트론은 탈중앙화된 콘텐츠 공유 플랫폼을 구축하고자 하는 야심찬 암호화 기술 스타트업이다. 다시 말해 이들은 디지털 미디어(영화, 책 등)를 만드는 사람들과 소비자들 사이에 껴 있는 구글 플레이나 넷플릭스와 같은 중개업자를 없애고 싶어 한다.[129] 트론은 분산화된 파일 공유를 가능하게 만드는 IPFS를 기반으로 구축되었다. TRX는 트론에서 결제를 할 때 사용되는 이더리움 기반의 토큰인데, 흥미롭게도 사용자는 TRX를 채굴할 수 없다.[130]

USDT: 테더Tether

가장 잘 알려진 스테이블코인인 테더 코인USDT은 항상 1달러에 거래된다. 테더는 이더리움 블록체인을 기반으로 구축되었다. 테더 사는 언제든 전환 비율conversion rate을 지킬 수 있도록 테더당 1달러를 보유한다.[131] 또한 EURT라는 1유로에 고정된 코인도 보유하고 있다.[132]

XEM: 넴NEM

넴을 사용하면 건강 기록, 대출, 주식 등 모든 종류의 자산을 블록체인에 기록할 수 있다.[133] 넴은 비즈니스 부문에 중점을 둔 코인이다. 은행은 넴을 이용해 전용 블록체인에 대출 및 계좌 잔고를 기록할 수 있고, 정부는 출생증명서와 같은 주요 문서를 전용 블록체인에 저장할 수 있다.[134] 비즈니스 용도 외에도, 넴은 놀라운 융통성으로도 유명하다. 넴은 어떠한 앱이라도 프로그래밍 언어를 써서 넴 블록체인에 통합될 수 있다고 주장한다.[135] 거래 비용은 넴 코인으로 지불된다.[136]

XLM: 스텔라Stellar

스텔라는 국가 간 송금을 쉽고, 빠르고, 저렴하게 하는 것을 목표로 하는 송금 시스템이다. 시스템을 통해, 송금하는 나라의 '앵커anchor'라는 신뢰할 만한 거래 지원체가 송금인의 돈을 스텔라 루멘Stellar Lumens, XLM이라는 암호화폐로 바꾸고, 송금이 완료되면 받는 쪽 나라의 앵커가 이 스텔라 루멘을 다시 법정 통화로 바꾼다.[137] 스텔라 루멘은 리플이 포크되어 만들어진 것으로, 기술 면에서 보면 이 둘은 비슷하다. 하지만 리플이 비즈니스와 은행에 초점을 맞추는 영리 기업이라면, 스텔라는 개인과 은행을 사용하지 못하는 사람들에게 초점을 맞추는 비영리 단체이다.[138]

XMR: 모네로Monero

개인정보 보호에 초점을 맞춘 암호화폐로, 단독 채굴자나 취미 채굴자에게 좋은 기회로 작용하는, ASIC에 저항력이 있는 채굴 알고리즘을 사용한다.[139] 모네로를 통한 거래는 완전히 추적이 불가능하다. 보내는 사람과 받는 사람의 주소가 공개되지 않으며, 송금액이 얼마나 되는지조차 아무도 확인할 수 없기 때문이다.[140] 그러나 이 익명성과 채굴의 평이함 때문에 모네로는 악의적 채굴을 일삼는 사람들(사이트를 해킹해 모네로 채굴 프로그램을 설치하는 사람들)이 가장 선호하는 코인이 되었다.[141]

XRP: 리플Ripple

리플은 전 세계의 사람들이 빠르고 저렴하게 돈을 보낼 수 있도록 설계된 국제 송금 네트워크이다. 오늘날의 송금 시스템은 제대로 상호 운용interoperate되지 않기 때문에 이체 수수료가 높고 처리 시간도 길다. 리플은 송금 시스템이 쉽게 상호 작용할 수 있도록 하는 공통 기술 계층을 제공한다.[142] 사용자는 리플을 통해 유로든, 비트코인이든 어떤 통화든 보낼 수 있다. 하지만 리플은 XRP로 알려진 자체 암호화폐를 밀고 있다. 리플은 XRP를 기반으로 하지 않기 때문에, 리플 사용자들이 꼭 XRP를 사용해야 하는 것은 아니다. XRP는 사용자가 리플을 통해 보낼 수 있는 여러 화폐 중에서 하나일 뿐이다.[143]

XTZ: 테조스Tezos

스마트 계약 플랫폼이자 이더리움의 경쟁 코인이다. 테조스는 ICO를 통해 2억 3000만 달러를 모금했다. 하지만 테조스 설립자들과 이사회 간의 싸움으로 XTZ 토큰의 출시가 수개월 동안 지연되었다. 네 건의 집단 소송이 진행되었고, 결국 설립자들에게 엄청난 벌금이 부과되면서 싸움은 막을 내리게 되었다.[144] 이 사건은 암호화폐가 보이는 만큼 탈중앙화되어 있지 않은지를 보여준다. 소유권 다툼은 여전히 암호화폐에 영향을 미친다.

ZEC: 지캐시Zcash

지캐시는 개인정보 보호에 초점을 맞춘 암호화폐이다. 거래는 여전히 공공 블록체인에 기록되지만, '영지식 증명zero-knowledge proof' 덕분에 누가 돈을 보냈고, 누가 돈을 받았고, 얼마나 보냈는지를 공개적으로 밝히지 않아도 거래가 검증될 수 있다.[145]

찾아보기

wallet.dat 103, 105

ㄱ

가장 긴 체인 법칙 34~35
- 사기 36

개인 간 거래P2P 197, 360

개인키 47~49, 63, 101, 103~107,
256, 273, 308, 341, 344, 350, 352,
360~361, 372

거래 25, 158
- 메타데이터 93, 204
- 블록과 거래 27~29
- 속도 91~93
- 인증 27~28

거래소 54, 65, 68, 93, 102, 104~105,
115, 140, 165~169, 210~212, 215,
222~223, 226, 240, 246, 281, 335,
337~338, 340, 347, 354, 374

결제 시스템 134, 247, 283, 337

고아 블록 35

곡괭이 이론 28, 119~122

골드만삭스 270, 280~281

골렘 148

공개키 47~49, 63, 308, 360~362

공공 블록체인 177, 287~292, 294~295,
381

공급망 202~208, 215, 288~289, 291,
297

공포의 해적 로버츠 (울브리히트, 로스
참조)

구글 11, 26~28, 39, 56, 66, 78~79, 135,
155, 170, 186, 196, 199, 285, 289,
378

구조화된 데이터 215

국제신용상업은행 333

국제통화기금IMF 257

그레이스케일 283

금 28, 120~121, 284~286

금본위제 255, 272, 275

기계 학습 11, 43, 215

기술적 트레이더 81

기준 통화 160

기회비용 320

ㄴ

나스닥 274, 281

네임코인 196~199, 288, 290

네트워크 효과 59

노드 123~127, 359
- 라이트 노드 124, 355, 359, 366
- 인센티브 124
- 풀 노드 124~127, 324, 335, 337,
348, 355, 359, 366

논스 38~45

ㄷ

다오 151, 343

다이 162~165, 378

단방향 함수 38, 46~47, 50, 101, 364

단일 장애점 184, 189, 196~197, 365

주

블록체인과 암호화폐의 세계에는 살펴봐야 할 것이 아주 많지만, 이 책에서 다룬 내용은 극히 일부에 불과하다. 그래서 우리는 조사 기간 중 참고한 모든 자료의 링크를 제공하기로 했다. 책이 너무 두꺼워지지 않도록 관련 링크들을 'bubbleorrevolution.com/notes/2.2.0'에 모두 게시했다. 책의 내용 중에서 흥미를 불러일으키는 사실이나 의견이 있다면, 해당 출처로 가서 더 자세히 살펴보기를 권한다!

지은이 닐 메타는 구글의 프로덕트 매니저다. 하버드대학교를 졸업하고 칸 아카데미, 미국 인구조사국, 마이크로소프트를 거쳤다. 미국인구조사국에서 IT 인턴십 프로그램으로는 최초로 연방정부로부터 전액 지원을 받는 프로그램을 개설한 바 있다.
아디티아 아가쉐는 마이크로소프트의 프로덕트 매니저다. 코넬대학교를 졸업하고 벨 애플리케이션스를 설립한 바 있다.
파스 디트로자는 페이스북의 프로덕트 매니저다. 코넬대학교를 졸업하고 IBM, 마이크로소프트, 아마존에서 프로덕트 매니저와 마케터로 일했다.

옮긴이 정미진
한국외국어대학교에서 컴퓨터공학과 영어학을 전공하였으며, 대기업에서 수년간 휴대폰 기획자로 일하다가 좋은 외국의 도서를 국내에 소개하는 일에 매료되어 번역을 시작하게 되었다. 현재 바른번역 소속 전문 번역가로 활동 중이다. 역서로는『볼륨을 낮춰라』,『더 히스토리 오브 더 퓨처』,『원 디바이스』,『진화가 뭐예요?』,『내일은 못 먹을지도 몰라』등이 있다.

코인 좀 아는 사람

펴낸날 초판 1쇄 2022년 5월 30일
초판 2쇄 2022년 6월 15일
지은이 닐 메타, 아디티아 아가쉐, 파스 디트로자
옮긴이 정미진
펴낸이 이주애, 홍영완
편집장 최혜리
편집3팀 유승재, 김하영
편집 양혜영, 박효주, 박주희, 문주영, 홍은비, 장종철, 강민우, 김혜원, 이정미
디자인 윤소정, 박아형, 김주연, 기조숙, 윤신혜
마케팅 김미소, 김지윤, 김태윤, 김예인, 최혜빈
해외기획 정미현
경영지원 박소현
펴낸곳 (주)윌북 **출판등록** 제 2006-000017호
주소 10881 경기도 파주시 회동길 337-20
전화 031-955-3777 **팩스** 031-955-3778
홈페이지 willbookspub.com **전자우편** willbooks@naver.com
블로그 blog.naver.com/willbooks **포스트** post.naver.com/willbooks
페이스북 @willbooks **트위터** @onwillbooks **인스타그램** @willbooks_pub
ISBN 979-11-5581-484-0 (03320)

▪ 책값은 뒤표지에 있습니다. ▪ 잘못 만들어진 책은 구입하신 서점에서 바꿔드립니다.